■ 2023年度浙江省哲学社会科学规划课题后期资助项目“场域视角下聚合类平台的内容个性化分发研究”，编号：23HQZZ34YB

浙江省哲学社会科学规划
后期资助课题成果文库

博弈与平衡

聚合类平台个性化分发的场域扰动

尚　帅　著

ZHEJIANG UNIVERSITY PRESS
浙江大学出版社
·杭州·

概　要

大众传媒出现以来，资讯的内容分发先大致经历了邮局发行、自办发行以及门户网站分发三个阶段，这三个阶段的内容分发属于以传者为中心的传统分发方式，受众接收的信息是具有公共性的、雅俗共赏型的资讯。其后，搜索分发和社会化媒体分发则通过用户主动检索、投票和转发等方式分发。而聚合类平台的个性化分发与以往的分发方式完全不同，它通过大数据和算法等技术，根据用户的兴趣、爱好等多维度数据指标实现了信息一对一分发，以及在信息超载时代背景下用户与信息的个性化适配，大大提高了分发效率，激活了资讯领域中的长尾市场。个性化分发以一种新闯入者的身份打破了媒介场域固有的传播格局，改变了媒介场域的权力分配，建构了自身新的垄断优势，掀起了新一轮媒介场域的深刻变革。因此，本书旨在研究聚合类平台个性化分发的过程、机制、特点和经验，反思个性化分发中存在的问题，厘清其在分发过程中受到的场域力量的掣肘和影响。

“今日头条”是我国聚合类平台个性化分发的典型代表，它在技术和商业上进行边缘突破并取得了成功。聚合类平台以算法和大数据为依托，凭借客观、公正的修辞成为新一轮的内容把关人。实际上，聚合类平台最终的内容呈现并不是由技术单独决定的，而是一个多方力量、多元主体不断争夺、斗争的结果。本书以场域理论为视角，重点考察技术、用户、资本、权力四个影响因素的原因在于，技术首先引发了内容分发方式的变革，从而成为个性化分发最重要的影响因素。其次，技术也为用户提供了传播的平台和工具，激活并释放了用户的生产力，影响了个性化分发的内容供给源头。“今日头条”凭借其在技术上的领先和内容开创上的可能性吸引了资本的介入，而资本逐利的本性深深影响了内容生产和分发的走向，因此资本成为本书研究的影响因素之一。

此外,分发中存在的诸多问题引发了权力入场对其加以规范,权力虽然不是重要的变革力量,但是对内容分发的合法性有着至关重要的影响。这四个影响因素不仅对“今日头条”的个性化分发产生了深远影响,同时还是本书论述的结构框架和基本逻辑。

皮埃尔·布尔迪厄认为场域理论的两个核心关键词是关系和斗争,他采用中观的视角考察整体社会实践,并将电视的新闻场域看作社会文化、话语权力、资源分配情况的缩影。用场域理论解读传统媒体的内容生产开辟了新闻生产社会学研究继政治经济学路径、社会组织路径和文化研究路径之后的第四种研究路径。虽然场域理论主要用于新闻生产的研究,而本书研究的是个性化分发,但在当前的媒体生态下,技术的介入改变了原有的传播流程,原本泾渭分明的生产和分发、生产和消费之间的界限逐渐模糊,尤其在聚合类平台上更是呈现出一体化的趋势。从静态的角度来看,个性化分发是生产的一个下游环节,但如果从动态的角度来看,分发则是个性化生产的前提和基础,个性化定制和推送离不开数据指导下的精准、精细化生产,个性化分发带来的用户和资讯的高效匹配进一步促进了个性化生产和再生产的良性循环。可见,个性化分发已经成为个性化生产的一个前置性环节,是内容生产不可分割的一部分,彼此交融、相互弥合。此外,聚合类平台在生产和分发的过程中仍然存在各种复杂的关系和斗争,因此基于场域理论的视角解读我国聚合类平台的个性化分发同样适切。

本书采用深度访谈法、网络民族志法、新闻室观察法和个案研究法,并运用传播学、政治学、经济学、心理学、社会学以及符号学等学科知识,深入分析新媒介技术环境下技术、用户、资本和权力这四个影响因素对个性化分发的影响。

本书共分为六个部分,主要阐述了本书的研究背景、研究方法、研究内容和研究意义,详细梳理了国内外个性化分发的相关文献、“今日头条”个性化分发的发展历程以及每个阶段的突破、特点、分发机制和影响因素等。

从此次媒介场域变革的第一个影响因素——技术来看,本书以技术变革作为切入点,深入剖析了触发“今日头条”个性化分发的最重要的技术变量。

技术是聚合类平台崛起的基石和动力旋涡，也是媒介场域乃至整个社会的技术座架。无论针对内容的全网聚合，还是针对用户的个性化分发，都离不开大数据和算法等技术的进步。但“今日头条”在构建算法技术进步、客观公正、高效分发等话语正当性中掩盖了算法被人为操控的主观性、不透明性以及利用算法控制用户的商业化谋利的本质。个性化分发技术拥有一种新的控制权力，与以往相比，这种控制正在从显到隐，从暴力到温和，是一种“幕后的幕后”的控制。

“今日头条”个性化分发的成功在于它有效地激活了用户，因此用户成为聚合类平台个性化分发的第二个影响因素。与大众传媒时代相比，用户在平台中以产消者的身份出现，其生产力得到空前释放。日常生活叙事消解了宏大叙事，用户成为内容生产的重要主体，内容的通俗性和垂直性满足了人们多元的价值需求，并为平台内容分发提供了丰富的资源。大众生产的内容与精英通过文化工业生产线生产的供大众消费的大众文化相比，更贴近生活、更原汁原味，使得一向被大众传媒所忽略的底层文化得到了生产和展示的机会，释放了用户的娱乐需求并创造了巨大的商业价值。大众的生产既是话语权的一次下移，是一种制造快感的过程，同时也是一个与主流话语、精英话语对话和抗争的过程。

“今日头条”作为一家互联网科技企业在个性化分发中成功地运用了资本，因此资本是聚合类平台快速崛起的第三个影响因素。“今日头条”凭借先进的技术、准确的定位、庞大的用户群体、全新的平台经济模式赢得了资本的青睐。资本的入场，一方面加快了“今日头条”在国内外扩张的步伐，另一方面也促使平台的分发越来越推崇流量至上、商业为王的市场化运营理念，从而无视内容分发的质量和价值观，引发了不良新闻潮的泛滥。在平台商业化的过程中，用户成了无偿为其创作的生产者，为平台源源不断地生产着数据和内容，并且他们的生产越来越被纳入商业化体系之中，被异化为平台商业的推手。在资本建构的数字围场里，用户无法逃逸资本的引力，而与平台合谋，心甘情愿地成为被剥削的对象。

“今日头条”在分发中一味推崇技术的工具理性，为谋利而对分发的内容缺乏有效监管,导致分发乱象频出,从而引发权力入场对其加以规范。因此,权力作为分发中强有力的规训者成为聚合类平台个性化分发的第四个影响因素。权力作为一切场域的元场域对其他场域都具有约束力和规训力。权力虽然不是媒介场域变革的首要因素,但是影响内容个性化分发极为重要的因素。权力的介入一方面是为了解决"今日头条"在分发的过程中无视内容分发的质量和价值观等问题,促进传媒产业的健康发展;另一方面是为了确保主流意识形态的安全。国家动用政治话语对技术话语进行规训,商业意识形态让位于主流价值观和主流意识形态,从而维护了主流媒体、主流文化的权威地位。与此同时,"今日头条"积极在场域内进行自我调试、整改。个性化分发既要体现商业绩效的正当性,又要遵从主流价值观,将技术的工具理性和人的价值理性相结合,从而更好地体现用户需求、平台盈利和舆论引导等多元价值。

技术、用户、资本和权力对"今日头条"的个性化分发有着极为重要的影响。技术是影响"今日头条"个性化分发的变革性动力,改写了分发的价值标准,为用户提供了一对一的个性化服务。同时,技术也成功激活了用户的生产力,为个性化分发提供了更多元的内容,产生了巨大的商业价值。技术的进步、用户生产内容的创新性吸引了资本的入场;权力的介入和规训一方面是为了加强对行业的规范和管理,另一方面是为了维护主流价值观和主流意识形态的安全。技术、用户、资本和权力虽然对个性化分发的影响力有强有弱,但绝不意味着它们之间仅仅是线性的因果关系,彼此孤立、泾渭分明。实际上,技术、用户、资本和权力之间是相互影响、互构互训的。技术的进步赋予用户一定的权利,改变了传统媒体的盈利模式,引发了媒介场域的变革;而用户的需求、权力的介入、盈利模式的变革也要求技术不断地改进和完善。同时,用户数量越多、平台影响力越大、过度商业化也会受到相关部门更多的关注和更为严格的监管。在权力监管之下,用户和平台会增强自我审查意识,加强把关和监管以确保内容安全。此外,资本的介入有利于平台吸纳人才,保持技术的领先性,同时,也为用户生产提供了更多的经济回报,其生产行为也越发地被点击量、转发量等商业化指标所异化,社会越轨行为的发生也常常招致相关部门的监管。但如果平台严肃内容的占比过多,又不利于平台的商业化运作和用户参与。因此,先进的个性化分发技术、作为产消者的用户、以逐利为目的的聚合类平台和权力必须在一个动态、平衡的状态下,才可能实现良性的循环和发展,达到场域内多方力量的平衡与共赢。

目　录

绪 论

一、研究背景

（一）研究问题的缘起

1994 年 4 月 20 日，我国通过一条 64K 电话线实现了与国际互联网的全功能链接，从此迈入了互联网时代。如今，互联网已经成为人们交流、生活、工作和娱乐的基础设施。经过几十年的发展，网络媒体从边缘不断向主流迈进，日益壮大，并使整个社会转向以网络为基础设施和资源调配的网络社会。网络社会理论的建构者曼纽尔·卡斯特在《网络社会的崛起》一书中指出，网络社会的物质基础是信息技术，通过信息技术把杂乱、分散的信息聚集、整合在一起，使其重新结构化、系统化。[①] 在媒介进化的历程中，重要的不是媒介传递了什么样的具体信息，而是这个时代使用了什么样的传播媒介，开创了哪些可能以及带来了什么样的社会变革。[②] 网络化、信息化、媒介化已经成为现代社会的基本特征，同时也是社会发展的又一新型推动力。

由于整个社会越发呈现出网络化的特征，在信息技术的推动下，网络媒体得到了迅猛发展，经历了从门户网站、搜索引擎，再到如今的社会化媒体、聚合类平台个性化分发的不断演进，影响力日隆。而传统媒体的影响力逐渐走向衰落，甚至被边缘化。菲利普·迈耶甚至在《正在消失的纸媒：在信息时代拯救记者》一书中明确指出，2044 年 10 月，最后一位日报读者将结账走人。先不论这个说法有多少可能性，摆在报纸面前的似乎只剩下一道“非生即死”的

① 卡斯特．网络社会的崛起[M]．夏铸久，王志弘，译．北京：社会科学文献出版社，2001.

② 郭庆光．传播学教程[M]．北京：中国人民大学出版社，2011.

单选题。由此,一场“自救式”突围——媒体融合的转型之战在2014年悄然打响。

针对严峻的传媒生态形势,2014年8月18日,习近平总书记在中央全面深化改革领导小组第四次会议上就如何开展媒体融合发表重要讲话,深入阐述了媒体融合的工作理念、实现路径、目标任务和总体要求。他强调,推动传统媒体和新兴媒体融合发展,要遵循新闻传播规律和新媒体发展规律,强化互联网思维,坚持传统媒体和新兴媒体优势互补、一体发展,坚持先进技术为支撑、内容建设为根本,推动传统媒体和新兴媒体在内容、渠道、平台、经营、管理等方面的深度融合,着力打造一批形态多样、手段先进、具有竞争力的新型主流媒体,建成几家拥有强大实力和传播力、公信力、影响力的新型媒体集团,形成立体多样、融合发展的现代传播体系。① 习近平总书记关于媒体融合的讲话正式吹响了行业媒体融合的号角。可时至今日,媒体融合很难找到有效的盈利模式,缺乏互联网思维和基因的传统媒体转型鲜有成功的案例。

在众多新媒体当中,聚合类平台的个性化分发在内容、渠道、服务、资本等多个维度形成合力,在技术和市场领域进行边缘突破,专注于个性化分发并取得了不俗的业绩。聚合类平台给整个传媒产业带来了重要影响和变革,也代表了媒体未来发展的方向。② 整个社会的新闻传播从大众传播时代走向马克·波斯特所说的第二媒介时代③,在这样一个大的时代背景之下,生成了全新的社会和文化语境,新闻机构不断被新技术反噬,并且在组织制度上不断融合,重新调适着生产者和消费者的关系,作为产消者的用户的价值凸显。不断满足用户需求,不断激活、释放用户的生产力,成为全新的行业理念。这些有关内容分发技术、市场理念、用户文化的改变,与大众传媒时代单渠道、线性的内容分发相比发生了深刻的变化,内容一对一、个性化分发的渠道价值凸显,对传统新闻业带有釜底抽薪的意味。“今日头条”等聚合类平台在传媒生态中迅速崛起。但“今日头条”一味强调分发的技术工具理性,过度追求盈利,而无

---

① 王庚年:让中国声音影响世界[EB/OL].(2014-11-01)[2024-01-22]. https://news.12371.cn/2014/11/01/ARTI/414804245//0446.shtml.

② 尚帅.传统媒体与新媒体融合的五维联动[J].青年记者,2016(29):74.

③ 第二媒介主要指网络新媒体,它具有去中心化和双向性的特征。

视人的价值理性，造成了诸如无视版权、内容低俗、泄露用户数据隐私等负面影响，给政府的管理带来很大的困扰。在这样一个关键时期，研究聚合类平台的个性化分发，深入分析其成功背后的经验、变革动因和不足，解析各个场域对聚合类平台个性化分发的影响和形塑，以及各个场域之间的互构互训，对于传统媒体的融合转型和新媒体自身的改造、进化，特别是对政府高效管理和防范平台风险具有重要的现实意义和参考价值。

(二)"今日头条"在聚合类平台中的代表性

所谓的聚合类平台，是指网络媒体机构全网聚合传统媒体的时事新闻和自媒体平台的热点信息，根据用户的兴趣爱好和浏览记录，结合用户个性化订阅和主动搜索等电子数据，对全平台的新闻信息进行精准推送的产品形式。① 它也是一种新型的新闻内容供应商以个性化分发的方式进行整合的网站或客户端的新闻传播平台。② "今日头条""一点资讯"和"天天快报"是我国聚合类平台的典型代表。内容分发从渠道向平台的转变不是简单的称谓变化，而是平台汇聚了更加多元化的内容，生产者与用户、用户与用户之间的连接、互动更加顺畅，用户不单是内容的消费者，也是内容的传播者和生产者，用户的潜力被激活，生产力得到巨大的释放。专业媒体时政新闻的生产和用户日常生活的呈现，构建起更加鲜活、生动、全面的现实图景。智能化、移动化和平台化成为媒体发展的大势所趋。

目前，聚合类平台主要有两大类型：一类是社交化新闻聚合平台，依靠用户的选择和投票进行拓展性推送，如微博、微信等；另一类是全网聚合分发平台，依靠算法进行个性化分发，如"今日头条""一点资讯"等。与媒体融合初期报纸网站对报纸内容简单搬运和机械式汇聚不同，社交化新闻聚合平台是以用户愿意转发、分享的内容为定位，推送更多的娱乐信息，强调内容的通俗化，而不是传统媒体一贯看重的严肃性。同时，利用技术充分了解用户的行为，按照用户的投票排列新闻的重要性位次供用户阅读，资讯重要与否的排名不再

---

① 徐北春.聚合新闻客户端传播的五大变革——以"一点资讯"和"今日头条"为例[J].传媒，2017(5):47-49.

② 陈昌凤，王宇琦.新闻聚合语境下新闻生产、分发渠道与内容消费的变革[J].中国出版，2017(12):3-7.

由传统媒体的记者、编辑决定,而是交给了用户。全网聚合分发平台通过爬虫技术在全网聚合信息,然后利用算法将信息与用户做一对一的个性化推送,根据内容、用户、位置、热点等维度标准推送给用户,大大满足了用户对信息的独特需求,降低了用户获取信息的时间成本,解决了用户信息超载的问题。“今日头条”因提供多元且颇具个性的服务而成为用户信息消费的强大端口,对传统媒体造成极大的冲击。“今日头条”在技术和商业上进行边缘突破取得了成功,是我国聚合类平台个性化分发的典型代表。

“今日头条”的代表性源自其技术上的先进性、商业上的先进性以及对媒介场域的影响。“今日头条”的代表性首先体现在技术上的先进性。通过大数据和算法技术,“今日头条”解决了互联网时代信息超载的行业难题,满足了用户对信息一对一的个性化渴求,大大提高了内容分发的效率。“今日头条”利用技术手段打破了大众传媒原有的传媒生态格局,以一种新闯入者的身份在传媒产业内部建立了自己的标准、原则和地位,使分发环节的价值凸显。如今,个性化分发已经成为新媒体的标配,得到了整个行业的认同。其次,“今日头条”的代表性还体现在商业上的成功。聚合类平台在分发渠道上形成了一定的态势,使得传统媒体的大部分内容也得依靠平台进行二次分发。聚合类平台使用的人数多、时间长,用户黏性强、流量大,自然备受广告商的青睐。“今日头条”不仅有传统的广告类型,还开创了信息流广告、电子商务以及直播业务等多元盈利的平台型经济,成功打造了从聚合到分发再到盈利的一套完整的商业闭环。目前,“今日头条”的用户规模超过 7 亿,日活用户数 2.4 亿,用户每日平均使用时长 76 分钟,仅次于腾讯,位居第二,其估值已经高达 750 亿美元,是一家名副其实的独角兽企业。① 近几年,“今日头条”的广告收入大幅增长,2018 年达到 500 亿元。最后,“今日头条”的代表性还在于对媒介场域的影响。“今日头条”不仅是分发平台,还是内容生产组织平台,全面布局完整的泛内容生态,这为其分发提供了取之不竭的内容来源。通过技术赋权,用户的生产力被激活,用户生产的内容甚至超越了专业媒体生产内容的分发比

① 独角兽企业是 2013 年由风险投资家艾琳·李创造出来的概念,其简单定义就是估值在 10 亿美元以上的初创企业。有投资机构将“初创”定义为成立不到 10 年。

例，大大释放了用户的生产力。“今日头条”通过技术手段，在分发环节进行突破，放大了该部分的价值，成为传统媒体的内容分发平台，成为媒介的媒介。

卡斯特认为：“21 世纪虽然不再是黑暗的时代，但也不会轻易地将非凡的技术革命所许诺的慷慨嘉惠于大部分人民，人们未来将面临的是一种对消息过于灵通的困惑。”[①]无论信息饥渴还是信息超载，都不是一个理想的状态，而“今日头条”凭借大数据和个性化推送技术做到了用户的个性化需求和信息的高效适配，进而引发了新一轮内容产业和媒介场域的巨大变革。因此，选择“今日头条”作为聚合类平台个性化分发的个案研究具有较强的代表性。

（三）作为一种新范式和视角的场域

场作为一个物理学概念是指物体在空间中的分布情况，后来被引入社会科学领域，其中以库尔特·勒温提出的心理场最为著名。布尔迪厄把“场”理论进一步普遍化并确立其“元理论”的地位，从而使其的影响力日隆。相较于勒温对心理情况的分析，布尔迪厄的理论采用的是考察整体社会实践的中观视角，并将电视的新闻场域看作社会文化、话语权力、资源分配情况的缩影。用场域理论解读内容生产开辟了新闻生产社会学研究继政治经济学路径、社会组织路径和文化研究路径之后的第四种研究路径。1999 年，罗德尼·本森在《比较语境中的场域理论：媒介研究的新范式》一文中指出，场域理论是媒介研究的一种新范式。[②] 这一观点的提出，标志着媒介研究场域范式的正式形成。

场域理论打破了以组织和系统为着眼点的社会组织路径视角。其没有对文化研究路径中受众解读内容、抵抗主流文化的过程给予更多的关注，而是从关系的视角审视社会，强调场的角度就是关系的角度、结构的角度。场域就是不同位置之间的客观关系，以及各种复杂关系之间的斗争。不同类型的权力、资本的分配结构以及位置的存在和它们对占据特定位置的行动者或制度所产

---

① 卡斯特. 千年终结[M]. 夏铸九，黄慧琦，等译. 北京：社会科学文献出版社，2003.

② Benson R. Field theory in comparative context: A new paradigm for media studies[J]. Theory and Society, 1999, 28(3):463-498.

生的影响都是客观决定性的。[①] 位置所产生的决定性力量被强加在位置的占有者、行动者或既有体制之上。新闻的生产和分发是在政治、经济、文化等复杂关系的博弈中开展的,并形成了政治场域、经济场域、文化场域和社会场域等子场域,它们的合力组成了"关系的系统"。布尔迪厄认为,新闻场域是一个自主性极弱的场域,一个极容易受到他律的场域。在《关于电视》一书中,布尔迪厄重点研究了经济场域对电视新闻生产的影响,而遗憾地忽视了政治场域的影响力。但同时,他也看到了新闻场域对其他场域产生的影响和反噬。这一认识使他超越了只强调政治与经济权力对传媒话语进行宰制的政治经济学路径。

在媒介研究中,一直存在着宏观的结构研究和微观的组织研究两种路径,而场域理论作为一种中层理论为两者提供了沟通的桥梁。它既强调新闻场域本身的自主性和内部的变动,也聚焦其他场域对新闻场域的影响、新闻场域对其他场域的反噬以及其他场域之间的斗争和平衡。场域理论不仅可以描述个人在场域内的行动,还可以描述不同体制与经营方式的媒体在媒介场域中的争夺,甚至可以勾画技术场域、文化场域、经济场域、政治场域与媒介场域之间的关系。场域理论既将媒介组织和相应的制度相联系,也在它们和社会场域之间建立联系。[②] 布尔迪厄对场域理论的阐释最看重两点,除了上述关系视角外,还有斗争视角。场域不是一般的结构,而是充满冲突和争斗的空间。"场"作为一种思维方法意味着关注结构、边界、作用力。[③] 场是一个有结构的社会化空间,有统治者和被统治者,有各自的资源和权力,交织着错综复杂的关系,也是一个为改变或保持自身的位置和权力而进行斗争的战场。[④]

场域从来都不是自足自为、完全自主而存在的。[⑤] 场域是一个斗争的场所,一个流动的、变幻的、关系交织的复杂空间。在智媒体时代,在技术进步、

---

① 贺建平.检视西方媒介权力研究——兼论布尔迪厄权力论[J].西南政法大学学报,2002(3):64-71.

② 刘海龙.当代媒介场研究导论[J].国际新闻界,2005(2):53-59,75.

③ 黄顺铭."教授走进直播间"与"布尔迪厄式批判"[J].当代传播,2005(3):40-43.

④ 布尔迪厄.关于电视[M].许钧,译.沈阳:辽宁教育出版社,2000.

⑤ 本森.比较语境中的场域理论:媒介研究的新范式[J].韩刚,译.新闻与传播研究,2003(1):2-23,93.

全社会参与泛内容生产、聚合类平台迅猛发展、商业至上等时代背景下，以场域理论为视角审视我国聚合类平台个性化分发的巨大变化、变革动因，以及技术场域、文化场域、经济场域和政治场域之间的关系和斗争将引发人们更多的思考，因而具有重大意义。虽然场域理论主要用于新闻生产的研究，而本书研究的是个性化分发，但在当前的媒体生态下，尤其在聚合类平台，个性化分发已经成为个性化生产一个极为重要的环节，没有个性化分发就无法获取和完善用户数据，没有用户数据，个性化生产便无从谈起。与此同时，个性化定制、推送也要依靠数据实现高度精准的生产。从动态的角度来看，个性化分发是个性化生产的前提和基础，个性化分发与用户的高效匹配更进一步促进了内容生产和再生产的良性循环。在聚合类平台，个性化分发是个性化生产不可分割的一部分，彼此交融、相互弥合。

在我国媒体双轨制时期，内容分发自然要受到经济和政治力量的制衡。与此同时，作为互联网科技企业的"今日头条"凭借先进的技术成为媒介场域中的一个新闯入者。新的技术不仅引发媒介场域内部的争斗和变革，还触发了文化生产场域的变革。用户以其强大的生产力成为文化生产场域中极为重要的主体，技术场域和文化场域都有别于大众传媒时代，充满了复杂的关系和力量博弈。我国的个性化分发研究与布尔迪厄所研究的国别、对象、传媒体制、技术环境等都不尽相同，虽然平台在分发的过程中不断追求场域的自主性，但仍然会受到来自技术、资本、用户、权力等诸多力量的影响。布尔迪厄场域理论的核心要义——关系和斗争依然存在，只不过各种力量的强弱对比在不同的时代语境下发生了变化。因此，基于场域理论的视角审视、解读我国聚合类平台的个性化分发同样适切。

二、研究综述

（一）国内外新闻传播领域的场域研究状况

从国外场域理论的相关研究来看，场域理论经历了物理场、社会学的心理场以及元理论等几个发展阶段。[①] 所谓的场域,是指在各种位置之间存在的客观关系的一个网络或一个构型。[②] 在日趋分化的社会里,社会是由一个个相对独立自主的小世界组成的,这些小世界具有自身的逻辑和规则,从而与其他空间相区分,同时也可以成为支配和影响其他空间的重要力量。这一个个自为存在的小世界就是场域。[③]

首先,很多学者阐释、解析了布尔迪厄的场域理论。场域理论不仅开创了新的研究方式,还被引入新闻场域、电视场域,重点关注媒介场域自身的变化及其被其他力量他律的现实。场域理论的出现弥补了社会学研究中长期存在的实证主义倾向、批判主义倾向和人文主义倾向在方法论上的割裂,旨在打通结构—功能、宏观—微观这两个二元对立的一元论体系。以往的研究不是集中于新闻机构就是聚焦于受众,场域理论则更为关注两者之间的联系。场域是一个充满矛盾和斗争的变动不居的空间,场域理论不仅关注媒介场域自身的变化,还关注媒介场域对社会和其他场域的影响。[④] 场域范式是传播研究继批判研究、受众研究和媒介研究之后的第四种范式。[⑤] 布尔迪厄在《实践与反思:反思社会学导引》一书中对场域理论有着较为宏阔的阐释,并重点介绍了惯习和资本这两个重要概念。与此同时,布尔迪厄还将场域理论引入文学场域、艺术场域、电视场域、摄影和博物馆等其他领域,进一步拓展了场域理论的生命力和解释力。[⑥] 1996 年,布尔迪厄出版了《关于电视》一书,在书中提出媒介场域的概念,将批判的矛头直指法国电视新闻业。他指出,法国电视新闻业受到商业利益的束缚,失去了其应有的先锋性,大量供应社会新闻、煽动性新闻使广大受众陷入符号暴力而扼杀了民主。新闻场域从属于文化生产场域,而文化生产场域可以划分为两部分:一部分是靠近文化极的有限生产的场域,如文学期刊、音乐和前卫艺术等,主要为其他生产者而生产,相对自主、纯

---

① 刘海龙.当代媒介场研究导论[J].国际新闻界,2005(2):53-59,75.

② 布尔迪厄,华康德.反思社会学导引[M].李猛,李康,译.北京:商务印书馆,2015.

③ 布尔迪厄.关于电视[M].许钧,译.沈阳:辽宁教育出版社,2000.

④ 本森.比较语境中的场域理论:媒介研究的新范式[J].韩刚,译.新闻与传播研究,2003(1):2-23,93.

⑤ 史蒂文森.认识媒介文化——社会理论与大众传播[M].王文斌,译.北京:商务印书馆,2014.

⑥ 刘海龙.当代媒介场研究导论[J].国际新闻界,2005(2):53-59,75.

粹;另一部分是离经济极最近的、规模生产的场域,如大众娱乐等,主要为一般受众而生产。媒介场域显然属于规模生产的场域,是极易被经济因素影响的。遗憾的是,布尔迪厄只看到了经济场域对新闻场域的影响,而忽略了政治场域和其他场域对新闻场域的影响。

其次,很多学者对布尔迪厄的场域理论进行了丰富和拓展。1999 年,本森在《比较语境中的场域理论:媒介研究的新范式》一文中提出,场域理论是媒介研究的一种新范式,标志着媒介研究场域范式的正式形成。① 2005 年,本森和艾瑞克·内维尔集纳了美国和法国学者场域研究的相关成果,出版了《布尔迪厄与新闻场域》论文集,第一次大规模地在英语学界系统地介绍媒介研究的场域范式。鉴于不同国家的媒介体系差别较大,本森倡导作比较研究。本森对法、美两国 1000 多篇新闻报道进行深入的内容分析,重点考察在政治—文学模式和信息—商业模式之下,两国的政治、市场和全球化等力量关系对新闻报道的影响。② 此外,本森还与丹麦和挪威的学者共同研究在不同的新闻体制下,不同媒体在传统媒体向在线传播转变过程中的表现。③ 丹麦学者艾达·舒尔茨在《媒介与传播研究》期刊上发表了《布尔迪厄与媒介:场域视野下的新旧媒介实践》的专题研究,着重分析了新媒体语境下媒介研究场域范式的成就与经验。挪威学者杨·弗里德里克·霍夫登探析挪威新闻场域中的惯习、历史以及新闻信仰等力量对新闻生产的影响。④ 同时,霍夫登和舒尔茨还与其他国家的学者进行了大规模的跨国研究,为进一步拓展场域理论的研究范围和适用性奠定了坚实的基础。

最后,很多研究聚焦于对场域理论的批判和反思。学者们不仅把布尔迪厄的场域理论译介到其他国家,而且与时俱进地对新媒体环境下场域的新闻

---

① Benson R. Field theory in comparative context: A new paradigm for media studies[J]. Theory and Society, 1999, 28(3):463-498.

② Benson R, Hallin D C. How states, Markets and globalization shape the news: The French and U. S.[J]. European Journal of Communication, 2007, 22(1):27-48.

③ Benson R, Blach M, Powers M. Media systems online and off: Comparing the form of news in the United States, Denmark and France[J]. Journal Communication, 2012, 62(1):21-38.

④ Hovden J F. A journalistic cosmology: A sketch of some social and mental structures of the norwegian journalistic field[J]. Nordicom Review, 2012, 33(2):57-76.

生产和场域内外关系的变动作跟进研究。同时，也有很多学者指出场域理论存在的缺陷，并不断对其进行整合完善。菲利普·马勒尔认为，布尔迪厄在方法论上存在问题，其研究并没有经过深入的经验调查，书中更多谈论的是经济力量对电视新闻的影响，而遗憾地忽略了政治权力的作用。同时，布尔迪厄对电视的认识充满矛盾，一方面认为电视是扼杀民主的暴力工具，另一方面又号召知识分子主动地将其改造成践行民主的工具。此外，马勒尔指出，布尔迪厄的研究只针对法国电视特定的语境，对其他不同国家和地区的媒介缺乏阐释力和普适性。因此，他主张进行比较研究。本森指出，布尔迪厄在具体场域的研究中偏重客观结构，对主观功能关注较少。其强调信息由特定的生产者为特定的受众生产，意义基本上能被受众理解。而实际上，意义的解码是多元的。同时，场域理论的边界模糊，不同学者对场域的界定各有不同，不具有普遍性。[①] 尼克·库尔德利认为，场域理论没有说清楚媒介场域的外部力量构成，也没有分析清楚经济和政治等外部力量之间的博弈和平衡。根据布尔迪厄提出的国家拥有场域元资本的观点，库尔德利认为媒介也是一种元资本，其权力施加在其他权力形式上，扩展了元资本的概念，至于媒介元资本和国家元资本两者之间的具体关系还有待进一步的研究。[②] 针对场域理论更多关注的是对新闻生产影响的研究，而对消费方面研究不足的现实，内维尔提出场域理论必须系统地阐明生产（场域）、话语（形式）和接受三者之间的相互关系才有进一步发展的可能。实际上，布尔迪厄并没有发展出一整套关于象征生产、接受和权力的终极理论。[③]

从国内的相关研究来看，首先，很多学者开展了对场域理论的译介，并随着时代的发展将场域理论引向纵深，不断延展。毕芙蓉的《文化资本与符号暴力》、章兴鸣的《符号生产与社会秩序再生产——布迪厄符号权力理论的政治

---

① 张斌.场域理论与媒介研究——一个新研究范式的学术史考察[J].新闻与传播研究，2016，23(12)：38-52，127.

② Couldry N. Media meta-capital: Extending the range of Bourdieu field theory[J]. Theory and Society, 2003, 32(5):653-677.

③ Neveu E. Pierre Bourdieu: Sociologist of media, or sociologist for media scholars? [J]. Journalism Studies, 2007, 8(2):56-87.

传播意蕴》,余乃忠、陈志良的《习性:具有席卷一切的解释力——布尔迪厄建构的结构主义神话》以及董晋骞的《场域、惯习与实践活动的“双向模糊关系”——关于布迪厄的实践活动理论》等从总体上介绍了场域、资本和惯习等概念,同时提出符号既是一种权力,也是一种可利用的资本。符号系统化之后形成各种文化权力,并以一种符号暴力的形式潜移默化地渗透其他场域,从而为特定的阶层谋利。[①] 刘海龙的《当代媒介场研究导论》一文从宏阔的视角对场域与社会科学的关系,如何界定媒介场域,该范式在我国的适用性以及我国媒介场域未来研究的方向和重点等问题进行了引介和探讨,既论证了场域理论发展的源流和普适性,也针对中国社会的特殊语境进行了甄别,并提出了批判性借鉴的思路。[②] 所谓的媒介场域是伴随着大众传媒的出现而逐步形成的,在这个小世界中形成了衡量新闻价值的标准和从业人员的道德标准。布尔迪厄研究的电视场域和新闻场域都属于媒介场域的一部分,是媒介场域研究的先导。媒介场域属于文化生产场域的一部分,资本和权力是场域中各种力量运作和改变位置结构的原动力。[③] 王敏的《“场域—惯习”框架下的新闻生产:一个研究范式的学术史考察》和张斌的《场域理论与媒介研究——一个新研究范式的学术史考察》从学术史的角度考察了场域理论与西方媒介研究的融入过程,并指出场域理论将宏观的结构研究和微观的组织研究相结合开辟了新闻生产的中观视角,开创了在多元层次上分析新闻生产社会学研究的第四种范式。同时,他们指出该范式在自身发展过程中与欧美其他范式进行对话、拓展,深入探讨了这种新范式的可能性和局限性,为媒介研究注入了新的活力,开拓了新的可能。[④] 随着媒介化社会的到来,媒介作为一种元资本对

---

① 毕芙蓉.文化资本与符号暴力[J].理论探讨,2015(1):53-56;章兴鸣.符号生产与社会秩序再生产——布迪厄符号权力理论的政治传播意蕴[J].湖北社会科学,2008(9):50-52;余乃忠,陈志良.习性:具有席卷一切的解释力——布尔迪厄建构的结构主义神话[J].现代哲学,2009(1):35-39;董晋骞.场域、惯习与实践活动的“双向模糊关系”——关于布迪厄的实践活动理论[J].社会科学辑刊,2013(4):25-28.

② 刘海龙.当代媒介场研究导论[J].国际新闻界,2005(2):55-59.

③ 丁莉.媒介场域:从概念到理论的建构[J].社会纵横,2009,24(8):104-106.

④ 王敏.“场域—惯习”框架下的新闻生产:一个研究范式的学术史考察[J].新闻界,2018(3):32-39;张斌.场域理论与媒介研究——一个新研究范式的学术史考察[J].新闻与传播研究,2016(12):38-52,127.

政治场域的组织结构、经济场域形成反噬，并促使传统经济主导的生产模式向消费模式转变，媒介场域的他律性日益增强。①

其次，很多学者利用场域理论阐释中国的媒介现象和媒介事件。张志安以《南方都市报》为例，分析了其早期市场化运作、新闻场域比较自主性的过程。经济资本和政治资本的增加使《南方都市报》更靠近权力场域，但它并没有被权力场域同构，而是保持着一种不即不离的相对距离，在新闻场域中的位置也逐渐从边缘向中心转移。② 高传智重点分析了新闻场域对其他关联场域的影响：在新闻场域，利用虚假新闻或软广告粉饰形象，为垄断集团增加象征资本；在经济场域，搞有偿新闻，为新闻场域输入经济资本；在政治场域，新闻场域仍然是政治场域的一部分，党政精英、经济精英和文化精英结成利益同盟，大众成为无力反抗的散沙，阻碍民主化进程。③ 曾丽红从媒介场域的视角分析中国调查记者的行动实践，在当下中国新闻场域多元复杂的格局中，调查记者置身该动态结构，以新闻民工和知识分子的不同身份认同开展迥异的新闻实践。场域的专业性和自主性在不断弱化，场域的吸引力在不断下降。④ 中国传媒在不断地市场化和放松管制的过程中，逐渐从原来他律的宣传意识形态的机器转变为独立性较强的"新闻纸"，进而扩大了新闻报道可协商的空间。⑤ 还有一些学者分析场域理论对新媒体的作用机制和关系变化。李珮、王姗姗以"江歌案"的报道为例，分析了在传统媒体和新媒体并存的媒介场域，《新京报》的"我们视频"出品的人物专访节目——《局面》播出的初衷是号召人们关注事件本身、谴责暴力、关怀事件各方当事人，而网友则将关注的重点放

---

① 胡翼青，郭静. 自律与他律：理解媒介化社会的第三条路径[J]. 湖南师范大学学报(社会科学学报)，2019，48(6)：128-135.

② 张志安. 新闻场域的历史建构及其生产惯习——以〈南方都市报〉为个案的研究[J]. 新闻大学，2010(4)：48-55.

③ 高传智. 试论九十年代以来电视新闻场域的功能图景[J]. 现代传播(中国传媒大学学报)，2009(3)：138-139.

④ 曾丽红. 中国调查记者行动实践的社会学分析——一种媒介场域的视角[J]. 现代传播(中国传媒大学学报)，2014，36(7)：48-52.

⑤ 王海燕. 自治与他治：中国新闻场域的三个空间[J]. 国际新闻界，2012，34(5)：14-20.

在谴责刘鑫、陈世峰上，主张网络批判合乎社会正义，导致议程设置的离散。[①] 刘展、姚君喜以东北J村为例，分析了农村媒介的使用情况，并指出传播媒介渗透农村的每一个角落，市场和地方性文化影响村民的媒介使用，村民的日常生活与农贸经营对信息的传播和获取具有较强的依赖性，但村民仍然是媒介场域中受支配的主体，国家的权力身份依然处于权力的核心。[②] 李煜的《数据新闻：现实逻辑与"场域"本质》认为，在开展数据新闻的实践中，走在前列的只能是《卫报》和《纽约时报》这样的经济资本和文化资本都雄冠全球新闻场域的规则制定者和支配者。[③]

最后，学者们主要运用场域理论聚焦新技术推动下的媒介场域的新现象、新变化。布尔迪厄强调，在当代历史语境下经济场域依然具有强大的影响力。同时，其也指出，媒介形态学上的变化不会产生太大的影响力，除非场域的新闯入者获得政治突变或技术、经济和人口学上的变化等外部因素的支持。[④] 张炳杰在《新媒体场域精英话语权的消解与重构》一文中认为，新媒体引发精英生成的新机制的改变和精英与民众关系结构的变革。网络媒体的话语生产与评价体系取决于用户的认可与支持，完全依赖于用户的评价，进而导致精英话语权的影响力、公信力、引导力都大幅弱化。[⑤] 刘洋在《新闻场域和客观性争锋：一个理解网络时代新闻业危机的视角》一文中指出，公民记者的出现引发了专业新闻人对新闻客观性的构建和质疑。专业新闻人占据大量的政治资本和经济资本，他们的客观性报道被视为巩固已有体制的话语建构，而公民记者拥有的是大众在网络连接过程中产生的社会资本，他们不囿于"中立平衡"的表演形式。实际上，新闻客观性之争背后蕴藏着的是市场、政府和公众之间

---

① 李珮，王姗姗．从场域理论视角检视传统媒体"议程设置"力——以《新京报》"江歌案"报道为例[J]．中国出版，2018(11)：34-38.

② 刘展，姚君喜．"媒介场域"：乡村传播媒介的分析视域——以东北J村为例[J]．西南民族大学学报(人文社科版)，2016，37(1)：184-187.

③ 李煜．数据新闻：现实逻辑与"场域"本质[J]．现代传播(中国传媒大学学报)，2015，37(11)：47-52.

④ 本森．比较语境中的场域理论：媒介研究的新范式[J]．韩刚，译．新闻与传播研究，2003(1)：2-23，93.

⑤ 张炳杰．新媒体场域精英话语权的消解与重构[J]．当代传播，2016(5)：92-94.

的社会结构关系。[1] 新崛起的移动媒介场域,网络论坛、新浪微博、快手短视频平台以及其他视频移动客户端等新的行动主体的介入,引发了原有位置的变化和权力的争夺。其中,农民工、草根阶层等行动主体通过自己占有的文化资本、社会资本、注意力资本和符号资本等实现自身在场域中的主导位置和权力。[2] 虽然农民工的文化资本不占优势,但他们原本的能力式文化资本障碍、商品式文化资本匮乏、体制式文化资本欠缺的劣势成为快手场域里高雅文化资本的拥有者,农民工的底层物语、基层文娱刚需得到释放和满足,并将其转换成社会资本和经济资本,实现社会阶层的向上流动。[3] 新媒介的使用者集结在虚拟社区里宣泄情感、阐述观点甚至起到舆论监督的作用。草根们在虚拟社区里积极踊跃地行事,以巩固或提升他们在场域中的位置。[4] 平台、内容生产商、用户、移动运营商以及政府相关部门组成了具有相对独立结构的场域空间。[5] 甚至使用者对位置和权力的争夺也被引入推特等传播国际事件的场域空间。周翔和吴倩基于场域视角剖析推特用户围绕"一带一路"议题形成的关系网络意义和我国媒体账号在该网络中的结构位置,揭示了我国利用社交媒体对外传播仍存在信息扩散慢以及结构性劣势等问题。[6]

(二)国内外个性化分发的研究状况

传媒的发展离不开技术的推动,国外学者有关技术发展对媒介影响的研究由来已久。媒介环境学派第三代代表人物保罗·莱文森[7]提出了媒介进化理论和补救性媒介理论。[8] 内容的个性化分发是网络技术发展到一定阶段的

---

① 刘洋.新闻场域和客观性争锋:一个理解网络时代新闻业危机的视角[J].新闻与传播研究,2016,23(4):29-44,126-127.

② 周荣庭,孙大平.社会媒介场域的概念与理论建构——互联网自组织传播的关系性诠释[J].今传媒,2011,19(6):17-20.

③ 周敏.快手:新生代农民工亚文化资本的生产场域[J].中国青年研究,2019(3):18-23,28.

④ 何蓉.场域视角中的虚拟社区:一个典型的"游戏空间"[J].西南民族大学学报(人文社会科学版),2011,32(11):171-175.

⑤ 唐冰寒.场域理论视角下的视频移动客户端发展路径探究[J].中国出版,2016(20):39-42.

⑥ 周翔,吴倩.场域视角下"一带一路"推特传播网络结构分析与反思[J].中国地质大学学报(社会科学版),2019,19(2):109-125.

⑦ 媒介环境学派的第一代代表人物是哈罗德·伊尼斯和马歇尔·麦克卢汉,第二代代表人物是尼尔·波兹曼。

⑧ 莱文森.人类历程回放:媒介进化论[M].邬建中,译.重庆:西南师范大学出版社,2017.

产物，是市场化进程中互联网科技企业满足用户高效获取信息的需求，反映了人与智能机器，新闻资讯推送主体与用户、社会之间微妙的互动。[①] 传播学奠基人卡尔·霍夫兰提出的个人差异论为个性化分发提供了理论预设，他认为个体的差异导致心理认知、动机结构和行动结构的差异。[②] 尼古拉·尼葛洛庞帝在《数字化生存》中指出，未来界面代理人将过滤掉那些无用的信息，专门为你制作一个独一无二的版本——我的日报。[③] 卡斯特在《网络社会的崛起》一书中指出，信息的传播正在由原来的地方空间向流动空间转变，大大提升了传播的速度和影响力。新媒体决定了社会的区隔化、信息和来源的多样化。用户本身变得更会选择。[④] 互联网时代信息的爆炸式增长，帮助用户找到感兴趣的内容成为媒体进化的方向和目标。

国外学者聚焦算法、大数据等技术的本体研究。个性化信息分发由保罗·雷斯尼克和哈尔·R. 瓦里安于 1997 年提出。推送系统会模拟销售人员向用户介绍相关商品的信息，帮助用户决定应该购买什么样的商品。[⑤] 算法是逻辑与控制的综合，是为有效解决问题而输入机器的一系列指令。[⑥] 算法过程通常包括数据分析、建构模型、算法编码、收集输入数据、按实现设定的算法对输入数据进行运算，然后基于数据分析链输出算法的结果。[⑦] 机器算法在一定程度上决定着信息的流向、意义以及受众对信息感知的方式。[⑧] 近些年，算法在众多媒体平台中得到应用，美国的嗡嗡喂和红迪是两款比较有代表性的聚合类推送平台。从现有资料来看，国外学者对这两款应用平台的研究较多。红迪最大限度地采纳用户的意见，以受众打分决定网帖在网页上的名

---

① 吴霞. 信息的个性化推送和“信息茧房”的形成[J]. 今传媒，2019，27(1)：47-49.

② 张国良. 现代大众传播学[M]. 成都：四川人民出版社，1998.

③ 尼葛洛庞帝. 数字化生存[M]. 胡泳，范海燕，译. 海口：海南出版社，1997.

④ 卡斯特. 网络社会的崛起[M]. 夏铸久，王志弘，等译. 北京：社会科学文献出版社，2001.

⑤ Resnick P, Varian H R. Recommender systems[J]. Communication of the ACM, 1997, 40(3):56-59.

⑥ Goffey A. Software studies: A lexicon[M]. Massachusetts: MIT press, 2018.

⑦ Braune R, Goodman E P. Algorithmic transparency for the smart city[J]. Yale Journal of Law & Technology, 2018, 20(1):103-175.

⑧ Gillespio T. Essays on communication, materiality and society[M]. Massachusetts: MIT Press, 2014.

次。嗡嗡喂最初是一个研究网络热门话题的实验室,它通过技术手段采集用户的行为数据,从而筛选出受用户欢迎的信息并向其推送。嗡嗡喂对用户的行为数据进行分析后发现,用户更喜欢轻松、诙谐、娱乐化的内容。而迈克尔·舒德森却认为,具有公共性的时事信息和评论比新闻的趣味性更重要。[①] 戴维·比尔发现,以算法为技术驱动的应用广泛渗透用户生活的方方面面并形成了新的数字鸿沟。[②]

由于大数据和算法等技术介入了新闻生产和分发环节,国外很多学者开始把目光聚焦于新技术对传统媒体的影响和变革。媒体多元化的赫斯特集团、《华尔街日报》和挪威老牌家族媒体集团施伯史泰德等欧美传媒业巨头纷纷植入新媒体基因,通过数据分析帮助媒体做更好的新闻。随着用户向社交媒体转移,传统媒体积极利用脸书、推特和油管等社交媒体平台分发内容。《纽约时报》数字部门的数据科学团队研发了文字编辑机器人布洛瑟姆(Blossom),将数据分析系统与新闻编辑相结合,实时关注报道的流量变化、用户反馈和热点话题。同时,《纽约时报》的网站也积极采用算法技术,其为您"推荐(Recommended for You)"栏目利用协同过滤算法与主题文档生成模型为读者提供个性化推送。美国甘乃特报业集团把其下属的全国89个日报的编辑室融合成一个信息指挥中心,为用户提供全媒体信息,加强与社区的互动。[③] 由于新技术的嵌入,用户的生产能力被激活,打破了专业记者的职业边界。克莱·舍基在《人人时代:无组织的组织力量》一书中指出,网络社会中的在线工具为用户提供共同协作的机会,人们应该学会如何有效地利用自身的闲暇时间从事创造性活动而不仅仅是消费。[④] 霍华德·里恩戈德在《虚拟社群》一书中指出,会有一个新型社群产生,以共享的价值和利益为中心,将人群聚集在线上。[⑤] 社会化媒体时代,记者与用户分享"新闻把关"的职业功能,参

---

① 舒德森.新闻社会学[M].徐桂权,译.北京:华夏出版社,2010.

② Beer D. Power through the algorithm? Participatory web cultures and the technological unconscious[J]. New Media & Society, 2009, 11(6):985-1002.

③ Lieb T. All the news: Writing and reporting for convergent media[D]. Baltimore: Towson University, 2008.

④ 舍基.人人时代:无组织的组织力量[M].胡泳,沈满琳,译.杭州:浙江人民出版社,2015.

⑤ Rheingold H. Virtual communities[M]. New York: Harper Perennial, 1993.

与式生产成为主流,用户的生产力已经成为媒体之间相互竞争的重要砝码。[①] 由此可见,在欧美传媒产业里,内容生产者和内容分发平台加速分离,后者利用先进的技术对信息进行快速和高效的分发,实现了自身的商业价值。

个性化分发在带来高效的同时,也产生了一些问题。首先,学者们共同关注的是信息窄化形成的"信息茧房"效应。"信息茧房"是哈佛大学教授凯斯·R.桑坦斯在《信息乌托邦:众人如何生产知识》一书中提出的,他认为如果公众只关注自己选择的或能使自己愉悦的信息,久而久之,会将自身桎梏于像蚕茧一样的"信息茧房"之中。[②] 人们生活在他们自己设计的回声房里[③],被"过滤气泡"[④]阻隔,甚至会导致整个社会的群体极化,以致撕裂社会的统一性。[⑤] 也有学者认为,尽管脸书的新闻排名算法制造了一些"过滤气泡",但个人的社交网络和自身的信息选择对阻碍人们接受对立观点的影响更大。其次,算法的客观性、中立性遭到质疑。弗里德里希·基特勒认为,软件产品中已经事先被嵌入了权力结构,是真正的控制者。[⑥] 算法不仅能使主导性的组织管理机制自动化,还提供了一种共同的语言或结构,以重新定义价值。[⑦] 脸书的"算法偏见门"事件说明其编辑团队对"新闻趋势榜"具有相当的裁量权,不仅可以左右新闻的重要程度和排行趋势,甚至还可以压制美国保守派的媒体及其报道。用户由于无法知道信息的过滤机制,对社交媒体上的资讯普遍持怀疑主义的态度。[⑧] 同时,用户的喜好、受教育程度、年龄、对新闻的信任和对隐私的关注等变量都影响其对算法推送的信任度。最后,很多学者关心的是对算法

---

① Lewis S C, Kaufhold K, Lasorsa L. Thinking about citizen journalism: Perspectives on participatory news production at community newspapers[J]. International Symposium on Online Journalism, 2009(18): 1-22.

② 桑斯坦.信息乌托邦:众人如何生产知识[M].毕竟悦,译.北京:法律出版社,2008.

③ 桑斯坦.网络共和国:网络社会中的民主问题[M].黄维明,译.上海:上海人民出版社,2003.

④ Pariser E. The filter bubble: What the internet is hiding from you[M]. New York: Penguin, 2011.

⑤ 桑斯坦.网络共和国:网络社会中的民主问题[M].黄维明,译.上海:上海人民出版社,2003.

⑥ 盖恩,比尔.新媒介:关键概念[M].刘君,周竞男,译.上海:复旦大学出版社,2015.

⑦ Caplan R, Boyd D. Isomorphism through algorithms: Institutional dependencies in the case of facebook[J]. Big Data & Society, 2018, 5(1): 121-123.

⑧ Fletcher R, Nielsen R K. Generralised skepticism: How people navigate news on social media[J]. Information, Communication & Society, 2018(5): 98-113.

分发产生的乱象的治理与反思。个性化推送的假新闻具有强大的扩散功能，会造成恶劣的社会影响。因此，业界普遍采用“机器＋人工”相结合的审核模式以确保内容安全，并且很多研究成果都聚焦于如何通过算法进行自动化事实核查，进而检测、跟踪谣言。对标题党的治理主要利用算法从社交媒体上的帖子中提取文本特征，通过关键字过滤恐怖主义文字、图片或视频。为了避免信息茧房效应，《卫报》《华尔街日报》通过信息供给上的平衡弥补信息越推越窄的不足。

从国内来看，我国媒体的内容分发经历了从渠道到平台的变化。平台的兴起，是新内容革命的必然结果，也是整个内容产业变革的关键因素。平台型媒体在国外最初是指兼具出版商和平台优势的混合实体；而在国内，其被整合进媒体融合和互联网产业的政治概念中，同时又与产消者、自组织等商业化、草根化概念相连。① 从渠道到平台的转变不是文字游戏，渠道只是单方面为用户提供信息，用户是被动的消费者，用户与用户、生产者与用户之间基本上无法互动。陈昌凤、霍婕的《权力迁移与关系重构：新闻媒体与社交平台的合作转型》、方师师的《双强寡头平台新闻推荐算法机制研究》等阐释了平台的特征、优点及其在媒介场域中的影响力和强大的传播效果。② 从互联网的发展来看，用户越来越向少数几个大平台聚集，汇聚多元内容生态的平台是未来媒体发展的趋势。

目前，聚合类平台主要有两大类型：一类是社交化新闻聚合平台，如微博、微信等；另一类是全网聚合内容并依靠算法进行个性化分发的平台，如“今日头条”“一点资讯”等。常昕的《国内外网络新闻聚合平台常用编辑策略分析——以赫芬顿邮报和澎湃新闻为对象》，史安斌、廖鲽尔的《用互联网思维改革新闻的生产与传播——以美国社交新闻聚合网站“嗡嗡喂”、“红迪”为例》，史安斌、王沛楠的《传播权利的转移与互联网公共领域的“再封建化”——脸谱网进军新闻业的思考》，陈力丹、何健、马骏的《社交新闻聚合网站的新闻价值

---

① 谭小荷．从 Platisher 到“平台型媒体”——一个概念的溯源与省思[J]．新闻记者，2019(4)：28-37.

② 陈昌凤，霍婕．权力迁移与关系重构：新闻媒体与社交平台的合作转型[J]．新闻与写作，2018(4)：52-56；方师师．双强寡头平台新闻推荐算法机制研究[J]．传播与社会学刊，2018，43(1)：103-122.

运作路径——以嗡嗡喂为例》,以及王辰瑶、范英杰的《打破新闻:从颠覆式创新理论看 BuzzFeed 的颠覆性》等介绍了国外聚合类平台的分发模式及其特点,认为算法推送已经成为互联网信息流动的核心逻辑,相关的分发技术决定着信息的流向和用户的信息获取。① 陈昌凤、师文在《个性化新闻推荐算法的技术解读与价值探讨》一文中梳理了信息过滤从以雅虎和 hao123 为代表的分类目录,到以谷歌、百度为代表的搜索引擎,再到 20 世纪 90 年代中期,麻省理工学院将遗传算法和反馈学习技术相结合解决网络论坛新闻组信息过滤技术的演进路径。1996 年,峰巢(Beehive)推荐系统借助用户的社交互动频次进行推送,后来又发展出根据场景的变化和内容的热度等特征进行相关推送。② 算法被较早地运用于商业领域,谷歌通过聚类分析用户的浏览记录,发现用户的兴趣,从而为用户提供信息过滤和推送服务。③ 国外这些关于内容分发技术的演进和社交类新闻聚合平台的相关研究不仅开阔了国内学者的视野,而且使其对国外的平台型媒体有了一定的了解。由于研究资源的局限,这方面的成果并不是很多。彭兰在《移动化、智能化技术趋势下新闻生产的再定义》一文中谈到,我国互联网时代的内容分发经历了从门户网站、搜索引擎、社会化媒体再到“今日头条”的个性化分发四个阶段。④ “今日头条”先通过网络爬虫技术在全网收集信息,然后再通过矩阵筛选的方法,筛选出用户可能感兴趣的内容。⑤ 但“今日头条”又不局限于此,其还可以根据内容特征、用户的动作

---

① 常昕. 国内外网络新闻聚合平台常用编辑策略分析——以赫芬顿邮报和澎湃新闻为对象[J]. 编辑之友,2018(2):87-90;史安斌,廖鲽尔. 用互联网思维改革新闻的生产与传播——以美国社交新闻聚合网站“嗡嗡喂”、“红迪”为例[J]. 青年记者,2014(28):79-81;史安斌,王沛楠. 传播权利的转移与互联网公共领域的“再封建化”——脸谱网进军新闻业的思考[J]. 新闻记者,2017(1):20-27;陈力丹,何健,马骏. 社交新闻聚合网站的新闻价值运作路径——以嗡嗡喂为例[J]. 当代传播,2016(6):19-22;王辰瑶,范英杰. 打破新闻:从颠覆式创新理论看 BuzzFeed 的颠覆性[J]. 现代传播(中国传媒大学学报),2016,38(12):35-39.

② 陈昌凤,师文. 个性化新闻推荐算法的技术解读与价值探讨[J]. 中国编辑,2018(10):9-14.

③ 贾军. 算法推荐新闻:技术困境与范式变革[J]. 西南民族大学学报(人文社科版),2019,40(5):152-156.

④ 彭兰. 移动化、智能化技术趋势下新闻生产的再定义[J]. 新闻记者,2016(1):26-33.

⑤ 王成军. “今日头条”的技术逻辑:网络爬虫+矩阵筛选[J]. 传媒评论,2015(10):34-37.

特征以及环境特征等维度进行相关推送。[①] 这种推送方式对既存的传媒业、传播主体、传播受体、传播内容和媒介形态等五大维度进行了变革,并形成了一种全新的网络传播模式。[②] 彭兰在《增强与克制:智媒时代的新生产力》一文中认为,传统媒体在内容供给上主要满足的是"头部"用户的需求,而聚合类平台智能化带来的增强型生产力可以为市场供应多元化且小众的内容。[③] 大众传媒产业长期无法覆盖的长尾市场被激活,为新的盈利模式提供了技术支撑和广阔的市场。个性化推荐算法是当前人们在信息爆炸式增长趋势下获取信息的一个越来越重要的方式。[④] 在众多的研究文献中,很多学者从技术进步、技术崇拜的视角,对个性化推荐算法介入内容分发积极的一面进行了研究,但这些学者缺乏对该问题更深层面的反思。

随着算法技术的日趋完善,其在媒介场域中的位置和权力凸显,很多学者开始关注新一轮技术进步对传媒产业的变革性影响。陈昌凤、邵全红、王宇琦等学者认为,在新闻生产方面,"今日头条"的内容生产是基于数据的,智能化的数据成为内容生产的新技术引擎。通过聚合技术抓取新闻,机器算法瞬间完成简单的编辑,并打上相应的标签以进行个性化的推送,极大地满足了用户的小众化需求。数据和智能化算法对内容采制、内容分发、场景到达、用户接受等全环节产生重要影响。这种内容生产和分发模式对传统媒体的人工编辑和规模化分发具有重要意义。[⑤] 与此同时,记者的职业边界逐渐模糊,新闻专业主义遭到前所未有的挑战。传统记者变成新闻的发现者、求证者,而普通用户成为新闻的生产者。记者讲述好故事的核心能力越来越倾向于对信息的整

---

① 王茜.打开算法分发的"黑箱"——基于今日头条新闻推送的量化研究[J].新闻记者,2017(9):7-14.

② 徐北春.聚合新闻客户端传播的五大变革——以"一点资讯"和"今日头条"为例[J].传媒,2017(5):47-49.

③ 彭兰.增强与克制:智媒时代的新生产力[J].湖南师范大学社会科学学报,2019,48(4):132-142.

④ 贾军.算法推荐新闻:技术困境与范式变革[J].西南民族大学学报(人文社科版),2019,40(5):152-156.

⑤ 邵全红.移动聚合类新媒体对传统媒体新闻生产的颠覆与再造——以"今日头条"的新闻生产模式为例[J].新闻爱好者,2017(1):37-40;陈昌凤,王宇琦:新闻聚合语境下新闻生产、分发渠道与内容消费的变革[J].中国出版,2017(12):3-7.

合，更加注重提供事实本身的信息，而不再局限于对新闻本身进行深度的组织和挖掘，以此启发人们思考新闻背后的意义。① 在社交化、算法技术的推动下，记者不再追求新闻质量，而更重视形式感、体验性、互动性，追求点击量。针对这一现象，王维佳在《专业主义的挽歌——理解数字化时代的新闻生产变革》一文中指出，在权力离散的商业社会里，新闻内容生产者的选择是被动的，甚至陷入一种堕落的“竞次传播”之中。② 随着公民记者的崛起，用户原创内容获得与传统媒体相匹敌的受众数量，对用户的吸引力与传统媒体相比更大。内容生产领域呈现出专业媒体人与用户相结合的分布式生产的新样态。③ 引入用户生产的内容进一步使传统媒体边缘化。在把关模式上，聚合类平台的把关标准由原来的记者经验判断转向依靠平台算法的实证测量④，算法成为内容的把关人。传统媒体认为的时效性、重要性在个性化推送中的价值变弱⑤，而用户的喜好、趣味、接近性的价值凸显，传播由原来的时空偏向转向用户的兴趣偏向。⑥ 彭兰在《移动化、智能化技术趋势下新闻生产的再定义》一文中提到，当前新闻业内容生产与内容分发相分离，并发展为专业化的独立部门，商业化互联网科技企业对分发环节进行突破，凸显了个性化分发的价值，内容分发之争实际上就是渠道控制力的竞争。⑦ 传统媒体依靠自身力量进行采编发行，而“今日头条”却依靠算法分发与社交分发进一步提高了分发的效率，增强了用户黏性。⑧ 从对用户的影响方面来看，用户地位得到前所未有的重视和提升，主动从后台走向前台参与生产和表演，以产消者的身份设置议

---

① 曹洵，刘兢.“采制分离”与“记者角色转型”：当代西方网络新闻生产的新变化[J].新闻界，2011(1)：98-100，97.

② 王维佳.专业主义的挽歌——理解数字化时代的新闻生产变革[J].新闻记者，2016(10)：34-40.

③ 郑一卉.互联网时代：谁是记者？——对记者职业身份的思考[J].现代传播(中国传媒大学学报)，2014，36(7)：126-129.

④ 张超，钟新.从比特到人工智能：数字新闻生产的算法转向[J].编辑之友，2017(11)：61-66.

⑤ 王青川，朱欣.聚合类资讯客户端对新闻价值的重塑[J].南方电视学刊，2016(3)：40-45.

⑥ 尚帅.传播的兴趣偏向和浑然不觉的符号暴力——基于《今日头条》的算法控制研究[J].现代传播(中国传媒大学学报)，2018，40(10)：58-62.

⑦ 彭兰.移动化、智能化技术趋势下新闻生产的再定义[J].新闻记者，2016(2)：26-33.

⑧ 陈昌凤，王宇琦.新闻聚合语境下新闻生产、分发渠道与内容消费[J].中国出版，2017(12)：3-7.

题,大大拓展了参与的空间和效率。① 对用户的描述从人口学特征研究转向行为特征研究,用户角色由单一转向多元,行为模式由线性转向非线性。② 在聚合类平台,用户、传媒公司和专业化媒体都成为网络中的一个节点,用户节点的权重上升,专业媒体如果不能提供用户需要的内容,其地位可能不及一个自媒体。③ 鉴于用户成为个性化推送中的一个关键变量,刘鹏在《用户新闻学:新传播格局下新闻学开启的另一扇门》一文中谈到,目前的传播渠道是基于"网络—节点"的新型模式,其引发了以用户为中心的新闻生产传播的一系列变革,导致用户新闻生产语境下新闻学观念的改变,从而提出了开启用户新闻学的研究主张。④ 在以上研究成果中,大部分学者把研究的重点放在了新技术的生产和分发对传统媒体的影响上,而没有注意到新技术本身蕴含的权力,这种权力不仅改变了现有的传媒生态,而且对其他场域的他律越发凸显,逐渐成为改变其他场域的重要变革力量。从经济场域来看,吴鼎铭的《网络"受众"的劳工化:传播政治经济学视角下网络"受众"的产业地位研究》和邱林川的《新型网络社会的劳工问题》等集中阐述了用户这种非雇佣性质的劳动生产了大量的文字和视频等非物质文化内容,平台和用户之间形成了剥削与被剥削的关系。⑤ 当下,新闻业的变革不是发生在行业内部从旧到新的转变,而是原本线性的采制—编排—出版的生产流程逐渐瓦解,内容传播领域正在被一种后工业文化生产模式所占据。⑥

算法个性化分发技术给传媒领域带来了巨大的变革动力,但完全依靠技术工具理性的分发模式的弊端也受人诟病。智能媒体对信息传播和社会的影

① 葛自发.新媒体对"积极受众"的建构与解构[J].当代传播,2014(1):71-73.

② 聂磊.新媒体环境下大数据驱动的受众分析与传播策略[J].新闻大学,2014(2):129-132.

③ 彭兰.增强与克制:智媒体时代的新生产力[J].湖南师范大学社会科学学报,2019,48(4):132-142.

④ 刘鹏.用户新闻学:新传播格局下新闻学开启的另一扇门[J].新闻与传播研究,2019,26(2):5-18, 126.

⑤ 吴鼎铭.网络"受众"的劳工化:传播政治经济学视角下网络"受众"的产业地位研究[J].国际新闻界,2017,39(6):124-137;邱林川.新型网络社会的劳工问题[J].开放时代,2009(12):128-139.

⑥ 王维佳.专业主义的挽歌:理解数字化时代的新闻生产变革[J].新闻记者,2016(10):34-40.

响已经超出了单一学科的范围，需要多个学科的合力参与。[①] 魏永征、王晋的《从〈今日头条〉事件看新闻媒体维权》、王迁的《“今日头条”著作权侵权问题研究》以及邵国松的《新闻聚合的版权问题研究》等指出，“今日头条”通过深度链接和转码优化的方式进行转载，转载中既没有将原网页完全呈现，也没有得到著作权人的许可并支付版权费，因此涉嫌侵权，违反了《著作权法》。[②]

信息茧房是人类的宿命，只不过在互联网时代被放大了。[③] 刘礼彤的《微博“信息茧房”与“意见领袖”探析》、许竹的《微博的“信息茧房”效应及其思考》和刘华栋的《社交媒体“信息茧房”的隐忧与对策》聚焦微博信息茧房效应的成因和危害。[④] 生产者一味提供垂直化的内容，用户一味接收个性化的信息，不仅会使用户成为井底之蛙，而且阻碍了主流意识形态的覆盖与到达，弱化了意识形态对社会的整合与控制。[⑤] 郭小安、甘馨月的《“戳掉你的泡泡”——算法推荐时代“过滤气泡”的形成及消解》，钟书平、刘庆振、牛媛媛，等的《智能媒体语境中的信息囚徒、算法悖论及其突围路径》，张香萍、李军的《新闻算法推送的困境、出路与展望》等提出了解决信息茧房效应的方法，认为个性化时代的平台更应该为用户提供有公共价值的信息和更多元的信息。同时，用户也需

① 陈昌凤，霍婕．权力迁移与关系重构：新闻媒体与社交平台的合作转型[J]．新闻与写作，2018(4)：52-56.

② 魏永征，王晋．从《今日头条》事件看新闻媒体维权[J]．新闻记者，2014(7)：40-44；王迁．“今日头条”著作权侵权问题研究[J]．中国版权，2014(4)：5-10；邵国松．新闻聚合的版权问题研究[J]．南京社会科学，2015(5)：90-97；

③ 张涛甫，等．“算法推荐与人工智能”的发展与挑战[J]．新闻大学，2019(6)：1-8，120.

④ 刘礼彤．微博“信息茧房”与“意见领袖”探析[J]．互联网天地，2014(9)：16-19；许竹．微博的“信息茧房”效应及其思考[J]．新闻爱好者，2018(8)：55-58；刘华栋．社交媒体“信息茧房”的隐忧与对策[J]．中国广播电视学刊，2017(4)：54-57.

⑤ 陈昌凤，张心蔚．信息个人化、信息偏向与技术性纠偏[J]．新闻与写作，2017(8)：42-45.

要突破个人在所有信息选项中选择阅读或消费信息产品的世界观、价值观和人生观。① 算法和大数据不是信息茧房效应的罪魁祸首,而是媒介的价值选择机制在数据条件下的变种,是海量信息差异化消费的必然结果。这类信息茧房效应的研究大多从技术和人性的方面进行探讨,而从社会和政治治理方面进行探讨的研究较少。

算法虽然看起来比较客观中立,但它实际上是一种需要我们阅读和理解的文化机器。首先,算法被认为是一种隐形的权力。陈昌凤、霍婕的《权力迁移与关系重构:新闻媒体与社交平台的合作转型》、尚帅的《传播的兴趣偏向和浑然不觉的符号暴力——基于〈今日头条〉的算法控制研究》、刘拥华的《空间、权力与寻找政治——以鲍曼为中心的考察》以及张金鹏的《超级全景监狱:信息方式下的权力技术——波斯特论信息方式下的统治模式》等提醒公众关注算法背后的技术人员、算法所服务的资本、算法中隐藏的阶层划分以及算法作为一种流动的数据库所蕴含的新型权力。② 其次,算法分发具有伪中立性。大多数用户认为算法推送是科学的、客观的和精准的。实际上,偏见在数据收集之前就已经存在。算法推送的内容对用户具有极大的吸引力,使其成为算法推送工具的奴隶③和商业变现的砝码。也有学者指出,技术及其商业化共同构成了人工智能分发的黑箱,需要通过输入-生产-输出(input-throughput-output)环节、逆向工程,强调"可理解的透明度",打开算法黑箱。④ 最后,师文、吕新雨、姜红等学者开始反思个性化分发存在的潜在危险。不同的算法代

---

① 郭小安,甘馨月."戳掉你的泡泡"——算法推荐时代"过滤气泡"的形成及消解[J].全球传媒学刊,2018,5(2):76-90;钟书平,刘庆振,牛媛媛等.智能媒体语境中的信息囚徒、算法悖论及其突围路径[J].教育传媒研究,2019(3):16-21;张香萍,李军.新闻算法推送的困境、出路与展望[J].编辑之友,2019(4):86-90.

② 陈昌凤,霍婕.权力迁移与关系重构:新闻媒体与社交平台的合作转型[J].新闻与写作,2018(4):52-56;尚帅.传播的兴趣偏向和浑然不觉的符号暴力——基于《今日头条》的算法控制研究[J].现代传播,2018,40(10):58-62;刘拥华.空间、权力与寻找政治——以鲍曼为中心的考察[J].人文杂志,2014(7):92-101;张金鹏.超级全景监狱:信息方式下的权力技术——波斯特论信息方式下的统治模式[J].南京社会科学,2007(8):40-45.

③ 郝雨,李林霞.算法推送:信息私人定制的"个性化"圈套[J].新闻记者,2017(2):35-39.

④ 仇筠茜,陈昌凤.基于人工智能与算法新闻透明度的"黑箱"打开方式选择[J].郑州大学学报(哲学社会科学版),2018,51(5):84-88,159.

表不同的价值观，算法对兴趣的加权推送有可能诱发不良新闻潮的风险。[①] 算法分发的黑箱化、后台化，资本的迅速扩张、垄断性的传播，使公共力量对“今日头条”的约束逐渐弱化，拥有技术和数据的科技公司反而拥有更多的公共权力。[②] “今日头条”的商业逐利性与媒体公共性之间的矛盾凸显，不良内容泛滥。[③] 在大数据时代，“今日头条”将个人隐私条款打包在同意条款之中，用户不同意则无法使用该应用。因此，这种同意变成了一种强制，不符合我国《网络安全法》第四十一条的规定：收集个人信息应符合正当、必要和合法的原则。[④] 算法分发脱离了传统媒体记者对新闻价值的坚守，带来了公共性缺位、算法歧视等挑战。[⑤] 因此，在算法推送中必须将公共信息置顶，这类信息不一定能为平台带来经济利益，但应该成为考察平台媒体责任履行情况的重要依据。[⑥] 我们不仅要聚合有共同兴趣爱好的人，还要聚合更多持有不同观点的人。此外，造成新闻失范的主体也从记者、编辑向用户转移。现如今，困扰“今日头条”的不良内容，实际上是由平台商业逐利的本质和用户的选择决定的。[⑦]

综上所述，从国内外学者的研究现状来看，他们大都聚焦于对算法技术的先进性、变革性，以及算法推送所产生的负面影响和解决对策的研究；研究视角侧重从平台来看用户，关注用户的需求和商业变现。如果更多地从信息端考虑如何对内容进行分类和价值排序，阻止不良信息的流通，尽量过滤垃圾信息，则会有更重要的价值和意义。平台和个性化分发技术应该从信息端改变信息的价值导向和内容消费的低俗化倾向，这样才能发挥和履行更大的平台价值和社会责任。关于反思算法技术方面的研究并不多，如价值观是如何被

---

① 师文，陈昌凤．社交分发与算法分发融合：信息传播新规则及其价值挑战[J]．当代传播，2018(6)：31-33，50.

② 吕新雨，赵月枝，吴畅畅，等．生存，还是毁灭——“人工智能时代数字化生存与人类传播的未来”圆桌对话[J]．新闻记者，2018(6)：28-42.

③ 姜红，鲁曼．重塑“媒介”：行动者网络中的新闻“算法”[J]．新闻记者，2017(4)：26-32.

④ 张涛甫，等．“算法推荐与人工智能”的发展与挑战[J]．新闻大学，2019(6)：1-8，120.

⑤ 赵双阁，岳梦怡．新闻的“量化转型”：算法推荐对媒介伦理的挑战与应对[J]．当代传播，2018(4)：52-56.

⑥ 张香萍，李军．新闻算法推送的困境、出路与展望[J]．编辑之友，2019(4)：86-90.

⑦ 任晓敏．算法推送对新闻专业主义的解构与重塑[J]．中国报业，2018(5)：18-21.

嵌入技术之中的？什么因素影响了不同价值观的嵌入？个性化分发的变革性因素和制约变量是什么？这些关于过程的研究仍然不足。[①] 此外，在平台商业至上、数字化剥削本质以及政府如何合理地规制和引导平台等方面还有很大的研究空间。

三、研究意义

（一）理论意义

国外学者对新闻生产的研究在20世纪70年代形成第一波热潮，他们从新闻生产社会学的视角，进入新闻编辑室亲身体验并形成了以托德·吉特林的《新左派运动中的媒介镜像》、盖伊·塔奇曼的《做新闻》、赫伯特·甘斯的《什么在决定新闻》为代表的新闻生产社会学研究三部曲。[②] 20世纪末，布尔迪厄运用场域理论对法国电视新闻的生产进行研究，并出版了《关于电视》一书。在书中，布尔迪厄把更多的精力放在了经济场域对新闻生产的影响，而忽视了政治场域的强大力量。以往学者对新闻生产的研究都是在大众传播技术语境下以大众传媒为研究对象，成果没有涉及最近几年新兴的互联网技术对内容生产和分发的影响，这成为本书立论的新的时代语境和逻辑起点。

在技术、商业和政治语境都不尽相同的背景下，利用场域理论重新审视我国聚合类平台个性化分发中各种力量及其位置的变化和影响，对于进一步完善、发展场域理论具有较为重大的创新性，以及理论和现实意义。第一，内容的生产不再仅仅局限于新闻编辑室，也不再发生于主流媒体，而是分散于各个社会关系网络。同时，在当前的传媒生态下，个性化分发是内容生产的一个极为重要的环节，分发本身就是生产和再生产，没有分发，聚合类平台就无法进行内容生产，分发是生产个性化的节点性对应。因此，要重点考察大数据和算法等个性化分发技术对媒介场域的重塑，重点分析影响内容分发的重要因素，及其在各子场域中的位置和权力的变化。第二，从技术哲学的视角审视个性

① 方师师．算法机制背后的新闻价值观——围绕"Facebook偏见门"事件的研究[J]．新闻记者，2016(9)：39-50.

② 黄建友．新闻生产研究的理论局限与超越[J]．中国出版，2017(21)：47-51.

化分发中最为重要的技术因素对内容分发场域中其他子场域的影响，既探讨技术对分发的影响，又进一步探寻作为时代座架的技术对其他子场域的影响，超越传统受经济和政治影响、宰制的政治经济学路径。第三，从思辨的视角，反思技术、文化、经济和政治给用户、传媒产业和社会带来的利弊，避免陷入技术中心主义和互联网中心主义的窠臼之中。第四，布尔迪厄利用场域理论主要考察的是经济场域给电视的新闻生产带来的影响，并且把经济场域作为研究的中心。而本书不仅研究时代语境、技术手段、传媒体制以及媒介性质，而且把重点放在了内容分发领域，重点分析各子场域对内容分发的影响，特别是技术场域、经济场域的突破和中国特殊政治语境下权力场域对内容分发的实质性影响，这也是对场域理论在我国新媒体语境下作出的回应和拓展。

（二）实践意义

2014 年 8 月 18 日，习近平总书记在中央全面深化改革领导小组第四次会议上强调，推动传统媒体和新兴媒体融合发展，要遵循新闻传播规律和新兴媒体发展规律，强化互联网思维。[①] 为此，传统媒体纷纷开展媒体融合，利用新媒体的优势，并以新媒体的思维改造传统媒体，但成功者只是凤毛麟角。因此，在媒体融合的时代大背景之下，探寻聚合类平台个性化分发的规律具有重大应用价值。第一，从场域的视角审视个性化分发中技术、文化、经济和政治等场域中各种力量之间的斗争与博弈，了解个性化分发所遵循的规律。国家权力与平台、资本、技术和用户之间互构互训，在动态平衡中为政府防控平台的内容风险和伦理风险提供了一种新思路。第二，通过分析聚合类平台成功的理念、经验和做法进一步了解个性化分发的本质，对传统媒体和新媒体的内容生态布局和分发具有一定的借鉴和参考意义。第三，既要看到技术驱动下个性化分发积极进步的一面，也要看到技术工具理性的局限性。引导用户反思其在获取便利的同时，自身可能面临的隐私泄露、被监视、被算计等负面影响，进一步提高用户在信息消费实践中的媒介素养。

新媒体时代的内容生产和内容分发呈现出相互分离的趋势，内容生产者

① 王庚年. 让中国声音影响世界[EB/OL]. (2014-11-01)[2024-01-21]. https://news.1237.cn/2014/11/01/ARTI/414804245110446.shtml.

不再局限于专业媒体和记者,广大媒体企业、政府机构和个人都可以成为内容生产者,从而倒逼新闻机构自上而下地改革。移动新媒体环境下的内容分发在先进技术的支撑下做到有个性的高效分发,抢占技术制高点,同时反思技术局限,克服技术短板,让技术兼具智能与智慧的功能,以更好地为人类服务。聚合类平台在追求经济效益的同时,还要平衡技术、文化、经济和政治等子场域之间的关系,实现社会效益与经济效益的双赢,担负起应该承担的社会责任。

四、研究设计

(一)研究对象

聚合类平台的个性化分发对既有的媒介场域产生了重要的影响和变革,它不仅在技术、盈利模式上与传统媒体不同,而且极大地激活了用户的生产力,充分满足了用户的需求,做到了一对一的精准分发,是受众获取内容的重要端口。"今日头条"作为国内聚合类平台个性化分发的代表,不仅实现了信息与用户的个性化适配,而且提高了分发效率,解决了行业痛点。为了给自身分发提供源源不断的优质内容,"今日头条"还自创头条号、抖音、火山、悟空问答等内容产品,成为信息生产的组织者、管理者,并采取了一系列措施鼓励用户和机构更加积极地生产内容。

与此同时,"今日头条"的个性化分发离不开技术、用户、资本、权力等子场域的掣肘,这四个影响因素决定了内容分发的最终面向。因此,本书以聚合类平台的个性化分发为研究对象,以"今日头条"为切入点,重点研究这四个影响因素对聚合类平台个性化分发产生的实质性影响,同时从批判的视角对这四个影响因素进行深刻反思。

(二)研究方法

本书采用深度访谈法、网络民族志法、新闻室观察法和个案研究法,并运用传播学、政治学、经济学、心理学、社会学以及符号学等学科知识,深入阐述和探寻新媒介技术环境下内容分发的理念、技术和传受关系等方面的一系列深刻变化。

1. 深度访谈法

深度访谈法属于一种质化研究方法,在社会学领域中有着广泛运用和重要地位。深度访谈是一种无结构的、较为直接的访问形式。为了掌握第一手材料,笔者深度访谈"今日头条"的从业者和使用者、"今日头条"的领导层、"封面新闻"的领导层以及具有传统媒体从业经历的记者、编辑共 30 人,其中男性 16 人,女性 14 人。此外,字母 T 代表"今日头条"或头条系的工作人员,字母 F 代表"封面新闻"的工作人员,字母 C 代表传统媒体的记者、编辑,字母 D 代表普通用户。多人次、深入扎实的访谈,为本书的研究提供了充足的材料支撑。

2. 网络民族志法

网络民族志法是指研究者在网络上以"新来者"的身份进入田野,与调查对象频繁互动,学习其文化和身份,参与调查对象的社会实践,以此来观察和理解他们之间的社会交往和意义建构。为了更深入地了解"今日头条",笔者不仅下载使用"今日头条",而且从一个用户的视角进行体验。同时,笔者还注册了头条号,生产相关内容,进而了解平台相关技术支持、审核把关以及推送效果,对"今日头条"有了更为深入的了解。

3. 新闻室观察法

新闻室观察法是研究新闻生产过程的一种经典方法,主要是指研究者深入研究对象的生活、工作之中,在实际参与研究对象日常社会生活的过程中所进行的观察和研究。20 世纪 70 年代,塔奇曼和甘斯等都曾用这种方法考察过传统媒体的新闻生产过程并获得丰硕的成果。为了更好地了解内容生产和分发的过程,笔者在"今日头条"展开为期四个月的田野观察,对技术、审核和运营等相关方面有着较为深刻的了解和体会,为后续研究打下了坚实的基础。

4. 个案研究法

个案研究法主要是指对某一个体、某一群体或某一组织开展较长时间的、连续性的调查研究,本书个案分析的对象是"今日头条",通过长时间的研究,笔者充分了解了"今日头条"的特点、优势、发展过程以及各子场域对其个性化分发的实质性影响。选择"今日头条"作为研究个案,首先是因为"今日头条"

是国内个性化分发的典型代表。其次,“今日头条”在内容分发领域成功地进行了边缘突破,引发了传媒产业的变革,研究“今日头条”的个性化分发对当今传媒产业具有启示意义。最后,“今日头条”在内容分发的过程中仍然会受到来自政治、经济、文化等力量的掣肘,用场域理论分析这些变革性因素也较为恰切。

(三)研究思路和研究内容

本书从场域理论的视角审视聚合类平台的个性化分发,分析“今日头条”个性化分发的影响因素——技术、用户、资本和权力。这四个影响因素互相纠缠、彼此掣肘,共同形塑、决定着个性化分发的最终呈现。

从图 0-1 中可以清楚地看到,本书研究的是这四个影响因素层层递进的思维逻辑和整体框架。本书之所以选择技术场域、文化场域、经济场域和政治场域进行深入研究,是因为它们对个性化分发有着极为重要的影响。首先,技术崛起的背后蕴含着受众的现实需求和商业推动,没有技术的进步,分发场域的变革就无从谈起。技术的变革不仅给用户提供了一对一的个性化信息,而且通过技术支持的“今日头条”开创了信息流广告、电商、直播等多种形式的平台经济模式。因此,毫无疑问,技术是引领个性化分发的第一个影响因素。其次,驱动媒介场域变革的第二个影响因素是用户的崛起。通过技术赋权,普通用户不仅仅是内容的消费者,为平台聚拢人气;更重要的是,用户成为生产者,真真正正地参与内容的生产。用户生产的内容凭借其自身具有的相关性、贴近性、通俗性进一步释放了受众的娱乐需求,为平台个性化分发提供了与众不同的内容来源并得到了市场的认可。再次,资本的逐利本性影响着内容分发的走向,使其成为制约个性化分发的第三个影响因素。“今日头条”高度的商业化运营决定了个性化分发的流量导向、市场导向。平台为了盈利,任凭不良内容肆意流通,大量谣言、虚假新闻蔓延。分发的商业化旨归和技术的工具理性成为平台的主导思想,从而无视平台作为企业型媒体所应具备的责任和担当。最后,由于分发中存在诸多问题引发了权力入场对其进行相应的管理和规训,权力是个性化发分的第四个影响因素。权力虽然不是此次媒介场域变革的主要力量,但它可以凌驾于任何场域之上,成为个性化分发中最为重要的规训力量。国家要求平台内容的个性化分发要在主流价值观的引导下克服人性的弱点，弥补技术工具理性的不足，承担起作为企业型媒体应该肩负的职责和使命，让平台更绿色、更健康、更符合主流价值观和主流意识形态。“今日头条”在获得政治合法性的过程中进行范式修补和场域内调适，因此权力对个性化分发的走向和规范有着至关重要的影响。

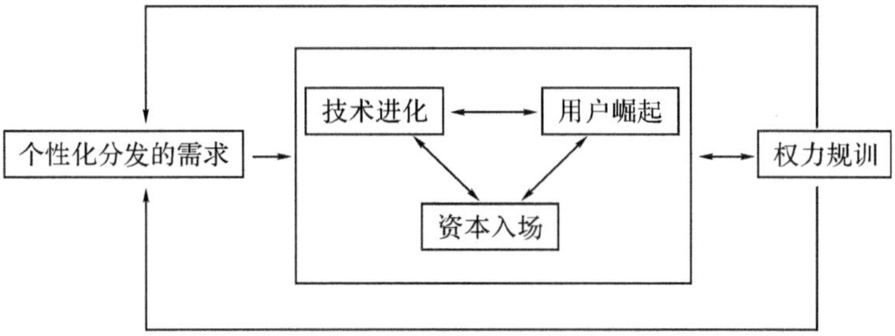

图 0-1　个性化分发影响因素的关系

技术、用户、资本、权力这四个影响因素既是本书的研究重点，也是本书分析论述的逻辑框架。但这四者之间并不是完全线性的、因果性的关系，而是一种动态的、流动的、互嵌互构的关系。这四个变量不仅受到其他因素的影响，而且它们之间也互相影响。技术的进步赋予了用户一定的权力，改变了传统媒体的盈利模式，引发了媒介场域的变革。同时，用户的需求、权力的介入、盈利模式的更新也要求技术不断地改进和完善。此外，用户数量越多、平台影响力越大、过度商业化也会受到相关部门更多的关注和更为严格的监管。在权力监管的背后，用户会增强自我生产的审查意识，平台会进行更为严格的监管和把关以确保内容安全。资本的入场最初看中的是“今日头条”技术的进步性和庞大的用户群，其介入又进一步对技术和用户产生了影响。平台有了大量资金可以进一步吸纳人才、完善技术。用户在平台商业逐利性的吸引下，其生产行为也越发地被点击量、转发量等商业化指标所束缚和异化，社会越轨行为的发生也常常招致相关部门的监管。总而言之，这四个影响因素对个性化分发起着至关重要的作用。根据影响个性化分发力量的大小、时间上的先后次序以及因果逻辑关系，本书先谈技术、用户，后谈资本和权力，但绝不意味着这四者之间彼此孤立、泾渭分明。实际上,技术、用户、资本和权力这四个影响因素之间是相互影响、互构互训的复杂关系。

本书的研究内容主要分为六个部分。

绪论主要从两个方面进行阐述:一是对研究背景、研究方法、研究内容和研究意义的分析;二是对国内外个性化分发相关文献的详细梳理。

第一章主要对“今日头条”内容分发的发展历程以及每个阶段的突破、特色和内容分发的影响因素进行剖析和总结,概括总结了“今日头条”个性化分发的机制与变革因素。

第二章主要以技术场域的博弈作为切入点,阐释技术是触发本轮媒介场域变革最为重要的因素和驱动力。技术是个性化分发的第一个影响因素。算法虽然在一定程度上满足了人们对信息的个性化需求,但算法分发在技术进步、客观公正、高效分发等语境下掩盖了其仍被人为操控的主观性,无视价值取向,忽略平台应该具有的价值理性以及应该肩负的责任和使命等缺陷。技术即权力,这种控制是“幕后的幕后”的控制。

第三章主要阐释聚合类平台个性化分发的第二个影响因素——用户。通过技术赋权,用户成为平台中的产消者。随着用户的崛起,其生产力得到了空前的释放,成为平台内容分发的重要来源。虽然大众生产的内容浅白、贫乏,但更贴近生活、更原汁原味,是真正意义上的大众文化,触发了极大的商业价值。大众生产力的释放既是话语权的一次下移,是一种制造快感的过程,同时也是一个与主流话语、精英话语对话和抗争的过程。

第四章主要阐述聚合类平台个性化分发的第三个影响因素——资本。在数字围场里,资本逻辑前置下的内容分发平台为了盈利千方百计地利用资本建立分发的标准、调动用户的生产并在国内外进行扩张。在平台商业化的过程中,用户沉迷于信息无法自拔,同时也成了无偿为“今日头条”进行生产的数字劳工,为平台源源不断地生产着数据和内容。用户无法逃逸资本的引力而与平台合谋,心甘情愿地成为被剥削的对象。

第五章主要阐释作为元场域的权力对聚合类平台个性化分发的管理与规训。权力是个性化分发的第四个影响因素。为了盈利,“今日头条”在内容分发方面乱象频出，引发了权力的入场。权力的规训一方面是为了规范平台的内容分发，重视技术伦理，避免分发中出现的技术和人性之恶，促进行业的健康发展。另一方面是为了确保主流价值观和主流意识形态的安全，维护主流媒体的权威。

总之，技术、用户、资本和权力是个性化分发的重要影响因素，四者之间斗争和博弈的最终目标是实现场域之间力量的平衡，既要避免技术场域和经济场域的力量过于强大导致内容聚合类的失控，也要避免政治场域的力量过于强大而限制媒介场域的创新和活力。先进的个性化分发技术、作为产消者的用户、以逐利为宗旨的聚合类平台和权力必须在一个动态的、平衡的状态下才可能实现良性的循环和发展，达到场域内多方力量的平衡与共赢。

第一章 “今日头条”个性化分发的缘起、演进和影响因素

百度、阿里和腾讯被称为互联网三巨头，而互联网行业的“新三巨头”则是“今日头条”、美团和滴滴。从新闻资讯平台方面来看，在崛起的新媒体中有“两微一端”之说，即微博、微信和“今日头条”客户端①，由此可见“今日头条”的影响力和市场地位。“今日头条”是北京字节跳动有限公司于2012年8月上线的一款个性化资讯推送引擎，创始人是张一鸣。“今日头条”能够在众多新媒体中迅速崛起的关键原因在于，其更看重用户的兴趣需求价值，通过技术让信息与用户需求高效适配，从而使界定信息价值的公共性标准下降。它的出现改变了原有的传媒生态格局，打破了人们对传媒内容产业的原有认知，重塑了内容生产、分发的理念和价值标准。

第一节 “今日头条”个性化分发的缘起

一、个性化分发的时代背景

在媒介发展史上，我国经历了三次信息大爆炸，正逐步从信息匮乏走向信息超载。第一次信息大爆炸是1995年《华西都市报》的创办，其成为我国第一张都市报。《华西都市报》面向的是普通市民，根据市民的需要采编新闻，其生产的新闻产品得到市民的追捧，加速了中国报业市场化、产业化的进程。当

---

① 曹素妨，陈鑫胤．今日头条：2亿基金让内容创作者专注创作[J]．中国传媒科技，2016(Z1)：28-29．

时，都市报大多在 40 版左右，信息体量很大。在以党媒为主的时代，都市报的出现是信息的一次释放。第二次信息大爆炸是在 2000 年左右，即门户网站迅猛发展的时期。这一时期也被称为“双轨”时期，即门户网站与传统媒体并存。门户网站对信息的分发打破了传统媒体的地域限制，网民通过门户网站可以看到全国有影响力的报纸上的信息。信息生产和信息分发相分离，由于信息的极大丰富，甚至达到了海量级，广大网友无所适从，不知道该看什么，造成了一定程度的信息过剩和信息超载。第三次信息大爆炸是社交媒体开启的个性化阅读时期。这一时期的信息供应不再仅仅局限于组织化、机构化的专业媒体，还有很多自媒体、传媒公司以及政府机构等。微博、微信等社会化媒体成为人们个性化订阅和信息分享的新渠道。经过三次信息大爆炸，人们可以接收的信息的体量激增。由于信息超载，人们被淹没在信息的海洋里，辨不清真假，分不清轻重。人类进入信息过剩时代，但实际情况是垃圾信息泛滥，优质内容依然非常匮乏。虽然各大门户网站、垂直媒体、报纸、杂志等都想解决这一问题，但都无功而返。由此，各大门户网站、垂直媒体每天报道、更新的新闻要么来源于彼此的转载，要么就是对同一故事稍作修改后的再次编辑发布，内容的同质化现象严重。然而，媒体人没有深入反思、拷问内容匮乏的真正原因，反而被一个擅长做搜索的外行人看透了其中的根源。春节回家的火车票往往一票难求，张一鸣连续多日上网购票都未能如愿买到。之后，他利用学到的知识写了一个小程序，一旦购票网站出现新票，系统就会发送短信到他的手机上。他写完程序，刚出门就收到短信，因此他第一时间买到了火车票。这次经历让他意识到，机器发现信息的速度比人工快很多，把繁复的信息匹配给需要它的人，就可以产生巨大的价值。如何让既有信息与需要信息的人快速匹配，成为信息超载时代必须要面对和解决的问题。

随着互联网的发展，信息传播的载体在潜移默化中从报纸变成手机，手机中传输的信息属于用户个人的内容，不仅具有私密性而且具有个性。据工信部统计，截至 2012 年 6 月，我国手机用户超过 10.52 亿。2018 年，我国手机用户已达到15.70亿。[①] 随着大部分手机用户向智能手机转移,一个隐藏着巨大流量的增长即将启幕。市场嗅觉敏锐的张一鸣能够成功创办"今日头条"恰恰在于他抓住了互联网发展的红利期,即流量的增量时期。互联网上半场的优势是"人口红利",因为有足够多的用户等待进场,发现一个风口,大家一拥而上,野蛮生长。这一时期,不仅智能手机的产量迅猛增长,而且伴随智能手机的流量消费也陡增。2012年8月,张一鸣创办的"今日头条"正式上线。

算法新闻并不是张一鸣的首创,实际上算法新闻的真正起点源于2002年,当时谷歌将算法与媒体相结合,推出谷歌新闻。而"今日头条"是国内第一家做内容个性化推送的聚合类平台,属于推送类搜索引擎。与同是搜索引擎的百度不同,百度搜索是人找信息,而"今日头条"是推送搜索,做的是信息找人。2012年,人们阅读的主要载体仍然是传统的电脑端和移动端,如腾讯、网易和搜狐等,其内容生产模式遵循的是传统媒体模式,即优质内容+编辑汇总精选。传播权和传播内容仍然由网站编辑掌控,属于传统的自上而下的精英式、封闭式的内容生产和分发模式。随着社交化、移动化和去中心化时代的到来,用户已不仅仅满足于被动地接收具有共同属性的信息,他们更渴望参与内容的生产,渴望获得自己感兴趣的个性化信息,但是传统的移动资讯平台难以满足用户的个性化需求。

当"今日头条"刚刚起步时,互联网巨头曾一度看不起、看不懂算法推送,只将其看作一个普通的新闻客户端,这也为"今日头条"迅速崛起赢得了先机。当时,百度是搜索引擎的老大,腾讯在游戏和社交领域做得风生水起,阿里则是电子商务领域中的佼佼者。而当时的三大门户网站——腾讯、网易、搜狐也没有注意到"今日头条"这个潜伏者,依然遵循着传统媒体编辑把关与改编式的生产模式。为了尽快大规模地获取用户数据,"今日头条"从诞生那一刻就引入社交基因,用户在登录"今日头条"时可以选择使用微信、QQ、新浪微博等社交媒体登录。这使得"今日头条"迅速且廉价地获取了用户的社交关系信

---

① 中国网信网.第44次《中国互联网络发展状况统计报告》[EB/OL].(2019-08-30)[2020-10-08].http://www.cac.gov.cn/2019-08/30/c_1124938750.htm.

息，为进一步判断用户的喜好打下基础。[①] “今日头条”仅用了一年多时间就凭借数据挖掘和个性化推送技术积累了大量用户数据，为用户提供极具个性化的资讯，以及连接人与信息的新型服务。正是因为“今日头条”的个性化分发实现了从人找信息到信息找人，其以一种隐蔽的方式解决了信息超载背景下信息与用户高效适配的问题。因此，“今日头条”在众多手机用户端中迅速崛起，并高居用户满意度榜单榜首（见表 1-1）。

表 1-1 艾媒咨询 2013 年中国手机新闻客户端用户满意度排名

排名	名称	满意度（满分 10 分）
1	“今日头条”	9.22
2	百度新闻	8.56
3	搜狐新闻	8.23
4	ZAKER	8.18
5	凤凰新闻	7.95
6	网易新闻	7.52

“今日头条”的迅速发展除了引入社交基因，迅速积累用户数据之外，还得益于传统媒体。在“今日头条”创业初期，传统媒体给“今日头条”的个性化分发提供了源源不断且免费的内容。作为一款内容分发类客户端，“今日头条”不生产内容，只是内容的搬运工。即从各大媒体抓取新闻然后分发，而当时各大媒体并没有察觉到自身生产的新闻内容无偿地被“今日头条”所使用，并转化为盈利的资本。

如果说互联网的“上半场”是攫取用户数量的红利，那么互联网的“下半场”则是攫取内容价值的红利。人类社会的存亡总是在“物的增加”上全力以赴，但在物质财富极大丰富的今天，物的增加越发地让位于“人的尺度”，物质、技术和财富的增加必须符合并为人类所需要才具有真正的价值和意义。因此，在传播领域的创新应该是尽可能地加强人的社会连接，丰富人的流动性，不断扩大人们实践的向度。

① 万丽. 独角兽今日头条仅靠“推荐算法”胜出吗？[J]. 南方企业家，2017(4)：79-83，78.

二、技术上的边缘突破

以往的新闻生产和新闻分发是相互分离的,特别是在1985年以前,报纸的新闻分发主要靠邮局邮递。但是邮递费较贵、邮递速度慢、报社回款慢等缺点,使得报纸放弃邮局发行模式,改为自办发行。《洛阳日报》于1985年率先实施"邮发合一"的体制,首创自办发行模式。而广播、电视则凭借电波渠道发布内容。随着我国进入网络社会,商业门户网站的出现是对新闻分发方式的又一次变革。由于商业门户网站不具备采写新闻的权利,其只能采取注明出处的转载或改编来发布新闻,属于对已有新闻的二次加工,生产和分发环节再一次发生分离。但商业门户网站的新闻操作手法仍然遵循传统媒体内容为王的专业主义准则进行内容分发,尽可能为受众提供能够满足最大多数人对新闻公共性的需求。

而"今日头条"是国内第一家依托大数据和算法进行智能化、个性化推送的聚合类媒体平台,技术的嵌入促使分发环节释放出巨大的信息价值和商业价值。通过爬虫和矩阵筛选等技术将内容与用户的需求完美地契合,满足了用户的信息需求,生产与分发再一次发生分离。与以往的人工推送相比,算法的个性化推送虽然存在风险把关意识薄弱的弊端,但其分发的效率更高,覆盖面更广,个性化程度更高,可以说是对分发领域的一次颠覆(见表1-2)。美国麻省理工学院教授尼葛洛庞帝在《数字化生存》中提出"个人日报",这一理念动摇了传统媒体的运作基础,他预言"在后信息时代中,大众传播的受众会极致地细分到单独的一个人。信息的个人化满足是窄播的延伸和升级,对受众的认识经历了从大众时代到分众时代,最后终于只针对一个人"[①]。

---

① 尼葛洛庞帝.数字化生存[M].胡泳,等译.北京:电子工业出版社,2017.

表 1-2 算法的个性化推送与人工推送的优劣比较

对比项	算法的个性化推送	人工推送
投入产出比	高	有瓶颈
覆盖面	无限大	部分人群、部分内容
个性化程度	高	一般
风险把控能力	缺乏风险把控意识	强

在没有“今日头条”之前，文摘类期刊跟“今日头条”的功能和定位如出一辙，都是选择纸媒中的优质内容在《新华文摘》《报刊文摘》等期刊上进行转载，都属于对原创内容的二次分发。转载不仅没有给原来媒体的经营和声誉带来负面影响，反而都以被这些知名度、美誉度高的媒体转载而感到光荣。新闻被转载可以引导受众关注、订阅甚至主动购买相关期刊，两者之间是一种互利友好的共生共荣关系。[①] 但是，一旦新闻被“今日头条”转载，情形则大不相同（见表 1-3）。

表 1-3 媒体分发模式演进一览表

媒体类型	发行模式	把关模式
传统媒体（报纸）	邮发合一	编辑把关
门户网站	邮发分离（编辑分发）	编辑把关
社交化平台	社交个人分发	个人把关
聚合类平台	算法智能分发	算法把关

“今日头条”对端口的争夺具有十分强烈的排他性。被“今日头条”转载过的新闻不但不会提升原来媒体的关注度、知名度和影响力，而且也不会增强其对原来媒体的用户黏性。由于“今日头条”抓取了大量信息，其可以满足公众对一切信息的需要。“今日头条”实现了对用户的个性化服务，其阅读界面“千人千面”，真正实现了一对一的服务。[②] 因此，从一般意义上看，它可以取代原

① 胡翼青，罗喆.“版权之争”还是“端口之争”：一种思考新旧媒体之争的新视角[J].新闻界，2018(4)：10-16.

② 王佳航.人工智能与“个人日报”时代的到来[J].新闻与写作，2017(11)：10-13.

来所有的媒体,一旦手机上安装了"今日头条"客户端,其他客户端就可以卸载了。

由于信息的精准投放,用户可以花最少的时间看到尽可能多的感兴趣的资讯。聚合类平台对新闻传播渠道形成一种新的垄断,传统媒体生产的内容只有一小部分能在自有渠道完成分发。① "今日头条"整合了全网信息的广度、深度和新鲜度,对专业媒体而言,平台收编的力量来势汹汹。② 由此,内容丰富、流量巨大的平台自然会吸引用户和广告客户的青睐。而这在订阅数不断下滑、广告市场不断萎缩、优秀人才不断流失的当下,是传统媒体不愿看到,也不能接受的。他们纷纷以侵犯版权的名义反击"今日头条",而像腾讯、微博、百度等新媒体巨头也对"今日头条"虎视眈眈。

"今日头条"巨大的流量使得传统媒体能在此得到展示的机会,扩大自身内容的传播力和影响力。如果说微信的阅读量是按 10 万+来计算的,那么"今日头条"的阅读量则是按照 100 万+来衡量的,而且这并不是什么难事。"今日头条"成了展示其他媒介内容的美丽橱窗,成为媒介的媒介。埃里克·麦克卢汉曾提醒人们,新媒介出现以后,旧媒介不会完全消失,而是以某种方式在新媒介中重新出现、重获新生。③ 随着媒介的进化,所有新媒介都会变成旧媒介的媒介,而旧媒介都终将成为新媒介的内容。正如杰伊·大卫·波尔特和理查德·格鲁森所说的,"新媒介之所以成为新媒介是因为它重塑了旧媒介、发展了旧媒介,为了应对新媒介的挑战,旧媒介又必须不断调整、取长补短、重塑自身"④。面对强劲的聚合类平台,传统媒体既无法与之抗衡,也没有讨价还价的余地。曾经引以为傲的优质内容的生产者在面对强大的互联网端口——"今日头条"之时左右为难,"今日头条"正在用自身超凡的技术实力重新布局和调整着新一轮的传媒生态。

根据中国互联网信息中心第 41 次《中国互联网发展状况统计报告》,截至

---

① 陈昌凤,王宇琦.新闻聚合语境下新闻生产、分发渠道与内容消费的变革[J].中国出版,2017(12):3-7.

② 仇筠茜,陈昌凤.黑箱:人工智能技术与新闻生产格局嬗变[J].新闻界,2018(1):28-34.

③ 麦克卢汉,秦格龙.麦克卢汉精粹[M].何道宽,译.南京:南京大学出版社,2000.

④ 洛根.理解新媒介——延伸麦克卢汉[M].何道宽,译.上海:复旦大学出版社,2012.

2017年12月我国电视上网使用率为28.2%；平板电脑上网使用率为27.1%；手机上网使用率为97.5%。[①] 从数据来看，手机已经战胜电视成为当今的“第一传媒”。传播学之父威尔伯·L.施拉姆曾指出，人们选择媒体的或然率公式是报偿的保证除以费力的程度。马歇尔·麦克卢汉曾说媒介是人体的延伸，在今天则可以说媒介(特别是手机)就是人体的一部分，须臾也离不开，就像我们身体的一个器官一样。随着科技的进步，手机等移动智能设备也逐渐从人们的外部环境中退场，从工具走向主体的知觉世界。梅洛·庞蒂的“现象身体”理论打破了柏拉图传统哲学灵魂与身体“主体—客体”二元分野的“身心二分”模式，从而促使人们对自我与世界的理解走向“心物一元”的圆融境地。[②] 手机不仅打破了时间和空间的界限，而且可以随时随地地把全世界最优质、最有趣的内容第一时间精准送达。在大众传播时代，优质内容是赢得市场和公信力的前提。而现在，内容能否发挥影响力和公信力取决于端口能否被打开。如果用户不选择端口或者端口无法吸引用户，再好的内容也毫无传播效果。技术的进步在我们和事物之间引进了一种新尺度。[③] 个性化分发技术的入场就是触发媒介场域新一轮变革的新尺度，“今日头条”在分发领域进行边缘突破取得了成功。

三、市场化的定位和导向

“今日头条”是一家互联网科技企业，它能够迅速成为资讯类客户端中的佼佼者，得益于两个方面的成功实践。一个是大数据支撑的算法推送，这种基于算法的信息分发对以往的传统媒体分发而言是一个颠覆性的变革。另一个是全面的商业化布局，形成了根据个人兴趣爱好推送的信息流广告。信息流广告的个性化、多元化跟以往给所有人看同一个广告相比，其广告信息的有用性和实际转化效果大大提升。除了信息流广告、开屏广告、详情页广告之外，

---

① 中国网信网.第41次中国互联网络发展状况统计报告[EB/OL].(2018-01-31)[2020-02-10].http://www.cac.gov.cn/2018zt/cnnic41/index.htm.

② 曹钺，骆正林，王飔濛.“身体在场”：沉浸传播时代的技术与感官之思[J].新闻界，2018(7)：18-24.

③ 麦克卢汉.理解媒介——论人的延伸[M].何道宽，译.北京：商务印书馆，2000.

直播平台可以对直播卖东西的主播收取一定的费用,对主播打赏的礼物也可以提成。“今日头条”还联手京东、苏宁、携程等商家打造电子商务,全方位、多渠道盈利的“平台经济”模式初具规模,打破了大众传媒“二次售卖”的传统盈利模式。

新中国成立以来,传统主流媒体专事宣传,引发和引导着舆论,成为党和政府的耳目喉舌。改革开放之后,虽然传统媒体开始市场化运作,一些晚报、都市报等报道一些社会新闻和软性新闻以开拓市场,但仍然承担着宣传的职责,党管媒体、党管干部的主导方针并没有改变。而“今日头条”是一个有着媒体属性的互联网科技企业。张一鸣曾说:“媒体传播观点,有价值观,我们头条不传播观点,只是做信息与人的适配和优化。要赢得市场就必须了解消费者的需求,并满足其需求,提供其他媒体所不能提供的信息与服务。”根据“二次销售理论”的要求,媒体应尽可能地吸引受众,并将内容尽可能多地售卖给受众,然后再将受众卖给广告商,获取广告回报,以便进行信息的再生产。因此,只有提供用户喜欢的内容,增强用户黏性,增加用户的留存时间,再将用户带来的巨大流量变现,“今日头条”才能生存和发展。显然,提出“你关心的,才是头条”的理念既是“今日头条”洞察用户需求的独特优势,也是其商业化运作、市场导向的必然要求。

以往传统媒体分发的内容都是从生产者的视角,以精英们的价值判断来衡量新闻价值,进而决定什么样的信息应该让受众知道,并主观猜测受众对信息的兴趣与渴求,但新闻传播追求的是雅俗共赏和信息公共性的价值。随着人类的发展,19 世纪末 20 世纪初,人类进入了大众社会,这是一个分水岭。由于失去了以往传统社会的结构、等级秩序和共同认同的价值标准,失去一致行为标准的大众成了一个个孤立的、分散的、原子式的存在。[①] 文化精英和政治精英掌握权力进而对大众施加影响和控制。这个时候,信息传播者对受众的理解为受众等于大众,信息传播的对象就是社会上所有的人,并未对受众进行细分。20 世纪 50 年代,美国市场学家温德尔·史密斯提出了市场细分理论,并指出在市场营销过程中,依据消费者的需求、欲望、购买行为、购买动机

① 郭庆光.传播学教程[M].北京:中国人民大学出版社,2011.

和习惯等差异，把市场整体根据商品类别划分为若干消费者群。[①] 2005 年，中国传媒大学黄升民教授的研究成果显示：“现代社会的大众市场正在发生变化，受众呈碎片化趋势，并且受众接触大众传媒的时间在减少，导致大众传媒的影响力下降。”[②]从此，大众传播走向分众、小众，甚至是碎片化传播阶段。依托于大众传播的现代技术仍然无法满足受众一对一的个性化信息需求。此外，由于传统媒体承载内容的版面和时段有限，只有一部分记者和编辑认为“很重要”的信息才能与受众见面，其他稿件则被拒斥在流通渠道之外。内容的生产者们正是通过这种方式选择稿件、控制信息，沃尔特·李普曼提出的拟态环境理论正是在这样的信息环境中建构起来的。

面对市场细分和激烈的竞争格局，资讯类客户端也处于不断地演进之中。目前，市场上新闻资讯类应用主要有三大类：第一类是传统媒体在媒体融合后推出的客户端，如央视影音、澎湃新闻等；第二类是网络媒体的客户端重视优质内容的生产，如门户网站、垂直类网站、地方门户网站等；第三类是聚合类新闻客户端，如“今日头条”“一点资讯”“天天快报”等。传统的新闻客户端重视内容的原创性，信息来源较为单一，主张精编精选，移动端特点挖掘不足，并且对用户体验的关注呈整体性缺失。[③] 商业性门户网站推出的客户端重视优质内容的生产，如网易新闻客户端定位于“做有态度的门户网站”，新浪坚持内容为王，腾讯新闻则定位于“事实派”。实际上，无论传统媒体还是门户网站的客户端，遵循的都是传统新闻采编的业务规范，重视新闻的采写、信息的整合，重视优质内容的生产，统一分发。而聚合类平台则完全针对个性需求提供高效且一对一的服务。随着人工智能、大数据和算法技术的发展，“个人定制”的时代真正到来[④]，“个人日报”最终变成了现实。

“今日头条”打破了传统媒体精英们对新闻价值的权威判断，认为每个人对信息价值判断的标准不同，一个人认为不重要的信息恰恰可能就是另一个人急需的。因此，“今日头条”中的内容产品除了新闻资讯外，还提供大量有关

---

① 何修猛. 现代广告学(第七版)[M]. 上海：复旦大学出版社，2008.

②④ 王佳航. 人工智能与“个人日报”时代的到来[J]. 新闻与写作，2017(11)：10-13.

③ 陆璐. 从“今日头条”的成功突围看新闻 APP 的生存法则[J]. 江苏科技信息，2014(8)：78-80.

公众日常生活的内容。虽然这些内容很少猎奇,也不包含密集的冲突,但这类被称为"生活方式"的信息将继续拥有读者,甚至可能拥有更多的读者。① 这就提出了现代新闻价值的核心问题:它是以对受众是否"有用处"为标准的。② 信息价值大小的判断标准不是精英,不是掌权者,而恰恰就是阅读信息的每一个最普通的信息接收者。以往传统媒体传播给每一个人的信息和版面构成都是一样的,可谓是千人一面。而如今根据人们的个人需求来分发新闻则实现了每个人阅读的信息和界面都因人而异,彻底实现了个性化、差异化,做到了"千人千面"。对每一个用户信息的满足成为"今日头条"最大的卖点,也成为亿万用户下载并使用此款应用的强劲推动力。

在互联网场景中,时间消灭了空间,传统市场的物理空间坍塌,原本由于版面和时段有限而被舍弃的信息也可以和哪怕只有一个人需要的小众成功匹配,放大小众信息的价值,信息市场的长尾效应得到有效释放。在公共信息服务时代,人们需要在规定的时间、规定的地点主动找到内容,而个性化、分众化的内容则是一个个长尾内容"主动"去找适配它的人。内容多元化和个性化分发的完美对接离不开技术的支撑,这也是"今日头条"市场化导向发展的必然要求。"今日头条"通过技术的手段、充分的市场化运营、多元化的营收模式,在传媒经济上进行突破并取得了较为丰硕的成果。

四、个性化分发的盈利闭环

广告是媒体生存的新鲜血液,长期以来传统媒体的创收严重依赖广告,手段单一。随着新媒体的不断崛起,受众纷纷转向新媒体。近几年,成年人的数字化阅读率逐年上升,已经远远高于纸质图书和报纸、期刊的阅读率。随之而来的就是传统媒体营收的大幅下滑,以报纸为例,报纸的广告额在 2011 年达到峰值之后,从 2012 年开始大幅缩水。据央视市场研究(CTR)媒介智讯,2017 年与 2012 年同期相比,报纸广告降幅达 77%(见图 1-1)。与此同时,新闻纸的使用量、报纸的总印数、总印张及营业收入都发生了下滑(见图 1-2、表

①② 刘建明.传统新闻价值观的自我颠覆[J].当代传播,2002(5):32-37.

1-4)。

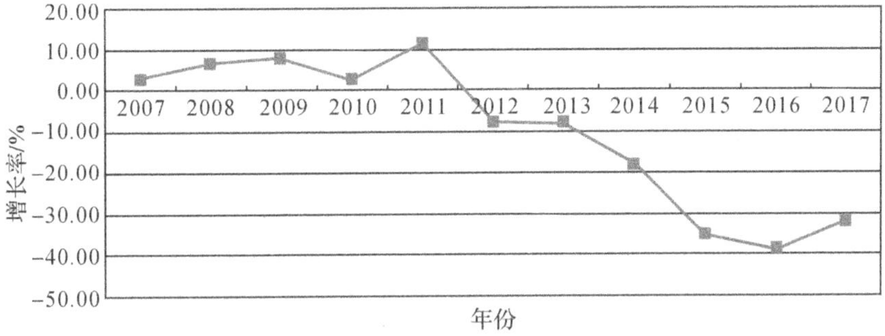

图 1-1 2007—2017 年报纸广告增长率(数据来源:央视市场研究媒介智讯)

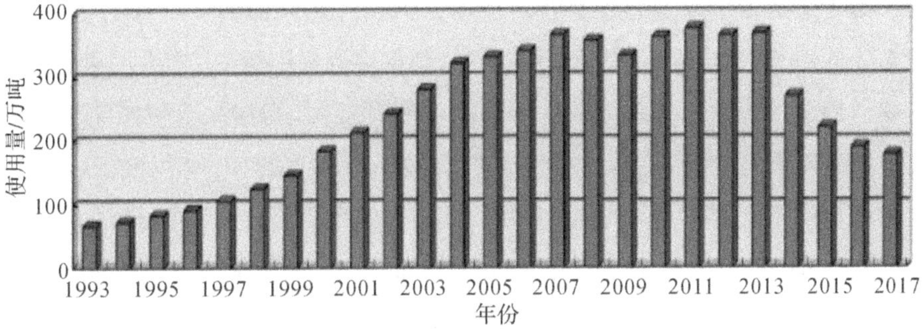

图 1-2 1993—2017 年新闻纸使用量(数据来源:中国报协)

表 1-4 2012—2016 年报纸总印数、总印张、营业收入变化情况①

年份	总印数(亿份)	总印张(亿张)	营业额(亿元)
2012	482.3	2211.0	852.3
2013	482.4	2097.8	776.7
2014	463.9	1922.3	679.8
2015	430.1	1554.9	626.2
2016	390.1	1267.3	578.5

① 国家新闻出版广电总局. 2016 年新闻出版产业分析报告[R/OL]. [2017-07-26]. https://www.sohu.com/a/160334669_770566.

在中央全面深化改革领导小组第四次会议上,习近平总书记提出实施媒体融合的方略,媒体融合在全国范围内全面展开。[①] 除了门户网站的客户端之外,最具代表性的有专注于内容生产的客户端如“澎湃新闻”“红星新闻”等,也有完全注重技术派的“今日头条”“一点资讯”等,甚至还有内容和推送算法双轮驱动的客户端如“封面新闻”“上游”“并读”等。但无论专注内容生产的传统媒体客户端还是传统媒体转型的客户端,似乎都无法找到有效的吸金路径,没有有效解决媒体融合的“贫血”问题。“封面新闻”成立至今仍然处于亏损状态,2017 年亏损近 2000 万元。[②] 如果仍然找不到好的盈利模式,目前的媒体融合仍旧是“半成品”,前端专注于优质内容,后端则专注于变现、盈利,媒体融合的前景不容乐观。

面对运用传统媒体思维经营新媒体的错误思想,《澎湃广告商业模式:一种媒体的幻象》指出,专注优质内容生产,利用内容吸引受众,然后再通过广告变现的经营模式是传统媒体的生存法则,“澎湃新闻”把这一套移植到互联网上属于穿新鞋走老路,将难以获得成功。“澎湃新闻”主打时政和思想,是一款定位高端读者人群的严肃型新闻客户端,它欠缺的不是技术和资本,而是一整套适应互联网生产和传播的理念和机制。而“今日头条”缺乏的不是版权,而是一种与原创内容深度合作的整合力。

“今日头条”的颠覆式创新是从创新商业模式开始的。[③] 其广告营销在本质上是一种对受众的数据营销,各种各样的信息和内容都可以转化为数据。[④] 与“澎湃新闻”遵循传统媒体经营模式不同,“今日头条”通过算法创造出新的盈利模式,传媒盈利模式呈现多元化特征。通过聚合技术,“今日头条”开创了信息流广告模式,通过数据对特定用户进行精准投放和个性化投放,开创了一个“计算广告”的新时代。美国首次提出计算广告的概念,其核心内涵就是为

---

① 王庚年:让中国声音影响世界[EB/OL].(2014-11-01)[2024-01-22]. https://news.12371.cn/2014/11/01/ARTI/4/414804245//10446.shtml.

② 受访者 F1,采访时间 2018 年 3 月 3 日。

③ 曾繁旭,王宇琦.重新定义传媒业的创新:持续性传媒创新与颠覆性传媒创新[J].新闻与传播研究,2019,26(2):62-72,127.

④ 李鹏.迈向智媒体[M].北京:东方出版社,2018.

特定场景下的每一个用户匹配一个合适的广告，以实现场景、广告资讯和用户三者之间的利益最大化。由此，广告业逐步从人力密集型、智慧密集型产业转向技术密集型产业，引发了广告产业经济范式的重构。“今日头条”的年收入从 2015 年的约 16 亿元、2016 年的 60 亿元，直接飙升到 2018 年的 300 亿元。“今日头条”巨大的吸金能力，使得其在内容生产、分发、广告、内容再生产等诸多环节上形成盈利闭环，巨额的利润为其在残酷的市场竞争中保驾护航。

传统广告可以分为展示品牌类的广告和面向垂直细分群体以实效以及直接达成销售为目标的“窄告”，而根据“二八”法则，目前市场上品牌类广告占两成，实效类、直接销售类广告占八成。由此可见，谁占领了后者谁将赢得互联网的未来。传统媒体适合展示高大上的品牌广告，对于实效和交互类广告则是传统媒体无法做到的。随着个性化广告分发的出现，这一痛点得到解决。“今日头条”不仅拥有品牌类广告，如开屏广告和开屏联播，还深谙效果类广告的技术和效果转化，推出了信息流广告和详情页广告。两类广告的打通，有效地迎合了市场和客户的需求。

所谓开屏广告，是指一打开“今日头条”客户端就会展示 3～5 秒钟的广告图片（可动/不可动）或视频，用于传递商品的品牌信息。

除了开屏广告这种一般客户端都会用的广告形式外，“今日头条”还推出了开屏联播的广告形式。所谓开屏联播广告，是指将广告主的开屏广告分发到众多优质应用开屏资源的广告整合发布平台上。广告主只需要在“今日头条”一个广告平台投放开屏广告，就可以在多个行业 44 家顶级应用获取同步联动式开屏广告的展示，宣传效果十分强大，很受广告主欢迎。[①]

所谓信息流广告，是指平台在用户使用互联网产品或服务时，根据用户的喜好和需求数据主动推送个性化的原生广告，这些广告与资讯混排在以时间为线索的界面上形成信息流。由于信息流广告是根据用户的需求推送的，更具可读性、实用性，最大限度地降低了对用户的干扰，很容易被用户接受，转化率很高，效果明显。2014 年一季度，“今日头条”在国内率先推广信息流广告模式，信息流广告中的商品推送功能直接将用户导流到电商的购物页面，开创

① 受访者 T7，采访时间 2018 年 2 月 10 日。

了新的盈利模式。目前,信息流广告有四种产品形式:小图、大图、组图和视频(见图 1-3)。此外,还有两种信息流品牌广告模式。一种是幻幕广告,它是一种能够给用户带来全新移动阅读体验的全屏幕、画卷式、多媒体组合呈现的落地页广告形式,支持文字、图片、视频、全景图、转化按钮等八种内容模块。另一种是微动广告,是指在一张静态照片中某部分发生细微、重复的运动,从而使画面具有一种动画式的观感,具有较好的传播效果。

图 1-3 "今日头条"信息流广告形式

所谓详情页广告,是指出现在"今日头条"原生资讯内容页底部的广告。在"今日头条"的文章详情页中,"相关阅读"的上方、"顶""踩"按钮的下方对用户浏览资讯路径进行高效拦截,具有较高的关注度,广告效果明显。

除了经营品牌和效果类广告之外,"今日头条"凭借自身巨大的流量开始向电商领域迈进。"今日特卖"频道吸引了天猫、淘宝、苏宁易购和京东等电商入驻。"今日头条"与京东正式宣布战略合作,发布"京条计划",中国最大的电商平台与中国用户最多的资讯分发平台强强联手。一方面与京东合作凸显了"今日头条"的技术和流量价值,通过导购、分佣等模式,帮助更多的头条号变现。另一方面与"今日头条"合作可以为京东实现商业导流,帮助京东实现精准的广告投放,提升销售转化。此外,"今日头条"面向企业正式推出新功能"放心购"。其类似京东、淘宝、天猫商城,是一个网上购物平台,主要面向公司用户,注册资金在 10 万元以上的公司都可以自助申请开通。"今日头条"甚至直接把直播平台打造成购物平台,无论主播打赏还是主播卖货都要与平台分成,平台盈利能力越发多元化。

“澎湃新闻”和“今日头条”作为在互联网同步崛起，但代表两类不同路径的客户端常常被人们加以比较。目前，从发展态势上看，“澎湃新闻”提供的优质内容确实吸引了很多读者，引起了很大关注，但仍然没有找到较好的盈利模式，只能算是媒体融合的“半成品”。而以个性化分发为特色的“今日头条”不仅给用户提供了个性化的资讯，还提供了个性化的广告，打造了一个兼具广告、电商和直播分成等多元化的平台盈利新模式。一个传媒也好，一个公司也罢，如果无法实现变现，还是无法摆脱经营的困境。①

第二节 “今日头条”个性化分发的演进

为了给用户提供更多元、更优质的内容与服务，“今日头条”在成长过程中也在不断完善自身的内容生态布局，不断优化调整，实现了从只分发新闻到泛内容资讯分发、从分发图文到分发短视频、从个性化分发到个性化与社交化分发相结合、从只面向国内用户分发到走向国际舞台的全球化扩张之路。

一、为分发而打造内容创作平台

传统媒体一直坚守“内容为王”的铁律，随着互联网端口，特别是移动互联网端口的崛起，以“渠道为王”的新媒体迅速占领市场，传统媒体逐渐被边缘化。经过新媒体的疯狂生长，渠道不再紧缺，互联网行业最稀缺的仍旧是内容，尤其是优质内容。面对互联网的冲击，媒体需要有做新闻内容和做“泛内容”的两条思路，传播社会价值依然要以新闻内容为王，而媒体的商业模式则需要遵循以泛内容变现为王。②在影响传媒发展的八种因素中，“内容为王”以4.32的均值位列首位；此外，受众、渠道、平台数据等因素也具有较大影响。③“今日头条”虽然拥有最先进的聚合与分发技术，但也逐渐意识到内容的重要性。虽然其自身不生产内容，但仍不遗余力地扶持、组织、构建属于自己的内

①② 范以锦.“泛内容”变现：延伸媒体产业链的新路径[J].新闻与写作，2018(4)：57-60.

③ 严三九.中国传统媒体与新兴媒体内容融合发展研究[J].新闻与传播研究，2017，24(3)：101-118，128.

容生态。

“今日头条”成立伊始就身陷版权风波,事后其深深地懂得作为一家聚合类平台自身不生产内容和没有版权的局限。头条号是“今日头条”重点打造的一款为分发而设立的内容创作平台,为后续的个性化分发构建巨大的内容蓄水池。“今日头条”的口号是:你关心的,才是“今日头条”;而头条号的口号则是:你创作的,就是头条。这两句口号反映了“今日头条”对用户需求的尊重,同时也释放了用户的原创价值和参与能力。截至 2018 年 3 月,头条号注册总人数超过 150 万,每天发布 60 万条内容,创造超过 50 亿次的信息消费。① 头条号是帮助张一鸣突破包围圈的航母级武器,它将一切形式的内容创作者拉到了一个利益共同体里,从而形成了内在的生态圈。对于“今日头条”来说,一方面获得了个性化分发的庞大内容源,另一方面又拥有海量的消费源。掌握了这两个源头,“今日头条”的中介价值被不断放大,如今已成为我国最大的智能内容生产平台。

作为国内最大的智能内容生产平台,“今日头条”一直将“最懂你的信息平台,连接人与信息”作为企业服务的宗旨。业内资深人士感叹:

> “今日头条”的成功可以说是头条号的成功,它成功地调动了用户的生产力,为个性化分发提供了源源不断的内容源泉。而其他媒体或平台虽然也做了类似头条号的推广但对创作者的吸引力不大,用户的留存度很低,普通用户创作的内容非常少,无法吸引和调动用户持续地生产,甚至没有优质的内容可以分发,这也是其他类似头条号内容生产平台遭遇的尴尬。所以,如何调动、激活用户的生产力、创造力和参与度是极为关键的。②

为了弄清楚到底是什么样的人在为头条号生产,“今日头条”发布了头条号创作者的画像显示:头条号的创作者 6 成为男性,4 成为女性,年龄最小的创作者只有 19 岁,年龄最大的创作者已经超过 90 岁。生活、体育、娱乐内容是用户最喜欢创作的内容。数据显示,超过 50%的创作者拥有超过 4000 位

---

① 受访者 T3,采访时间 2018 年 5 月 18 日。

② 受访者 F5,采访时间 2018 年 3 月 18 日。

粉丝。他们最喜欢在晚上 11 点左右发布内容，文章平均 935 个字，平均阅读量 8567 次，短视频平均时长 2.4 分钟，平均播放量 8218 次。[①]

目前，入驻平台进行创作的或提供原创内容的主体有四类：一是专业性的媒体机构，二是传媒公司、企业，三是政府部门，四是自媒体创作者。其中，专业性的媒体入驻“今日头条”看中的是平台巨大的流量可以给传统媒体带来更多的阅读量和影响力。“今日头条”作为媒介的媒介，不仅对传统媒体的内容进行二次传播，进一步扩大其影响力，还跟传统媒体签订了一系列版权协定，也会给签约的传统媒体带来一定的收益。

> 目前与“今日头条”合作的媒体既有很多行业媒体，也有各地方媒体和中央级媒体，如新华社、《人民日报》、央视新闻、《新京报》等。在视频领域方面，已经获得超过 2000 部电视剧、1600 部院线电影、900 部微电影、300 部网络大电影、870 多个电视节目、600 部动漫的版权，内容建设投入已达 15 亿元。其中，与传统媒体合作的版权费用已超过 1 亿元。[②]

传媒公司、企业入驻“今日头条”主要是分享内容创作的红利。在传媒公司中，比较被人们熟知的有以娱乐著称的橘子娱乐和猫眼娱乐等。华为、美的等知名企业也纷纷入驻。政府部门入驻头条号主要是利用头条号的渠道优势发布相关信息。在“今日头条”第 146 期中，排名政务头条号总榜单前 5 的有中国政府网、商务微新闻、公安部刑侦局、警民携手同行、景德镇南德公安。除此之外，“今日头条”还对政务头条号进行分类，如中央级头条号排行榜，省（区、市）、县（市、区）宣传等头条号排行榜。政府部门的入驻可以第一时间把相关新闻和信息传递出去，进一步扩大政府的影响力，对于有效传播政务和化解舆情危机起到良好的效果。甘肃省、市“发布”集体入驻“今日头条”开通头条号，成为全国第一个省、市两级官方“发布”集体入驻的省份，对于进一步推进媒体融合，打造全方位、立体化的舆论环境，抢占移动互联网时代的舆论阵

---

① 头条号. 2017 年“今日头条”创作者大数据[EB/OL]. (2018-03-22)[2019-05-16]. http://mp.toutiao.com.

② 受访者 T3，采访时间 2018 年 5 月 18 日。

地具有重要意义。在自媒体时代,人人都有麦克风,头条号也给予最普通的用户展示自我、表现自我的机会和权利。入驻头条号几乎是零门槛,只要按要求注册并通过审核就可以成为头条号的参与者。如此众多的入驻者也要求生产者生产的内容要具有一定的专业性,深耕垂直化内容领域才能有特点,脱颖而出。如果说上半场是野蛮生产,到了下半场就要讲究垂直化和精耕细作了,在流量上建立属于自己的模式。头条号"坤哥玩花卉"和"欢子 TV"都拥有 100 多万粉丝,"坤哥玩花卉"主要讲解各式各样的花卉如何养护、施肥、扦插、修剪等,凭借内容电商模式把粉丝变现,做成了月入 10 万元的头条号。"欢子 TV"的创始人欢子主要通过手机或单反把家乡苗族人的生活场景拍成三四分钟左右的小视频,苗族人的日常生活如抓鱼、烧烤、养土鸡、制腊肉等这些具有乡土气息的题材成为他的创作内容。这些视频受到来自农村和从小没有农村生活经历的城里人的关注和喜爱,被称为"精神版的农家乐"。如今,他的视频播放量超过 2 亿,他本人也从月薪 3000 元的保安成长为年收入 50 万元以上的网红。由此,大众的生产力得到了巨大的释放,如果创作者不能在创作中体现应有的专业性、差异性,不能持续地生产有特色的内容,也终将会被互联网所抛弃。

最早提出内容为王的是维亚康姆公司的创始人、董事长兼首席执行官雷石东。准确地讲,他所指的"内容为王"中的"内容"是优质内容,强调优质内容为王有助于充分认识优质内容对于媒体融合的重要意义,避免陷入只要生产内容就能为王,随便搬运内容也能为王的误区。① 头条号的成功运营吸引了大量传统媒体和自媒体的入驻,提供了大量高质量、多元、鲜活的内容,为内容的个性化分发夯实了基础。因此,"今日头条"也实现了从创立伊始单一分发新闻向泛内容资讯分发的转变,内容因而更加多元、更接地气、更具趣味性。

二、从分发图文到分发短视频的转向

papi 酱 2016 年走红,短短几个月吸粉 1000 多万,她的短视频以电子变音

① 崔士鑫.媒体融合:融到深处回归内容[J].新闻与写作,2017(5):5-9.

的方式戳中人们想说却没有说出来的东西。每个短视频的浏览量可达到10万+，得到来自逻辑思维、真格基金、光源资本和星图资本总计1200万元的投资。随着papi酱的走红，整个互联网也掀起了短视频热潮。截至2018年12月底，短视频用户达到6.48亿，同时短视频的观看时长仅次于即时通信，占用户总上网时长的11.4%。[①] 诸多数据表明，人类正逐渐摒弃印刷文化，进入一个视觉文化的新时代。[②]

“今日头条”的快速崛起，引起了百度、阿里、腾讯的注意，甚至对其形成了“围剿”之势。百度提出2017年给百家号作者分成100亿元，阿里投入10亿元专项基金扶持大鱼号，腾讯投入12亿元推动芒种计划2.0。就在百度、阿里、腾讯决定与“今日头条”在图文创作上一决高下的时候，“今日头条”却悄然在短视频领域开辟了一个新战场。

许多人认为，短视频就是长视频的缩短版。[③] 长视频需要花费用户更长的时间进行沉浸式观看，因此对消费行为的要求较高，再加上长视频的消费场景较为固定，导致消费频次比较低。而短视频则充分利用人们的碎片化时间，对消费场景几乎无任何要求，因此大大提高了消费频次。据访谈者介绍，“今日头条”的用户阅读每篇图文的平均时长是1.16分钟，观看每条短视频的平均时长是1.62分钟。[④] 比起30分钟以上的长视频，用户消费短视频的行为显然与图文更接近。短视频不是长视频的缩短版，而是次世代的图文。但这并不是说图文就会消失，只是短视频能更好地对内容进行图像化呈现。

如今，短视频制作成为内容创业的一个新风口。视频内容是最为致命的时间杀手，对于流量高速增长中的“今日头条”来说，其更渴望强劲的增长引擎提升本就极高的用户留存时间(人均超过70分钟)，短视频恰恰满足了“今日头条”的这一需求。2017年底，“今日头条”的用户规模达到7亿，几乎接近用户数

---

① 中国网络视听节目服务协会. 2019年中国网络视听发展研究报告[EB/OL]. (2019-05-28)[2020-02-20]. https://www.sohu.com/a/317135923_738143.

② 刘少杰. 当代中国意识形态变迁[M]. 北京：中央编译出版社，2012.

③ 受访者T3，采访时间2018年5月18日。长视频是指时长超过30分钟的视频，短视频是指时长在1～4分钟的视频，小视频是指时长在5秒到1分钟的短视频。

④ 受访者T4，采访时间2018年5月26日。

量的天花板,要想继续保持流量的高速增长,全面布局短视频意义重大(见图 1-4)。

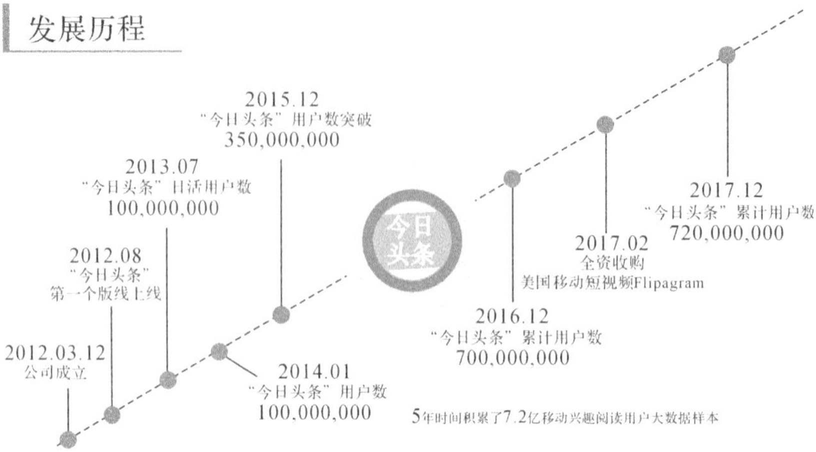

图 1-4 “今日头条”用户数的发展历程

自“今日头条”上线短视频频道以来,日均视频播放量的增长达到 500%~600%,流量实现爆炸式增长。除了流量上的需求之外,短视频还蕴藏着巨大的商业价值。目前,广告主喜欢将资金砸向大 IP,而短视频的长尾集群效应比品牌在某些热门综艺 IP 里重金植入的性价比更高。同时,视频的制作门槛比文字创作要简单得多,为更多的草根参与生产内容提供了机会和成为网红的可能。如“乡野丫头”“大胃王密子君”“欢子 TV”“巧妇 9 妹”等都是草根逆袭的代表,都受益于这一波短视频创业热潮。

基于以上种种原因,“今日头条”全面布局短视频领域,从原来的图文转向短视频,此举可以看作“今日头条”在内容上的“二次创业”。到目前为止,市场上有两种短视频产品:一种是以快手、美拍和激萌为代表的工具类社交短视频,另一种是以抖音、西瓜视频为代表的内容推送类短视频。为此,“今日头条”在短视频赛道上加快了步伐。“今日头条”推出的音乐创意短视频社交产品——抖音瞄准年轻人,以生产 15 秒的音乐短视频为主,形成了自身的产品特色。抖音的配乐主要以电音和舞曲为主,分为舞蹈派和创意派,它与早年的小咖秀较为类似。不同的是，选择歌曲时，抖音通过技术手段给用户提供更具创造性的功能和玩法，如视频拍摄的快慢、滤镜、道具、美化等，而不是简单地对口型。85％的抖音用户的年龄在24岁以下，地域偏向一、二线城市，并且用户多为95后、00后，产品具有较高的调性。随着抖音完成一、二线城市的流量收割之后，其将目标转向三、四线城市，与竞争对手快手形成了“南抖音，北快手”的竞争格局。快手的宣传口号是：记录世界，记录你。定位年轻、时尚、潮酷的抖音最开始的宣传口号是：让崇拜从这里开始。后来，抖音将其宣传口号改为：记录美好生活。此举被认为是直接与快手开战。抖音在综合用户群体、产品形式、质感等方面，确实比快手占有更大的优势。由于抖音在年轻人中的巨大影响力，一些短视频成为爆款。抖音成就了海底捞网红吃法——鸡蛋灌面筋，海底捞的一款豆腐泡因为抖音的花式吃法，订单量直接增加了17％，这些意外的收获使得海底捞在同质化严重的火锅行业迎来了“第二春”。随着海底捞、摔碗酒、coco奶茶、土耳其冰激凌成为抖音的爆款视频后，很多品牌商认识到了抖音的商业价值。抖音凭借优质的内容，依靠流量（开屏、植入、信息流）、设置挑战赛和引入意见领袖的营销模式，进一步拓展了用户黏性和商业价值。火山小视频的定位是记录日常生活、时长为15秒的用户生产内容（UGC）社交短视频，其被嵌入“今日头条”后获得了巨大的流量支持。为了进一步推动火山小视频，2017年“今日头条”拿出了10亿元补贴平台创作者。一方面，火山小视频会根据用户获得的火力值把现金直接发放到用户的账号上。另一方面，火山小视频还对优质内容的生产者进行相应的流量扶持，推出特定的养成计划，并按照内容质量定期赠送100～1000不等的火力值。火山小视频和抖音是“今日头条”重点孵化的两款短视频产品，但火山小视频属于短视频赛道，抖音属于音乐赛道，两者定位还是不太一样。短视频的竞争十分激烈，好在抖音、火山小视频背后有“今日头条”的孵化和导流。火山小视频的调性较低，为了迎合三、四线城市的用户需求，甚至在农村召开发布会，鼓励并培养他们成为短视频的创作者。火山小视频要想解决稳定和快速发展之间的关系，就必须拿捏好低俗与高雅之间的界限。

“今日头条”西瓜视频的定位是专业生产内容（PGC）短视频产品，宣传口号为:给你新鲜好看。西瓜视频主要从扶持原创作者、全新升级原创作者平台等方面服务短视频业务,现已成为国内最大的专业生产内容短视频平台。张一鸣在首届西瓜视频嘉年华年会上指出,短视频正在进入全民变现的时代,2018 年西瓜视频拿出 20 亿元帮助创作者变现,希望所有创作者都有钱赚,头部创作者能赚大钱。

"今日头条"全面布局短视频意味着其产业重点正从图文转向短视频,是内容领域的二次创业,在资讯型、综合型、社交型以及工具型短视频平台的布局基本齐备——"今日头条"主站及应用早已设有视频频道;西瓜视频对标油管,以专业生产内容为主,主打 1～4 分钟的短视频内容;火山小视频以用户生产内容为主,主打直播和 15 秒左右的小视频,目标是成为记录生活的微博;抖音则聚焦泛音乐领域中的短视频和社交,力争成为年轻人爱用的潮流短视频分享社区。从"今日头条"短视频矩阵上看,西瓜视频、火山小视频、抖音三款应用分别覆盖了资讯、生活和音乐这三个最主流的短视频领域,形成了一个完善的内容生态。从短视频的发展现状来看,主要呈现以下三个特点。一是短视频内容的跨界性。一般意义上,主流类别的短视频有美食、美妆、影评、萌宠等传统垂直领域,单一的内容供给趋于饱和,越来越多的短视频创作者开始尝试制作"跨界"内容,如"办公室小野"主打"职场＋美食"的新颖创意获得了成功。二是短视频内容创作和消费地域的下沉。短视频内容创作正在从一线城市向二、三线城市蔓延,同时一些方言类短视频崛起。二季度金秒奖的参赛作品中出现了粤语、东北话、长沙话等十几种方言,如"粤知一二""大连老湿王博文""湖南笑工场"等。三是短视频创作和分发的国际化。主打"古风＋美食"的李子柒,以吃播为代表的"大胃王密子君"和知名游戏短视频创作者"敖厂长"通过"今日头条"海外版"TopBuzz"进行了国际化分发,反响不俗。而"猫男 AaronsAnimals""pony 朴惠敏""LoganPaul""EhbeeFamily"等一些国外创作者参与金秒奖,也想从中获得国内消费者的关注。

为了进一步扶持短视频,"今日头条"在第二届创作者大会上宣布拿出 10 亿元补贴短视频生产者。如今,"今日头条"已经成长为国内最大的短视频平台,视频已超过图文和组图成为"今日头条"最常见的内容形式。"今日头条"

作为一个起步很晚的视频平台，抓住了短视频崛起的风口并做得风生水起，成了平台的流量担当，并且它还是短视频创业者的乐土，逐步成为短视频创业者的首选平台。

为了更好地服务创作平台和创作者，“今日头条”采取了一系列支持举措，如“千人万元”计划、“百群万元”计划、“原创倍增”计划和“礼遇”计划等，提高优质内容创作者的收入，让其没有生计之忧以便安心创作。为了帮助用户生产优质内容，“今日头条”推出了媒体实验室项目，根据头条用户的行为和文章数据向内容生产者（特别是媒体）提供多维度的用户数据，捕捉和预测热点，为内容创作者提供热点事件的数据分析、可视化图表和报告等，进一步打通生产者与用户需求之间的连接通道。就目前来看，媒体实验室主要提供了五大功能模块供生产者参考，它们分别是关键词搜索、热点追踪、精选报道、数据报告和事件监控（见表 1-5）。

表 1-5 媒体实验室的主要功能和作用

类目	服务内容	功能	作用
关键词搜索	关联分析	与关键词出现在同一篇文章中的其他词汇，展现热度趋势和关联度	帮助寻找选题角度，深度挖掘选题
	人群画像	包含地域、性别、年龄等维度，可窥见不同人群对该选题的关注度	辅助新闻价值判断，寻找特定用户的关注点
	评论分析	挑选点赞或回复数量高的评论	了解用户关心的热点
热度追踪		可以检测热点事件和飙升的热点	辅助判断新闻价值，了解用户关注的热点
精选报道		当天或近期最热门的话题，与事件有关的高频热词和创作者榜单	帮助判断选题，深度挖掘选题
数据报告		提供各行各业的数据报告	为了解某一个领域，提供详细解读攻略
事件监测		创建监控事件，创建后将会收到值得关注的事件的最新动态和数据信息。	了解某一事件的最新进展，辅助新闻价值判断和创作

> 我是头条号的创作者(沈阳图片故事),2017 年 12 月 19 日凌晨 2 时 39 分,辽宁省海城市发生 4.4 级地震,震源深度 10 千米。地震发生后,我通过"今日头条"的媒体实验室了解到这一信息在网络上已经引起了很高的关注度。于是,我迅速收集信息并联系中国地震台网的预报员了解权威信息,然后写出了一篇有关地震的报道,并与 1975 年发生在辽宁省海城市的地震作比较,获得了 3.5 万人次的阅读量,这是我做头条号以来第一次获得如此高的阅读量。事件本身的热度和媒体实验室提供的数据支持使得这篇报道取得了很好的传播效果。[①]

除了在创作和收入上提供保证之外,"今日头条"还为创业公司提供支持,孵化和投资基金可以帮助公司扩大规模。"新媒体孵化"计划是"今日头条"从 690 份申请书中挑选出来的 30 个首期入驻新媒体的项目。创作空间从北京、上海、成都、深圳四个城市扩展到武汉、长沙、重庆、杭州、广州、拉萨等十个城市,为其提供办公场地和创业辅导,从而为更多的短视频制作团队服务。此外,"今日头条"还为一些中小创业团队提供全方位的孵化服务,一方面为他们提供舒适廉价的办公场所,另一方面为他们提供一系列法律、财务、版权保护等方面的培训,大大降低了创业者的成本和风险。同时,"今日头条"还引进了红杉资本、创新工场等 10 多家知名风险投资基金,帮助有潜力的团队进行孵化。目前,已经有超过 60 个优质短视频团队入驻,融资比例超过 50%。"今日头条"作为内容分发的管理者、组织者,正从图文转向短视频,并为内容生产者提供了完备的技术支持和丰厚的奖金。无论打造中国最大的智能内容生产平台,还是从图文转向短视频,"今日头条"全面布局内容生态最根本的原因就是确保内容分发的合法性,提高内容分发的多样性和质量。

三、个性化分发与社交分发相结合

通过平台的大力扶持和运营,头条号已经成为国内最活跃的内容创作平

---

① 受访者 C1,采访时间 2018 年 5 月 11 日。

台。“做最懂你的信息平台，连接人与信息”是“今日头条”的宗旨和不懈的追求，现在“今日头条”正在进入将个性化分发与智能社交分发相结合的新时代，通过智能推送可以更好地获得粉丝，同时也能感受到粉丝带给平台的巨大影响。通过全力打造智能社交平台，不仅可以帮助粉丝与创作者实现沟通、互动，进一步增强分发的效率，还可以通过流量沉淀粉丝，进而为后期变现夯实基础。

交互性是新媒体优于传统媒体很重要的一个方面，“今日头条”从诞生的那一天起就具有社交基因。在每一条信息下方，用户可以选择转发、点赞、评论等，也可以选择屏蔽自己不喜欢的内容，甚至给自己关注的人发私信，进行较为私密的交流。为了不断增强“今日头条”的社交属性，其又推出微头条和悟空问答两款社交型产品。

微头条是一款基于粉丝分发的社交产品，它的出现给平台注入了更强劲的社交基因。技术一直是“今日头条”的优势，在社交领域同样具有更先进的技术加持，人工技术可以大大提高创作者与粉丝之间连接、互动的速度与效率。“今日头条”的微头条对标微博，因此为了更好地运营微头条，“今日头条”花重金邀请各类头部创作者入驻。明星、名人和各类垂直类网红构成了微头条先期的种子用户，同时普通人也有上“今日头条”、当网红的机会。此外，“今日头条”还推出扶持1000个拥有100万粉丝账号的“千人百万粉”计划，帮助用户吸粉，开启“今日头条”粉丝红利。未来，“今日头条”将给予微头条400亿流量的支持，以扶持优质用户。智能分发和粉丝分发是“今日头条”为扩大分发范围和效果重点打造的双引擎。一位实力圈粉的妇产科医生——章蓉娅，原来是协和医院的医生，入驻微头条后一个月内粉丝增加近30万，迅速成为健康领域的优质内容创作者。像章医生这样具有专业知识的人很可能成为垂直领域的专家，开辟出社交红利的新大陆。随后，“今日头条”又推出了“青云”计划，给优秀内容创作者提供单日奖励、月度奖励和年度签约等方面的支持和保障。

“今日头条”推出的头条问答产品，借助庞大的用户群体和算法优势更好地匹配问题和相对应的内容生产者，拥有多元知识背景的答友们可以在这里分享知识、交换意见。舍基认为:“这是一个不平凡的时代,因为现在我们的自由时间不仅仅供自己挥霍、消磨,而是把它当作一种普遍的社会资产,个体的认知盈余应用于一个大型的、共同的项目,创造出巨大的社会价值。”[①]头条问答后来升级为悟空问答,对其的投入和推广力度更是空前。为了与竞争对手“知乎”一争高下,“今日头条”投入10亿元推广费,签约至少5000名各专业领域的答案贡献者,刺激更多的普通用户充分利用自身的时间盈余分享知识盈余,致力于将悟空问答打造成一个为所有人服务的问答社区。依赖快速、精准的机器分发,悟空问答上的问题在发布后平均2.4小时就能收到相关回答,内容涵盖健康、时尚、科技、旅游等29个垂直领域。随着分发机制的不断升级、优化,悟空问答24小时内收到答案的回答率也提升到了90%,形成了一个用信息连接人与人的超级社区。

为了帮助创作者吸引粉丝,具体落实“千人百万粉”计划,“今日头条”实施了一系列帮助创作者涨粉的措施,如提升粉丝在推送系统中的权重,创作者分发的资讯粉丝会优先看到等。

> 为了进一步给创作者增加粉丝,“今日头条”还设立了“关注”频道,用户在这里看到的都是已经关注的头条号或其他被关注的头条系产品的内容。同时,给新入驻的优质内容创作者提供流量保底的“冷启动流量包”,可以加强“推送关注卡片”出现在信息流中的频率,将优质账号尽可能多地推送给可能感兴趣的用户,引导用户主动关注,提高匹配效率,帮助创作者积累第一批粉丝。[②]

在用户关注某一个头条号后,系统会主动推送一些相似账号。“今日头条”的粉丝红利期才刚刚开始,内容变现的环节分为流量、粉丝、付费用户,这个过程是一个不断下沉的过程,其中最有价值的是付费用户。内容发布之后,创作者获得流量,这也是潜在的寻找和积累粉丝的过程。如果用户对内容以及创作者的认可度高,就会主动关注而成为粉丝。如果粉丝对创作者的认同

---

① 舍基.认知盈余:自由时间的力量[M].胡泳,哈丽丝,译.北京:中国人民大学出版社,2012.

② 受访者T4,采访时间2018年5月26日。

度不断累积就可能进一步沉淀为付费用户，从而实现商业变现。2018 年，“今日头条”进行产品升级，将包括“今日头条”、西瓜视频、抖音短视频、火山小视频、悟空问答在内的五大产品均接入平台、数据共享，并进行全平台分发，创作者可以通过头条号有效触达各类产品共计 10 亿用户。同时，五大产品的粉丝数据也将全面打通，全平台共享，多渠道涨粉，帮助用户最大化享受粉丝红利。“今日头条”账号与抖音、火山账号绑定的创作者可以在头条号后台主页查看总粉丝数和不同产品各自的粉丝数，判断自己在各产品中的人气并优化运营。此外，平台还大幅提升内容向粉丝展示产生的广告收益，根据粉丝阅读和观看量级，提高 3～50 倍不等。“今日头条”此前在流量和粉丝变现环节不断进行尝试，每个环节都有自己不同的变现方式：如基于流量，用户可以选择广告分成或平台补贴；基于粉丝，用户可以通过商业植入或电商导购等方式变现。如果生产者拥有大量粉丝，就可以直接将用户变现。头条号创作者“清晨录音棚”不仅是一个音乐类视频的原创者，同时还拥有一个位于上海的线下实体录音棚，主营业务是为普通人录歌和制作 MV。根据客户的要求，他们把一部分客户的 MV 上传至头条号，这些内容意外地赢得了人们的喜爱，积累了大量粉丝。同时，这些线上的粉丝正逐步转变为线下的客户资源，很多人慕名去上海找他们录歌。粉丝转化成了实实在在的客户，录音棚的生意比之前好了一倍。

现在，“今日头条”每天有一亿多用户在上面发布原创内容并进行消费，这些用户既获得了自己的粉丝，同时也成为其他人的粉丝。“今日头条”已经构建起了一个集图文、短视频、问答、直播等多种形式于一体的超级内容生态系统，在这个多元化的内容平台上，所有人都可能成为粉丝。作为一款生态级媒体，平台可以通过自身多元化的功能形成能够满足用户各种需求的闭环。[①]“上头条，涨粉丝”不仅仅是一句口号、承诺，更体现了“今日头条”将个性化分发与社交分发相结合的战略定位。个性化分发体现分发的精准性，社交分发增强用户黏性，形成再次为个性化分发扩充流量的效果。

---

① 宋建武，黄淼，陈璐颖. 平台化：主流媒体深度融合的基石[J]. 新闻与写作，2017(10)：5-14.

四、走向国际的个性化分发

截至2019年6月,我国网民规模达8.54亿,互联网普及率达61.20%,其中手机网民规模达8.47亿,较2018年底增长2984万,网民手机上网比例达99.10%。"今日头条"从2012年成立至今一直保持着高速的增长态势,如今累计用户已达7.20亿人次。① 面对用户进一步增长的瓶颈,在互联网上半场国内流量红利基本被耗尽的背景下,"今日头条"华丽转身走向更广阔的国际舞台是大势所趋,也是最有利于实现继续增长的现实选择。中国的人口占世界的1/5,对于释放世界人口4/5的红利仍然具有巨大的空间。新用户增加必须放眼国际市场,国际市场仍处于红利期。对于"今日头条"走向国际化分发,"今日头条"内部的一位高管这样说:

> 虽然流量是"今日头条"出海的一个现实需求,但让"今日头条"信心满满走出去的还是先进的技术,正因为我们在个性化分发上的领先优势,"今日头条"才具备了出海的实力与底气。其实,在全球移动互联网浪潮中,中国和海外的发展是同步的,在电脑端时代,中国总是晚于海外两三年,所以那个时候中国企业总是通过复制海外经验创建本土化产品。而现在我们和美国一样——生而全球化,互联网竞争的未来一定是全球化的,如果一个公司不能全球配置资源,充分利用全球的规模效益,必将在未来失去竞争力。②

企业发展的国际化和全球化是大势所趋,也是"今日头条"未来发展的核心战略。从中国走向世界成为全球用户创作和交流的平台,既是行业发展的现实要求,也是企业未来发展的美好愿景。实际上,"今日头条"的国际化战略早在2015年就启动了,并定下了未来三年海外用户数占总用户数一半的目标。为了快速向海外扩张,"今日头条"采取了"构建与购买(bulid & buy)"的

---

① 中国网信网.第44次《中国互联网络发展状况统计报告》[EB/OL].(2019-08-30)[2020-10-08]. http://www.cac.gov.cn/2019-08/30/c_1/24938750.htm.

② 受访者T3,采访时间2018年5月18日。

战略，成效显著。

“今日头条”启动国际化战略并最先推出“今日头条”海外版 TopBuzz，分别运用英语、葡萄牙语、日语三种语言，锁定美国、巴西、日本等市场。随后，“今日头条”又推出了专注于视频和图形交换格式(GIF)图片的应用 TopBuzz Video，尤其受到美国、巴西等国用户的欢迎。随着“今日头条”海外版的成功运营，抖音和火山小视频复制 TopBuzz 的思路，分别取了 TikTok 和 Hypstar 的英文名，经过改头换面之后在海外上线。抖音海外版 TikTok 率先进入日本市场，三个月就超越了短视频巨头油管和照片墙等，成为日本应用商店下载量第一的应用。TikTok 不仅在摄影和录像分类上超越了油管和照片墙等全球短视频巨头，还力压 Spotify、Line 等，常年霸占榜单前列，在泰国、越南等东南亚国家也有不俗的表现。由此可见，“今日头条”在国外的自创品牌获得了各国用户和市场的认可。

除了自创品牌和原有品牌输出外，“今日头条”利用资本在国外开始了一系列密集的并购计划。自前优步(Uber)中国副总裁柳甄加入“今日头条”以来，其专门负责开拓国际市场业务。“今日头条”加快了进军国际市场的步伐，收购印度最大的内容聚合平台 Dailyhunt，接着又控股印度尼西亚的同类产品 BABE。由此，今日头条在东南亚市场站稳脚跟。随后，“今日头条”耗资 5000 万美元，收购了用户遍布 15 个国家的美国短视频应用 Flipagram。为了给国际版抖音铺平扩张之路，“今日头条”收购了美国版快手 Musical. ly。此后，“今日头条”陆续收购了猎豹旗下的新闻聚合平台 News Republic，并投资猎豹的直播平台 Live. me。通过自身产品的国际化和收购计划，“今日头条”的海外用户达 5 亿，巨大的数字差距背后既存在巨大的发展空间，也存在巨大的挑战。

实际上，中国企业出海鲜有成功的案例，华为 1999—2004 年进军海外市场几乎无任何进展，阿里的海外投资也遭受重创，海外裁员近 90%。而“今日头条”出海以目前的成绩来看取得了丰硕的成果，其原因在于“今日头条”属于技术出海，而不是以投资为主，通过“今日头条”的技术为内容产品赋能，让海外产品在本土化竞争中如虎添翼。

> 我们"今日头条"的海外扩张能够取得丰硕成果的原因在于,"今日头条"只输出产品,不输出内容,因为各国的文化差异,只有本国人才更了解本国用户的需求。如印度人喜欢看板球而不是篮球,美国人更喜欢视频和图形交换格式图片而不是图文,印度尼西亚人更喜欢岛内新闻,而不关心国家、国际大事。因此,我们公司秉持"运营全球化,内容本地化"的经营策略。"今日头条"海外运营只输出技术,并根据中国的成功经验雇佣当地最好的运营团队、内容机构和意见领袖以建立内容合作关系,并根据算法给用户推送他们最喜欢的内容。"今日头条"不需要设计具体的产品,也不需要建立供应链和售后服务系统,通过自建品牌或者投资收购比较成熟的产品进一步加快了"今日头条"国际化的步伐,这也是我们海外扩张的一些经验。①

"今日头条"的国际化发展取得了丰硕的成果,到目前为止已经拥有四个资讯类国际品牌和五个短视频产品品牌,形式覆盖了图文、视频、直播等所有形态,用户遍布欧美、巴西、日本以及东南亚,"今日头条"的国际化版图正缓缓拉开大幕(见图 1-5)。正如张一鸣所言,"今日头条"不仅仅要做中国最大的聚合类平台,还要成为全球创作和交流的平台。中国的互联网产业正在从原来的照抄、照搬国外互联网发展的"拿来主义"阶段走向技术输出阶段,中国蓬勃发展的互联网企业正开始走向世界,影响未来。

"今日头条"已经成为个性化分发领域的佼佼者,其成功之处恰恰在于其技术上的先进性。头条号的建立打破了传统媒体对渠道的掌控,公众成为内容的生产者,同时其凭借智能分发技术打破了传统新闻生产的分发模式,让信息与人实现了一对一的个性化分发,使得尼葛洛庞帝所说的"个人日报"由设想变成了现实,大大提高了个人在海量信息的移动互联网时代获取信息的效率。除了技术上的优势之外,"今日头条"多元化的内容也满足了用户各式各样的需求,使得内容的垂直化和长尾效应进一步显现。头条号大量内容生产者的入驻不仅解决了长期困扰"今日头条"的版权问题,还为内容分发构建了

---

① 受访者 T2,采访时间 2018 年 12 月 28 日。

图 1-5 "今日头条"产品的全球布局

一个巨大的内容池。在图文上获得成功后,为了满足继续保持高速流量增长的现实要求,"今日头条"将目光转向了短视频,西瓜视频、火山小视频和抖音三款短视频产品分别对应资讯、生活与泛音乐三个大类别,不仅将人们的短视频需求一网打尽,而且还全面覆盖了中国二元社会体制中的城市和农村,三个产品集体发力对快手形成巨大威胁。在国内市场竞争异常激烈的时候,"今日头条"开启了自身海外市场的拓展之路。从 2015 年开始,"今日头条"在国外保持着高速的发展态势。正如张一鸣所说的,互联网科技企业未来的竞争一定是全球化的,只顾中国市场,而不去开发其他市场,最终一定会在竞争中败下阵来。出走海外是每一个企业的梦想,以前鲜有成功者,"今日头条"不仅做到了,而且还做得非常出色。"今日头条"的出海也意味着中国的互联网产品不再跟在国外的后面亦步亦趋,将国外的技术和理念简单地本土化,而是中国互联网的产品和模式开始向外输出、影响世界——一个属于中国企业的移动互联网时代正悄然到来。

第三节 “今日头条”个性化分发的机制和影响因素

一、个性化分发的机制

大众传媒在我国具有行业垄断性质,有其清晰的行业边界,新闻的生产和分发都由专业媒体来完成。如今,聚合类平台融合了图文、视音频符号等内容成为资讯个性化分发的强大端口,从前以政治权力划分的媒介边界被以资本驱动的技术公司所消解,“今日头条”在分发领域进行边缘突破,打破了原有的传媒生态格局。边界的消失或者说边界的交融不一定必然促使大众媒体的衰落或专业信息传播水平的下滑,而是重新定义了媒体,一个全新的格局以及更加多元的生产与分发的力量,一样可以推动社会更好地发展。①

“今日头条”是一个聚合类平台,通过爬虫技术在全网范围内抓取、聚合内容,这一过程为后续的个性化分发提供了海量的内容储备。对于“今日头条”聚合对象和范围的转变,一位“今日头条”的工作人员这样说:

> 在“今日头条”发展的早期,我们利用网络爬虫技术在全网聚合新闻,但是遭遇版权风波之后,我们只抓取版权合作机构的信息以避免版权纠纷。特别是开通了头条号之后,吸引了很多专业媒体、政府机构、传媒公司、企业、自媒体入驻,我们更倾向于抓取头条号的内容,因为这些内容体量足够大,质量相对有保障,还能惠及头条号的创作者,为其增加流量,助其商业变现,实现平台原创内容的良性循环。此外,虽然自媒体生产的内容在分发中占有近70%的市场份额,但我们为了确保内容分发的安全,对相关内容的生产资质有相应的要求。如时政类、社会类新闻只能由专业媒体发布,自媒体无权涉足。对于新闻类、财经类和科技类新闻资讯,则需要生产机构具备相

① 彭兰.正在消失的传媒业边界[J].新闻与写作,2016(2):25-28.

应的专业资质才可入场。而其他如娱乐新闻、农业新闻等，自媒体可以涉足生产。从目前来看，在内容分发中，农业新闻和社会新闻出现的问题较多。[①]

被聚合的资讯来源广泛、种类不同、质量参差不齐。一般来看，“今日头条”聚合的内容可以分为两大类：一类是专业生产的内容，由于专业媒体拥有成熟的生产能力，一般不需要进行风险模型检测，但需要进行敏感模型、领导人模型、低俗模型、广告模型等机器审核，有问题的内容会被直接删除，没问题的内容再进入先发列表等待人工审核与分发；另一类是用户生产的内容，生产者水平、能力千差万别，内容风险性很高。因此，对用户生产的内容首先要经过风险模型（敏感模型、领导人模型）的过滤，对有风险的内容直接删除，没问题的内容则进入订阅状态，用户搜索才能看见。如果转发量超过 1，就会进入召回风险环节进行全端推送或维持原队列等待人工审核与分发（见图 1-6）。

目前，“今日头条”拥有风险内容识别技术，用于鉴定内容图片的鉴黄模型、低俗模型、谩骂模型以及泛低质内容识别模型等。为了检验作品是否原创，头条号启动了内容身份（Content ID）视频版权保护系统，24 小时将创作者上传的视频与源片库中的作品进行对比，一旦发现上传的视频属于侵权内容则立刻将该视频下架。机器审核高效快捷，但由于目前算法审核还不是特别成熟完善，还需要与人工审核相结合。

“今日头条”的人工审核主要从是否反党反国、传播邪教等，是否有不良内容，是否传播了有违社会道德的内容等方面进行把关。在人工审核环节一般实行二审制，如果两名审核员都认为这个内容没问题，则该内容顺利通过审核；如果审核员对同一内容给出了不同的判断，系统会将该内容再发给第三人审核；为了确保内容分发的安全，“今日头条”的质量中心还会有专人对通过审核的内容再一次进行六个一组式的快审，层层把关。对热度特别高的内容，审核员也会重点关注，会对其进行召回再次审核，

① 受访者 T2，采访时间 2018 年 12 月 28 日。

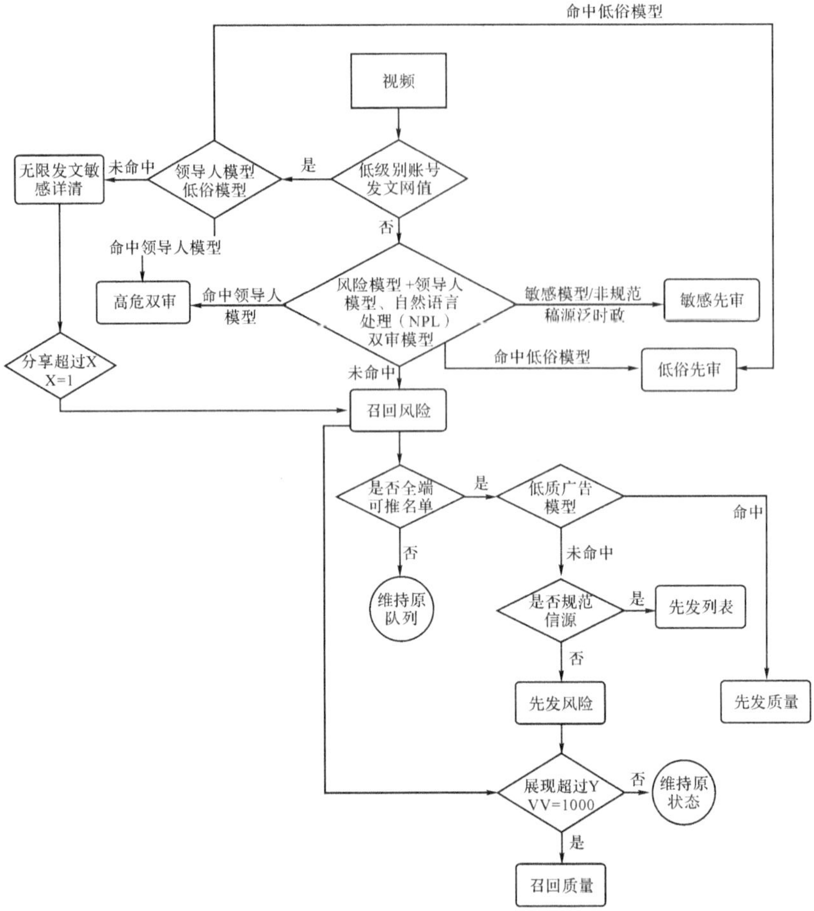

图 1-6 "今日头条"内容审核流程

注:X代表分享的数量,Y代表视频播放量,VV是video view的缩写,表示单位。

确认其是否存在不良内容。[1]

机器不仅能对图文信息进行审核,还在音视频领域审核上取得重大突破,大大提高了审核的效率,为聚合类平台的大量分发提供了技术保障。以图片审核为例,每人1天能审核3万张图片,准确率是80%,1万张审核的人工成本是60元。而机器审核1周24小时不休息,审核1万

① 受访者T9,采访时间2018年6月20日。

张的成本仅10元，节省成本80%，准确率却高达99.9%。[①]

经过审核的安全内容就会进入分发环节，在分发之后，被分发的内容会形成有关点击量、转发量、收藏量、评论量等数据指标，那些点击量大、评价好、热度高的资讯会得到更多推送的机会。同时，这些数据会上传到“今日头条”的媒体实验室，让创作者了解用户的需求和偏好，了解社会的实时热点和未来趋势等。高质量分发从内容生产的源头介入，为创作者生产优质内容提供数据支持，从而使用户实现更加科学、高效的生产。

纵观“今日头条”的分发机制，其与传统媒体有很大的不同。传统媒体一般都是通过自身固有的发行渠道传播专业记者、编辑采编的新闻，大众参与生产、传播的机会并不多，而“今日头条”分发的信息源除了专业媒体外，还有自媒体、政府机构、传媒公司、企业等其他信息源。“今日头条”虽然组织用户进行内容生产，布局泛内容生态，但其自身并不生产内容，只是把重心全部放在分发环节和平台生态的布局和组织管理上。传统媒体由于受众反馈的不及时导致传播即结束——传播者与受众不能及时互动，传播效果无法准确获知，而“今日头条”将内容分发出去则意味着传播才刚刚开始，平台要密切关注点击量、转发量、评论量等相关数据的变化，为优质内容的分发提供流量保障，为内容的再生产提供数据支持。传统媒体更注重信息的公共性价值，传播对象是泛在的大众，追求的是雅俗共赏，而“今日头条”更看重信息对个人的价值，个性化分发的对象是一对一的个人。这种分发机制及由此引发的大众为分发而进行的头条号生产与传统媒体相比均发生了巨大的变革。

二、个性化分发的影响因素

“今日头条”进入媒介场域引发了媒体之间位置和权力关系的变化，一种内容分发的新方式引发了传媒场域的变革。“今日头条”与大众传媒相比截然不同，它不生产内容而是通过技术对内容进行抓取和整合，然后在分发环节进行边缘突破，将市场细分做到极致，即实现针对一个人的服务。受众看到的资

① 受访者T5，采访时间2018年6月20日。

讯不再是内容相同的“千人一面”,而是极富个性化的资讯,信息的长尾市场得到了有效的满足与释放。布尔迪厄说场域理论最为重要的两个关键词是关系和斗争,“今日头条”在对内容进行个性化分发的过程中,不仅受到了来自技术的影响,还受到了来自用户、资本和权力等多方力量的影响,这四个重要的影响因素关系复杂且彼此之间存在激烈的斗争。

在此次媒介场域的变革中,个性化分发的第一个影响因素就是技术,特别是大数据和算法技术对新闻业的嵌入。由于有了爬虫抓取技术,平台可以在全网进行信息聚合,获得了大量等待分发的信息源,信息源的广度和维度有了多元拓展。由于有了大数据技术,平台可以实时了解用户的基础信息、相关阅读喜好、上网历史痕迹、相关评论等数据,为接下来的分发建立个人化的电子信息档案。大数据实时获取、变更每个人的电子数据,用户也时时处于被大数据监视之下的超级全景监狱之中,它是在人们毫无察觉的状态下进行的,既不会侵扰人们的日常生活,也不需要任何狱卒的眼睛监视,是一种更加隐蔽化的新型监视方式。[①] 用户最终成为被平台控制的对象,被视为等待商业变现的筹码。[②] 由于有了算法技术,将每一个用户的需求与每一个内容池中的信息成功匹配成为现实,既满足了用户对信息的个性化需求,也让小众的长尾内容得到了释放。聚合类平台个性化分发的技术支撑与文化工业中的大众传媒技术相比发生了翻天覆地的变化,这也恰恰使得两种媒介不在一个层面上。如果说互联网是一种高维媒介,那么聚合类平台就是更高维度的媒介,它将“我的日报”从想象变成现实。技术向来都是传媒变革的中坚力量,无论报纸、杂志、广播、电视,还是门户网站、社交化平台、个性化分发的平台型媒体都概莫能外,媒介的发展史、进化史就是技术的发展史、进化史,技术当之无愧地成为驱动媒介场域变革的第一变量。

个性化分发的第二个影响因素是用户。以往我们把信息的接受者称为受众,即被动接收信息的人。而在聚合类平台中我们将其称为用户,即信息产品

---

① 波斯特.第二媒介时代[M].范静哗,译.南京:南京大学出版社,2000.

② 尚帅.传播的兴趣偏向和浑然不觉的符号暴力——基于《今日头条》的算法控制研究[J].现代传播(中国传媒大学学报),2018,40(10):58-62.

的使用者。从受众到用户的称谓变化，实际上体现了两个层面的含义。一方面，传媒市场化、产业化的进程比以往更强烈、更成熟。大众传播的渠道垄断性被互联网平台所稀释，门户网站、社交化平台、各类应用等新型信息接收终端使得主流媒体的稀缺性不再，渠道多元化，用户被分流。传统媒体以往传播的主要是主流意识形态和主流价值观，新闻比较严肃，主要以时政新闻为主，宣传意味浓。而商业化媒体，特别是聚合类平台面对市场的优胜劣汰，首先也是最根本的就是盈利和生存的问题。因此，在个性化分发中更多的是考虑用户需不需要、满不满意，用户的主体地位得到了空前的尊重和提高，传播中弱化了主流意识形态、主流价值观，更能凸显市场价值的社会新闻、娱乐性资讯大行其道。另一方面，用户称谓的变化体现了其主体地位。在平台上，用户是产消者，既可以消费、传播内容，也可以变身为生产者。“今日头条”在内容上的最成功之处就是打造了用户活跃度比较高的头条号内容创作平台，吸引各方力量入驻，提供了源源不断的可分发的内容源，拓宽了可分发的内容的丰富度。特别是用户被激活，用户的生产力得到了巨大的释放，平台通过技术赋权把生产权、传播权重新交还给用户。大众在快感和抗争中生产，同时也是与主流话语、精英话语沟通、对话的过程。大众传媒时代是媒介精英秉持新闻专业主义进行严肃新闻的生产，其更多的是宣传类、时政类的宏大叙事。而“今日头条”的用户生产凭借相关性、通俗性、娱乐性的日常生活叙事赢得了人们娱乐化的需求。

个性化分发的第三个影响因素是资本。“今日头条”是一家商业化的互联网科技企业，获取利润、赢得市场是其生存的前提条件。聚合类平台不仅为用户推送个性化的信息，还做到了为用户分发个性化的广告，夹杂在内容中的信息流广告的转化率高，因而备受广告主的青睐。这种盈利模式相较于媒介场域中大众传媒单一的“二次售卖”理论具有更大的进步性和有效性。同时，“今日头条”充分利用资本市场，几次融资不仅带来了企业在国内的高速增长，还促使其拥有足够的资本向海外拓展业务。为了在分发环节产生价值，满足资本逐利的本性，平台千方百计地推送一些用户感兴趣的内容；为了增加用户黏性，延长用户的使用时间，大量不良内容也充斥其中。正如凯文·凯利所言，新经济的运行逻辑就是目光聚集的地方,金钱必将追随。[①] 用户沉浸于泛娱乐化的信息中无法自拔,成为屏奴,同时也成了无偿为“今日头条”进行生产的生产者和消费者,数据库成为监视用户的超级全景监狱,剥夺了用户的时间和空间,使其为平台源源不断地生产数据和内容。在资本前置的逻辑下,用户和技术无法逃逸资本的引力,用户毫无察觉地成为被平台剥削的对象,技术则为资本的介入和用户的生产提供技术支持和技术动力。

个性化分发的第四个影响因素是权力。“今日头条”获得成功是由于其在技术和商业上的边缘突破,技术上的优势赋予其在媒介场域中新垄断者的位置,商业上的成功使其在传媒生态中站稳脚跟。“今日头条”在分发中曾一味追求算法分发的工具理性,简单地把信息适配给合适的人,无视信息质量和用户需求是否正当合理,忽视了一个媒体应有的责任和价值观,导致分发乱象频发。权力是一切场域的元场域,面对分发乱象,国家动用政治权力对平台的内容分发进行管理与规训。政治场域对技术场域进行规范,价值理性取代工具理性,企业经济效益的第一性让位于政治场域倡导的主流价值观和主流意识形态。用户生产的内容经过平台的严格把关和内部整顿越发地符合规范,更绿色、更健康,更有利于传媒产业的健康发展。政治权力虽然强大但总处于监管滞后的状态,而且也仅仅局限于对内容层面的管理,稍显不足。只有智能与智慧协同参与内容分发,才能保证内容分发更安全、更高效。只有将满足个人的兴趣与传播主流价值观相结合才能更好地进行舆论引导,构建风清气正的网络环境。理想的网络内容分发生态应该既包括社会公众所需要的公共性信息、群体所需要的分众化信息,又包括每一个个体所需要的个性化信息。内容分发的专业度、宽度和高度应该相互结合、相互渗透,技术、用户、资本和权力这四个变量应该构建一种平衡才能实现分发过程中的场域和谐,个性化分发才能实现一种理想化的实然状态。

“今日头条”凭借聚合与个性化分发技术迅速崛起,在媒介场域建立了自身新的垄断地位,同时其由一个单一的个性化分发者向内容的运营者转变,构建了集图文、短视频、社交、问答等内容形式于一体的泛内容生态平台,既在内

---

① 凯利.技术元素[M].金鑫,等译.北京:电子工业出版社,2012.

容生态上不断布局、完善，也为自身的分发提供了更优质的内容来源。个性化分发缘起于算法、大数据等技术的进步，技术是引发此次媒介场域变革的最重要的动力，同时个性化分发也离不开布尔迪厄所说的各子场域力量的掣肘。因此，本书将依次对技术场域、文化场域、经济场域和政治场域进行研究，深刻剖析制衡“今日头条”个性化分发最重要的四个影响因素。

第二章　技术宰制：个性化分发呈现两面性的技术场域

黑格尔曾指出，现实的就是关系的。在社会上存在着各种各样独立于个人意识和个人意志的客观存在，各方占据的位置不同意味着权力类型的不同，占有这些权力也就意味着占据了某种专门利润的得益权。社会虽然是由一个个相对独立的场域构成的，但场域不是一般的结构，而是充满各种复杂关系和争斗的空间。[①] 我们在思考场域时就应该从关系的角度进行思考。可以说，"场"是一种思维方法，意味着关注结构、边界和作用力。[②]

虽然布尔迪厄在《关于电视》一书中重点论述了经济场域对新闻场域的影响，但作为以技术起家的"今日头条"来说，技术场域的变化恰恰是推动新一轮媒介变革的动力旋涡，被技术嵌入的传媒产业不仅改写了内容分发场域的惯习和规则，还是改变其他场域常规和原则的强大的他律力量，并且这种他律比以往任何时候都更加明显。支撑"今日头条"崛起的新技术无论对于传统媒体的技术场域，还是对于新媒体的技术场域，都面临着竞争、博弈和优胜劣汰，"今日头条"也正是在新旧媒体构建的技术场域中崛起的，其占据了有力的传媒生态位，获得了新的权力。布尔迪厄提出场域这个概念是为"关系分析"提供一个框架。[③] 在技术、用户、资本、权力构建的媒介场域中，技术的变革和先进性是个性化分发最重要的影响因素。

---

① 蔡骐．网络虚拟社区中的趣缘文化传播[J]．新闻与传播研究，2014，21(9)：5-23，126．

② 黄顺铭．"教授走进直播间"与"布尔迪厄式批判"［J］．当代传播，2005(3)：40-44．

③ 布尔迪厄．文化资本与社会炼金术：布尔迪厄访谈录[M]．包亚明，译．上海：上海人民出版社，1997．

第一节　个性化分发技术引发媒介场域变革

纵观历史,技术本身也在不断进化。从最初的造纸术、印刷术,到后来的广播、电视等电子技术,再到现如今的互联网和移动互联网等网络技术和通信技术,一种媒介技术对我们社会结构的改造可能是全方位的、整体的。[①] 场域关系结构发生的变化一方面来自场域内部各种力量的消长,另一方面来自技术、经济和人口学上的变化等外部因素。在新媒体时代,技术成为媒介场域中更加凸显的重要变量,重构着既有的传播生态,使原有的媒介场域的行动者产生焦虑。正如布尔迪厄场域理论所说的,技术场域不仅构成了属于自己的小世界,而且也从来不缺少为改变或保存这一实力而进行斗争的战场。[②]

一、从生产者向分发者、运营者转变

随着社交化平台和聚合类平台的出现,内容的生产和分发呈现出分离的发展趋势。传统媒体成为内容的生产者,为聚合类平台提供内容来源,逐渐沦落为传媒产业的下游。而聚合类平台通过聚合技术抓取海量信息,对其进行整合再找到适合使用的人,一跃成为传媒产业的上游,在分发中拥有巨大的话语权。"今日头条"在媒介场域中以个性化信息分发者的角色出现,通过整合技术、资本、用户等多方面的力量成为分发领域的集大成者。除了资讯分发者的角色之外,"今日头条"还担负着资讯生产的组织者、运营者、管理者的角色。

作为组织者,为了扩大分发的信息源、解决版权纠纷,"今日头条"创办了内容生产平台头条号,充分利用个人的认知盈余,组织用户进行生产。为了丰富内容的符号呈现形式,把我国人口结构中读写能力较弱的用户吸引到互联网上,使其成为信息发布和传播的主体,推动平台从图文分发转向视频分发,"今日头条"推出了火山小视频、抖音和西瓜视频。"今日头条"为了占领社交

① 卡斯特.网络社会的崛起[M].夏铸久,王志弘,等译.北京,社会科学文献出版社,2001.

② 布尔迪厄.关于电视[M].许钧,译.沈阳:辽宁教育出版社,2000.

分发领域,推出了微头条;为了占领问答领域,推出了悟空问答;等等。“今日头条”以一个组织者的身份打造各类平台,完善内容生态布局,引导用户生产,激发用户潜能。

作为运营者,“今日头条”推出了一系列现金奖励和流量补贴政策,鼓励用户持续生产,特别是刺激和遴选优质内容生产者、吸引足够数量用户的创作者,以及能将优质内容转化为经济效益的创作者。为了成功运营抖音和悟空问答,“今日头条”招募了很多娱乐达人、知识精英和文体明星入驻,利用头部创作者的吸引力聚拢人气,甚至在抖音的后续生产中提供多种玩法,主动设置主题和奇思妙想,加强了平台与用户的互动,也为用户生产指明了方向。“今日头条”虽然给用户提供了自由生产和分发的平台,但在实际生产中,用户还是受到了算法的控制和规训,主要体现为召回率和用户留存。用户为了获取生产收益就必须提高内容的召回率,即内容被用户阅读或播放的比率,内容算法为提高创作者的内容召回率对内容选题、风格类型有系统化的倾向。用户留存要求内容生产者不断强化已有用户的兴趣需求,内容生产者也要有用户思维,以减少粉丝的流失率。用户的内容生产带有强烈的市场化倾向,越来越具有工业化生产的特征,平台和内容生产者日趋转变为有着共同商业利益的经济合伙人,共同运营着聚合类平台。

作为管理者,当平台遇到困境时,“今日头条”担负着管理者的责任。对标题党、洗稿抄袭、传播不良内容等除了算法打压降维之外,平台还会对内容进行更改、删除、屏蔽,对创作者实施账号禁言、冻结账户资金、警告、扣分甚至暂停、限制创作者发布内容乃至永久封禁。[①] 当平台出现违规操作、遇到危机时,“今日头条”作为管理者还需做好与创作者、政府沟通协调的工作,使其内容生产在政府允许的条件下,健康、有序、合法化地生产。

作为内容生产的组织者、运营者和管理者的“今日头条”,充分调动了用户生产的积极性,使他们生产了海量且各具特色的信息,为满足平台个性化分发提供了形态各异的长尾内容。

---

① 翟秀凤.创意劳动抑或算法规训?——探析智能化传播对网络内容生产者的影响[J].新闻记者,2019(10):4-11.

二、从分发专业新闻向用户新闻转变

新的闯入者进入媒介场域之后，总是试图凭借自身的优势要么获得更多的资本，要么改变场域规则，由此引发传媒生态中位置和权力的重构。① 算法、大数据等技术的发展，为媒介场域的变革提供了强有力的技术支撑。“今日头条”凭借个性化分发技术进入媒介场域，激发了分发环节的商业价值。“今日头条”作为聚合类平台不直接从事内容生产，而只是作为内容的分发者和组织内容生产的运营者、管理者而存在。

从专业新闻向用户新闻转变的过程，首先体现为分发内容来源的变化。大众传媒时代是一种专业化、组织化的生产，是大众传媒在传播。而平台型媒体时代是用户主导的大众传播，是一种分布式生产。② 作为互联网使用者的用户被赋予传播权，使用户成为相对于大众传媒时代最大的变量。“今日头条”作为聚合类平台为了商业变现从以传者为中心向以用户为中心转变，激活用户，把生产权交还给用户，充分释放用户的生产力，重新框定内容的价值标准。新闻生产打破了已有的职业边界，由一种机构垄断式的特权转变为信息传播生态系统的一个组成部分，各种正式的专业组织、非正式的集体和个人都成为信息生产的一分子③，为平台的个性化分发提供了丰富的信息来源。

其次，体现为聚合类平台对信息价值标准的认同与专业媒体不同。大众传媒认为新闻必须具有时新性、重要性、显著性、贴近性和趣味性等，而平台更看重资讯的实用性、趣味性和贴近性，甚至为了满足用户的兴趣，忽略了重大新闻的价值，沉溺于个性化信息而使整个社会陷入泛娱乐化之中。就像尼葛洛庞帝所说的，在数字化生活中，你不必阅读别人认为有价值的消息，你的兴趣将被尊重并扮演更重要的角色。④ 从新闻的定义来看，新闻是新近发生事实的报道。由此可见，大众传媒更看重传播中事实的本身，是对事实的浅表认

---

① 丁莉.媒介场域：从概念到理论的建构[J].社会纵横，2009，24(8)：104-106.

② 王炎龙.媒介进化中的传播理念嬗变与辨析[J].西南民族大学学报(人文社科版)，2018，39(10)：141-146.

③ 舍基.人人时代：无组织的组织力量[M].胡泳，沈满琳，译.杭州：浙江人民出版社，2015.

④ 尼葛洛庞帝.数字化生存[M].胡泳，范海燕，译.海口：海南出版社，1997.

识,体现的是一种自上而下的控制。而用户更看重深层次的事实真相,对大众传媒传播的信息持一种普遍怀疑的态度,用户分布式的新闻生产可以为人们认识事物提供更加多维的素材和视角,在探寻真相的过程中体现的是自下而上的多方求证。在我国,大众传媒传播的新闻更多的是政治新闻、时事新闻之类的硬新闻,宣传的意味更浓,而用户新闻更多追求的是日常性、通俗性和娱乐性之类的软新闻,为市场和流量而分发,因此更容易受到商业的控制和腐蚀。

最后,体现为分发对象的不同。大众传媒传播的内容会分发给所有人或一部分细分市场的受众,追求信息的雅俗共赏和公共性,寻找传播的最大公约数。但由于记者、编辑、版面、时段的局限性,每天报道的新闻极为有限,所谓的受众实际上是记者、编辑的一种主观推测和经验判断。新闻从业者很少关注受众,也缺乏互动的渠道,因此不太了解他们的实际需求。① 而用户新闻是针对每一个用户的精准分发,对阅读量、转发量、用户来源和页面留存时间等数据均有详细的记录,通过数据分析做到了一对一的服务。正如阿尔文·托夫勒所预言的,第三次浪潮到来时,强大的群体化传播工具会被非群体化传播工具所削弱,实现这一点最为关键的就是把观众分散。② 如今,在算法的推动下,不仅媒体、内容实现了无限细分,而且受众也无限细分到每一个人,传媒要为每一个人服务。总之,在网络技术催生的"后新闻业时代",专业新闻和用户新闻共享新闻资源,共产新闻文本,共绘新闻图景。③ 用户新闻的崛起实际上是技术和商业合力催生的结果。

三、从分发新闻向分发泛资讯转变

美国的一项调查研究表明,现在的年轻人不仅获取新闻的方式越来越多样化,而且他们对新闻的界定也非常独特,常常将私人信息和世界新闻混为一

---

① 甘斯. 什么在决定新闻:对 CBS 晚间新闻、NBC 夜间新闻、《新闻周刊》及《时代》周刊的研究[M]. 石琳,李红涛,译. 北京:北京大学出版社,2009.

② 托夫勒. 第三次浪潮[M]. 朱志焱,潘琪,译. 北京:生活·读书·新知三联书店,1984.

③ 杨宝军. "共"时代的开创——试论新闻传播主体"三元"类型结构形成的新闻学意义[J]. 新闻记者,2013(12):32-41.

谈。人们对新闻的理解发生了变化,在新的传媒生态中,专业媒体生产的新闻与传媒公司、政府机构,甚至普通用户上传的信息经常混杂在一起,在微信朋友圈、"今日头条"等媒体平台上进行传播,对新闻的界定模糊了,新闻的外延被扩大了,共同组成了用户眼中的"新闻"。汤姆·斯丹迪奇认为,大众传媒是中间插进来的暂时现象,新闻的面向会随着历史的变迁而改变,并不存在一个绝对的形态。① 一直以来,我们非常认可新闻工作的专业样貌,形成了一种刻板印象,透过新闻学占据的话语权将其他人想象和生产新闻的可能性排除在外。② 内容分发不再单一聚焦于具有公共性的时事信息,而是更重视用户生产和转发的有关他们自己的日常生活和身边故事,而这一部分内容以往恰恰是被大众传媒所忽略的,大众传媒认为其没有新闻价值而将其排除在生产与传播之外。个性化分发扩大了泛资讯的传播力和影响力,长期以来人们接收到的大都是时政新闻,而个性化分发满足了用户对娱乐新闻和各类生活资讯的需求,彰显了其商业价值。

从平台来看,"今日头条"聚合的内容来源广泛,既有专业媒体,也包括自媒体、传媒公司和政府机构,他们生产的内容除了新闻之外,还有比较日常化、通俗化的生活和娱乐资讯。"今日头条"为了满足以用户为中心的个体需求,从其自身的产品生态布局来看也是包罗万象,极具多元性的。从用户的角度来看,用户的需求是多元的,个人主义是移动社会的特定趋势,围绕每个个体的兴趣、价值观和优先次序构建了一系列的互动行为和互动网络。③ 用户除了对硬新闻的需求之外,更多的是对休闲、娱乐的需要,甚至每一个人的需求都不尽相同。个性化分发技术为多元化的内容与多元化的用户需求的匹配提供了强有力的技术支持,实现了信息的共产与共享④,泛资讯分发的长尾效应得到了空前释放。从市场化运营的角度来看,从新闻向泛资讯分发的转变也是市场化的必然,在注意力经济时代,只要有关注就会有流量,就有变现的可

---

① 斯丹迪奇.从莎草纸到互联网:社交媒体2000年[M].林华,译.北京:中信出版社,2015:136.

② 张文强.新闻工作的使用逻辑[M].台北:五南图书出版公司,2015.

③ 克劳利.传播的历史:技术、文化和社会(第六版)[M].董路,等译.北京:北京大学出版社,2018.

④ 陆地.信息共产主义化的特征和影响[J].新闻爱好者,2014(8):4-7.

能和资本。多元化、泛资讯的内容更能满足不同用户的个性化需求,增强用户黏性,延长使用时间,因而也更具商业性。

第二节　个性满足:媒介场域的技术座架

如果把传媒产业看成一个技术场域,可以将其划分为传统媒体技术场域和新媒体技术场域,支撑着纸媒和广电媒体技术与新媒体技术之间的共生博弈,支撑起整个传媒生态的技术格局。如果把新媒体技术场域再进行划分,则可以分为商业网站、搜索引擎、社交化平台等。传统媒体的大批量生产和复制满足的是大众的共性需求,如何满足分众,甚至每一个人的需求成为大众传媒的痛点。在技术变革带来的新媒体生态面前,传统新闻业面临巨大的挑战。[①]以算法为核心的个性化推送不仅满足了受众的需求,还保证了受众花费最少的精力获得最大化的信息补偿。以大数据和算法等技术为支撑的现代传媒不仅给自身场域的内容分发带来巨大的变革,而且深深地影响着整个社会。整个社会都有媒介化的趋势,媒介技术已经成为这个时代的技术座架。

一、满足用户的兴趣

信息分发有几千年的历史,经历了早期的口语分发、文字分发、大众传媒再到互联网时代门户网站的主编分发、社交化平台分发,但都没有解决分发的高效和信息的个性化问题。2012 年,"今日头条"以算法和个性化分发的技术优势强势进入这一领域,成为信息分发历史上的一个里程碑。所谓的算法,源于计算机领域,实际上是指为了解决实际问题而输入机器的一系列步骤。随着信息技术逐步应用于信息传播领域,算法以用户为导向,去人工干预,分发及时高效,信息分发信噪比低的问题得以解决,有效地解决了行业的痛点。"今日头条"宣称其没有采编岗位,不生产内容、不编辑内容,运转核心是一套由代码搭建而成的算法,只负责分发以实现人与信息的高效适配,没有立场和

---

① 黄楚新.媒介融合背景下的新闻报道[M].杭州:浙江大学出版社,2010.

价值观。实际上,无论传统的“编辑分发”还是现如今的“算法分发”都应该遵循一定的价值标准。从一般意义上讲,衡量新闻价值的标准是指新闻主体用来选择和衡量新闻价值客体的标准。[①] 但算法目前还不能自己给自己下命令,必须由外部下达这些指令才能触发计算机完成相关计算。因此,算法成为连接人类意志和计算机的中间介质。编辑分发的新闻价值观念主要体现在从业者的实践或新闻机构的内部规范之中,个性化分发所遵循的价值标准是由编码人员将其对新闻的认知、用户的需求和平台的经济利益嵌入代码的设计和编写之中。“推送什么内容给你”“你的兴趣又是什么”的决策机制是在“暗箱”中进行的,算法分发的五大维度恰恰指向的是技术的强制、用户的兴趣和商业的旨归,根据用户的兴趣和需求进行分发是市场化媒体的必然选择。

(一)内容维度

“今日头条”经过几年的内容布局已经成为一个泛内容的生态平台,涵盖了图文、视频、问答、微头条社交等各个门类。打开“今日头条”应用,除了“关注”频道和“推荐”频道外,“今日头条”给用户提供了近 60 个不同垂直门类的内容,点击右上方的“编辑”按钮,用户可以根据自己的喜好定制相应的频道,个性化定制大大满足了用户的不同需求。

> 目前,阅读量比较高的频道有关注、推荐、热点、娱乐、视频、美食、直播等。虽然平台给用户提供了很多选择,充分尊重了每一个用户的个性化需求,释放了内容分发的垂直性和长尾效应,但浏览信息中的娱乐偏好已经成为大多数用户的共同选择。用户阅读主要是为了放松、娱乐,打发无聊的碎片化时间。[②]

用户定制了自己喜欢的频道就相当于给喜欢的内容打上了个性化的标签。创作者在头条号注册时有一个关于用户的头条号介绍,创作者在这里注明自己喜欢或擅长的内容,然后进行这方面的垂直化生产,被推送的机会才会大大增加。如果描述的特征与创作的作品之间关联度低,就会影响后续的推

---

① 杨保军. 新闻价值观念与新闻价值创造[J]. 国际新闻界,2003(3):45-50.

② 受访者 T4,采访时间是 2018 年 5 月 26 日。

送量、阅读量。因此,头条号的介绍也相当于为内容打了一个标签。此外,创作时,创作者拟的标题也相当于给自己的标题打上了标签以便推送,这使得生产者与用户之间实现更有效的对接。如头条号“坤哥玩花卉”的运营者周昆为了追赶内容创业的热潮从《中国花卉报》辞职,在“今日头条”上分享垂直化的花卉种植方面的知识,内容的专业性得到用户的认可。90后潘灏原本是郑州某畜牧网站的职员,月工资3000多元。他在头条号注册了“猪倌巴巴”账号,利用业余时间在“今日头条”上发布有关养猪方面的知识,成为畜牧行业内容垂直类别中最受关注的自媒体,目前阅读量已经超过5000万。一个做头条号两年多,从当地都市报转行做原创内容生产的创作者“沈阳图片故事”,在注册时也专注于垂直类的内容。

> 我当时注册的时候选择的标签就是艺术摄影,我想用图片的方式记录沈阳及其周边的生活和人文。我有一篇文章获得了高达3.5万次的阅读量,通过这次内容生产,我深刻体会到创作者要想获得高阅读量必须在标题上做文章,不仅要有噱头,耐人寻味,还应该尽可能充满信息量,标题词汇应尽可能做到包含容易被检索到的热词,同时内容应该具有趣味性、可读性。如果能紧跟热点,被阅读的机会就会大大增加。[①]

用户高度垂直类的内容生产是面对竞争激烈的内容市场的有力保障,专业性的内容生产也是创作者内容上的独特标签,只有专业性的内容才能满足用户的个性化需求,才会获得更多的推送。此外,热度高的内容会获得更多的推送量,推送系统对社会热点进行实时响应,解决了单纯依靠已有浏览数据无法兼顾响应推送最新文本的困境和用户冷启动时无内容推送的问题。随着时间的衰减,曾经的热点内容被推送的权重就会下降,新创作、新热点被推送的权重则会增大。但同时也要警惕算法推送的热度导向原则会引发内容分发的质量滑坡,导致历史上不良新闻再次泛滥的局面。热点信息并不能代表真实的用户画像,人们追逐热点可能仅仅是随大流,因此“今日头条”也会适当地惩罚热点,以降低其被推送的权重。

---

① 受访者C3,采访时间是2018年6月3日。

（二）用户维度

用户兴趣的衡量标准有很多维度，包括用户的人口统计学特征，如职业、年龄、性别、受教育程度等；用户的行为特征，如浏览、搜索、点击、评论、收藏、关闭、举报等；用户的关系特征，如好友的阅读兴趣、阅读数据，与其他用户互动的数据等。此外，还有很多模型可以刻画用户的兴趣偏向，如感兴趣的主题和类别，感兴趣的关键词、来源，基于兴趣的用户聚类，以及各种垂直兴趣特征，如具体车型、体育球队等。

在用户第一次使用“今日头条”的冷启动的过程中，算法会根据全网监测的热点，推送其他大部分用户喜欢看的内容。热度特征包括全局热度、分类热度、主题热度以及关键词热度等。内容热度在大的推送系统，特别是在用户冷启动时非常有效。热点内容不仅会被重点推给冷启动的用户，还会加大对老用户的推送比例。杰姆斯·韦伯斯特指出，信息的流行度、热度是搜索引擎、社交网络、协同过滤系统在进行信息推送时极为重要的一个参照指标。[①]

如果用户是通过社交媒体如QQ、微博、微信等登录的，机器会根据用户社交媒体账号上的标签、关注的人群、评论、转发、收藏等数据，以及用户所处的位置、使用的手机型号、使用时间等数据[②]，在五秒钟内通过算法解读使用者的兴趣DNA图谱，实现“秒懂”。用户每次操作后，“今日头条”可以做到一秒更新用户模型，实现越用越懂用户，从而进行更为精准的内容推送。如果你是“今日头条”的老用户，它就会根据你浏览的历史纪录进行相应的推送，算法不仅能记录你的浏览痕迹，还能记录你一篇文章的阅读时长、上拉下翻的过程，点赞、转发、评论、收藏、搜索、屏蔽等行为，然后通过数据分析做到更懂你，为你提供更具个性化的内容服务。如果你在一篇文章上停留了足够长的时间，并且下翻到底；如果你关注了哪个明星或哪类头条号，算法都会默认为你喜欢，给你持续地推送。如果你打开一篇文章，但马上就退出来，算法会默认为你不喜欢这个内容，它可能是标题党或者用户的一个误操作，以后就不会或

① Webster J G. The duality of media: A structurational theory of public attention[J]. Communication Theory, 2011(6):43-66.

② 张一鸣.机器替代编辑?[J].传媒评论,2014(3):36-40.

减少推送类似的内容。"今日头条"不仅能掌握用户主动表达的偏好,还可以通过用户的注册信息、登录信息、社交账号、位置信息、IP地址、使用的手机型号等维度的数据分析用户含蓄表达的偏好。① 笔者在访谈中了解到,男性用户收到体育新闻的比例要远远高于女性。② 由此可见,性别特征也被用于推测用户的偏好。此外,算法会根据用户每次浏览的数据更新构建新的用户模型,从而保证推送模型的精准性。

> 我是"今日头条"的一位喜欢养花养草的用户,我经常在头条号上看这方面的信息,"坤哥玩花卉"是我关注比较多的账号,浏览的时间久了,算法知道了我的兴趣爱好。所以,我经常能收到"坤哥玩花卉"的更新推送以及其他头条号作者养护花草的资讯,大大满足了我对这方面信息的需求。③
>
> 春节期间,我从外地回老家过年,知道我妈妈喜欢看东北二人转,我就向她推荐"今日头条",并在我的"今日头条"客户端给她演示,搜索了很多二人转视频给妈妈看。春节之后,我回到平时工作的城市,我本人并不爱看二人转,可是手机知道我浏览过这方面的内容,以为我喜欢还是给我持续推送这方面的内容。但是我后来都没有点击,慢慢地这方面的内容大量减少直到完全消失。④

"今日头条"的首席算法架构师曹欢欢认为,算法是可以调教的,即人和机器之间的交互行为可以互构和互训。⑤ 你喜欢看什么就可以经常点击,不喜欢看就不要点击,久而久之机器就会越发地了解你。如果用户怀疑某条信息的真实性可以在卡片底部点击"举报",推送给"今日头条"的审核部门。如果用户不喜欢某条信息,可以点击卡片底部的"叉号""不感兴趣""不喜欢"或者

---

① 王茜.打开算法分发的黑箱——基于今日头条新闻推送的量化研究[J].新闻记者,2017(9):7-14.

② 受访者T5,采访时间2018年6月20日。

③ 受访者D9,采访时间2018年5月30日。

④ 受访者D1,采访时间2018年6月30日。

⑤ 蒋晓丽,贾瑞琪.论人工智能时代技术与人的互构与互驯[J].西南民族大学学报(人文社科版),2018,39(4):130-135.

“踩”等按钮,经过调教的算法就会越来越了解你。总之,“今日头条”是根据用户的喜好、兴趣进行推送的,当用户的标签与内容的标签相关度高时,内容就会和用户需求进行合理高效的分发与适配。

算法推送的前两个特征是内容和用户,如何把用户的需求和内容的特征完美结合还需要考虑相关性原则。一般来说,显性的相关匹配包括主题相关、分类相关、关键词相关和信息来源相关等。隐性的相关匹配可以从内容向量与用户向量的距离来获取。分析用户和内容之间的相关性才能让推送更加精准,更有效地满足用户需求。

(三)环境维度

在移动互联网时代,用户可以随时随地移动、变换场景,场景不同对信息的需求就会发生相应的变化。场景是指人与周围景物的关系总和①,场景传播是基于位置的服务,以用户为中心,以位置为基准,以服务为增值价值。移动传播的本质是基于不同的场景提供不同的个性化服务,换句话说,其是对场景或情境的感知与信息或服务的高效适配。② 在“今日头条”的界面上,最突出的一个频道就是基于地理位置的信息服务(LBS),人的流动性加快带来的就是场景的不断变换,以及不断变化的信息需求。例如,把北京限行的信息推送给成都、沈阳的用户就可能没有太大的意义。“今日头条”不仅给用户提供感兴趣的内容,还可以提供与用户所在地相关的信息。通过技术手段,平台不仅能掌握用户的常驻地点,还可以推测出用户的工作地点、出差地点、旅游地点等,这些用户的位置数据是平台提供更为精准的资讯和服务的重要的技术基础。对于一个本地人而言,这样的新闻具有贴近性,用户能第一时间了解本地发生的大事小情、本地的相关政策法规等。对于外地到访本地的用户而言,可以让用户及时了解该地的风土人情和最新资讯。“今日头条”基于地理位置的推送不仅可以基于某个城市的范围,还可以细化到某个区域。例如,“今日头条”针对郑州大学的学生推送有关郑州大学的新闻,并且这类新闻的覆盖率

---

① 郜书锴.场景理论的内容框架与困境对策[J].当代传播,2015(4):38-40.

② 彭兰.场景:移动时代媒体的新要素[J].新闻记者,2015(3):20-27.

能达到40%,因此其新闻更具贴近性。[①]

关于用户使用环境的场景和时间,在深度访谈中,“今日头条”的一个管理者这样介绍:

> 在用户使用的时间维度上,一天中用户浏览行为主要集中在三个时段,起床前、午休以及晚上睡觉前。此外,上下班等车、坐车的途中、外出跟友人约会、上厕所等碎片化的时间,用户也经常使用。甚至机器根据手机和网络的类型能够判断该用户是在Wi-Fi的环境下使用,还是在3G、4G环境下使用自己的流量进行消费。如果在Wi-Fi环境下使用,机器可能给用户多推送一些流量比较大的视频类的内容;如果用户在3G、4G环境下使用,机器就会多推送一些图文类、流量消耗小的内容。[②]

(四)协同特征分发

为了满足人们更多的兴趣需求以及解决个性化推送越推越窄的弊端,推送过程中的协同过滤可以在一定程度上解决这个问题。桑坦斯曾指出,如果人们一味地阅听自己喜欢的资讯,时间久了,具有相似想法的人会把自身禁锢在他们自己所设计的回音室里,在那里制造过度的自信、错误的偏激和毫无道理的极端主义。[③] 人们在接受信息时不仅要阅读自己喜欢的内容,还应该了解不同的意见和多元的观点,避免陷入“信息茧房”之中。

协同特征维度的设计就较好地解决了这一问题。它的工作原理不是根据用户的兴趣和已经记录在电子档案中的历史数据来推送,而是通过数据计算不同用户之间的相似性,比如点击相似、兴趣分类相似、主题相似,甚至是向量相似,从而扩展、完善推送模型的探索能力,试探性地推送一些用户可能感兴趣的内容。例如用户A、用户B和用户C是好朋友,他们有着相同的兴趣爱好、价值观、人生观。用户A对资讯A和C感兴趣,用户B对资讯B感兴趣,用户C对资讯A、C、D感兴趣。虽然用户A没有表现出明显的对资讯D的兴

---

① 王茜.打开算法分发的黑箱——基于今日头条新闻推送的量化研究[J].新闻记者,2017(9):7-14.

② 受访者T5,采访时间2018年6月20日。

③ 桑坦斯.信息乌托邦:众人如何生产知识[M].毕竞悦,译.北京:法律出版社,2008.

趣，算法根据协同过滤的原理也会试探着把D推送给A，如果A点击了，说明他对D也是喜欢的，以后有类似的信息会进一步推送。如果A从来没有点击过信息D，久而久之算法将不再推送类似信息，这样有助于进一步扩大用户浏览信息的维度，在一定程度上纠正信息渠道偏窄的问题(见图2-1)。

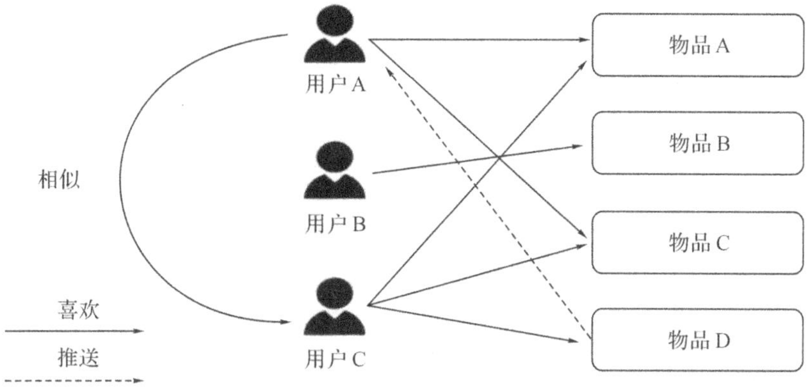

图2-1　协同过滤机制原理示意

协同过滤机制不仅仅基于用户的朋友、同学、同事等人际关系，也可能基于用户使用的手机型号等相关因素。

在用户数据调查中，有一项数据就是要了解用户使用的手机型号。收集这一信息可以解决两个问题：一是系统会根据手机型号还原“今日头条”的内容在这款机型上的内容界面的适配问题，因为不同手机屏的宽窄、大小、横竖都不一样，根据机型调整显示比例会给用户带来更好的用户体验；二是了解手机型号也可以了解同款手机用户的浏览数据，根据手机品牌与内容偏好的联系，为手机预装应用提供参考。同时，观测这类用户的兴趣爱好，然后根据同款手机大部分用户都在阅读的内容，给那些还没有关注同类内容的用户作进一步的推送，这种协同推送属于一种比较大的推送颗粒度。某电商网站在对用户数据分析之后发现，爱买红酒的用户对军事方面的内容也非常喜欢。从手机品牌、型号，从商品之间的关联度等维度,拓宽信息面,避免信息"茧房效应"。①

通过协同过滤机制,用户在消费信息时既能看到自己感兴趣的内容,同时也能给用户提供一些偶然的"内容",给用户带来更多的"奇遇",甚至一些所谓的"刺耳"的内容,让用户了解更广阔的、更真实的世界。适当地打破内容消费的稳定性,让内容随着兴趣的迁移、地点的流动和更多维度的协同过滤机制得到更多层次的推送。

总之,以上总结的是个性化分发所遵循的主要推送原理和逻辑,但在实际运用中需要各类内容推送算法,需要建构不同的模型,算法也需要不断地尝试和优化。算法推送系统会根据各个维度综合对用户的强化行为,如搜索、浏览、推送、收藏、评论等,或者分析用户的减弱行为,如删除、秒退、举报、取消关注,等等。② 经过一系列的统计分析之后进一步优化,通过技术手段制造各种标签,从而提高推送的精准度,实现需求与服务的最优化契合。用户在个性化分发的法则下充分满足自身的兴趣爱好,沉浸于资讯的狂欢之中。

二、满足被算计的人性

20世纪60年代,国外学者对新闻的研究主要从对新闻内容和效果的"前台"研究,转向对新闻编辑室田野考察的"后台"研究,涌现出一批经典著作,如《做新闻》《什么在决定新闻》《生产新闻》等。随着科技的发展,个性化分发技术越来越深入新闻生产与分发的各个环节,对新闻好坏的评价标准也悄然发生着变化。在算法个性化分发机制下,到底什么是好新闻呢?在科技和商业的裹挟之下,平台在点击量、停留时间等商业指标下正在被打造成"流量工厂"。③ 在此背景之下,重新审视新闻分发过程中的把关问题、技术优劣、技术伦理具有重要意义。

---

① 受访者T3,采访时间2018年5月18日。

② 李彩霞,李霞飞.从"用户"到"数字劳工":社交媒体用户的传播政治经济学研究[J].现代传播(中国传媒大学学报),2019,41(2):51-55.

③ 仇筠茜,陈昌凤.黑箱:人工智能技术与新闻生产格局嬗变[J].新闻界,2018(1):28-34.

(一)从人到算法的把关"黑箱"

传播过程中的把关人在某种程度上体现了对传播活动的控制，而这种对内容的把关从最初的人为把关转变为现在的算法把关，具有飞跃性的变化，同时也建构了算法"客观""公正"的替代式把关话语。

1943年，库尔特·卢因在研究战争对人们文化习惯的影响时提出渠道理论，他说在战争期间什么食物能出现在餐桌上是由主妇们决定的，她们就是家里餐桌的把关人。所谓的把关人，就是拥有让某一样东西进来或出去的决定权的个人或团体。[①] 1947年，卢因在《群体生活的渠道》一书中再次论述了群体生活中的把关人问题。1950年，卢因的学生戴维·怀特将此概念正式引入新闻研究领域，明确提出新闻筛选过程的"把关"模式。[②] 其揭示了个人判断对新闻生产的重要影响，首次触及了新闻生产的"黑箱"。1969年，丹尼斯·麦奎尔和斯文·温德尔提出了记者和编辑把关的"双重模式"[③]，在新闻采访阶段是记者把关，在新闻制作阶段则是编辑把关。从整个把关人研究的演变来看，主要经历了职业、组织和体制三个维度上的思考。但是这种把关机制具有高度的经验性和主观性特征，它们的把关标准是建立在把关人自己的实际经验、态度、期望基础上的价值判断。[④] 新闻的分发受限于版面、时长，记者、编辑对新闻价值的判断，具有极大的主观性，甚至经常出现报纸版面上的新闻与读者的认知完全相反的尴尬境地。在传统媒体时代，这种窘境没有得到有效解决，直到算法把关模式的出现。技术的强大功能已经使得传统把关人跌落神坛，记者、编辑在控制信息流动过程中的作用逐渐弱化。

编辑分发模式对新闻价值的判断完全依靠从业人员的实践经验，在选择取舍的过程中，凭借内容由谁生产、生产的标准是什么、内容由谁传播、哪些内容应该传播和如何传播的把关机制，担负起应尽的社会责任。算法分发模式则宣称将新闻观念内嵌于代码的设计和编写之中，通过分类、过滤、搜索、优

---

① 黄旦."把关人"研究及其演变[J].国际新闻界，1996(8)：27-31.

② 郭庆光.传播学教程[M].北京：中国人民大学出版社，2011.

③ 麦奎尔，温德尔.大众传播模式论(第2版)[M].祝建华，译.上海：上海译文出版社，2008.

④ 黄旦."把关人"研究及其演变[J].国际新闻界，1996(8)：27-31.

先、推送、判定等程序自动选择和衡量新闻价值,基于算法的推送往往被认为是客观、中立和值得信赖的。2012 年,“今日头条”成立之后喊出了“你关心的,才是头条”的口号,这种基于算法的个性化推送风靡全国,得到业内和用户的普遍认可。“今日头条”声称其是基于算法的平台推送,是专注分发的互联网科技企业,他们的技术是中立的,没有价值观。也正是在这样的官宣话语之下,算法推送一直被认为是客观、公正的代名词,个性化分发获得了某种合法性。正如布尔迪厄所言,有许多行动者存在于特定的场域中归根结底就是要创造差异和卓尔不群。[①] 由于“今日头条”在数据流量方面的巨大优势,微信的“看一看”、UC 头条、百度新闻等互联网巨头也以算法为核心建构自己的技术架构,腾讯新闻、网易新闻、凤凰新闻等商业网站的新闻客户端纷纷转向个性化分发模式,各大客户端大有“今日头条”化的趋势,算法把关和推送成为新媒体的标配。

把关的主体从主观性的人转变为“相对客观”的机器算法,同时把关的标准也发生了变化。编辑把关的标准是判定事实是否具有及时性、新鲜性、重要性、显著性和贴近性,同时也考虑宣传政策和纪律要求,追求新闻专业主义的标准,为想象出来的“大多数”受众服务。而算法个性化把关对事实的判断标准则是谁在看、喜欢看什么、在什么地方看等因素。通过收集、分析用户的相关数据,算法会为每一个用户建立一个自己独有的“数字档案”[②],根据场景、内容、用户偏好和平台级优先等维度确定算法的价值观念[③],专门为“你”分发定制的新闻。但算法充当把关人的背后“黑箱”仍不为人所知。迈克尔·德维托考察了脸书的算法运行机制,通过对其发布的专利、新闻稿、博客等内容进行分析,概括出算法推送的九大价值要素:朋友关系、用户公开表达的兴趣、用户先前的参与、用户的负面表达、用户含蓄表达的偏好、发布时间、页面关系、平台级优先、内容本身的质量。[④] 基于大数据的“今日头条”确实清晰地呈现出用户的阅读量、点击量、转发量等数据,收集用户的反馈是传统媒体的短板,

① 布尔迪厄,华康德.反思社会学导引[M].李猛,李康,译.北京:商务印书馆,2015.

② 仇筠茜,陈昌凤.黑箱:人工智能技术与新闻生产格局嬗变[J].新闻界,2018(1):28-34.

③ 王茜.打开算法分发的“黑箱”[J].新闻记者.2017(9):7-14.

④ DeVito M A. From editors to algorithms[J]. Digital Journalism, 2017, 5(6): 753-773.

而"今日头条"却做到了根据这些反馈信息为用户更好地发现信息,更好地让信息与人匹配,提高分发的效率和精准度。

但算法分发也存在一些问题,用户的兴趣爱好、政治立场都成为算法推送的依据,用户看到的信息都是他们想看到的,用户可能永远不会读到与他们意见相左的观点,从而形成信息茧房,产生群体极化的后果。本来促进人们沟通交流的媒介,反而进一步拉开了群体与群体之间的界限,这不是整合社会,而是使社会越发地撕裂与离散,每个人都局限在属于自己的偏狭的空间里。在个性化分发的过程中,新闻的重要性让位于用户的兴趣爱好,新闻的公共性让位于新闻的热度,新闻的原创性让位于新闻的渠道,优质新闻让位于劣质新闻,具有公民意义的新闻内容在这一体系中受到冷落,甚至被边缘化。"今日头条"对内容的精准化分发从新闻传播渠道来看具有一定的垄断性,这意味着由传统媒体生产的内容,只有少量在自由的渠道完成了分发。[①] 在算法分发缺乏透明性、分发环节对技术公司的强依赖性、聚合类平台对传统媒体发起挑战的大形势之下,研究者更应该将目光转向"幕后的幕后"[②],进一步探索算法分发的"黑箱"。算法虽然是一种计算机程序,但其背后的运作规则嵌入了很多人为因素,如价值判断标准的选择、数据提取、语用分析、结果解读和建构模型等;也并非像其经营者所宣称的那样,平台没有采编人员,不生产内容,没有什么价值观和立场。[③] 根据欧文·戈夫曼的拟剧理论,人的表演分为前台和后台,人们在社交圈里分发的信息未必是自己内心的真实想法,朋友圈里的角色和平台上的人设或多或少都隐藏着不希望被看到的一面。即使算法根据用户的浏览兴趣进行分发,那也是根据用户的既有浏览历史进行的分发,而用户潜在感兴趣的内容、最真实的想法未必在算法探测的范围之内。算法虽然被披上了科学神话的外衣,但仍然可能存在未被探知的领域和各种算法偏见,甚至错误。因此,应探究用户画像对个人隐私的侵犯、算法的偏见与歧视、人文

---

① 陈昌凤,王宇琦.新闻聚合语境下新闻生产、分发渠道与内容消费的变革[J].中国出版,2017(12):3-7.

② 仇筠茜,陈昌凤.黑箱:人工智能技术与新闻生产格局嬗变[J].新闻界,2018(1):28-34.

③ 苏涛,彭兰."智媒"时代的消融与重塑——2017年新媒体研究综述[J].国际新闻界,2018,40(1):38-58.

价值的缺失等技术伦理问题,以提高算法分发的透明度,使其担负起应该承担的社会责任。从大环境来说,此时此刻更需要重新审视算法替代式把关话语,更应该重视人与机器互相配合的协同式把关模式,以提升信息分发的效率和价值认同。

(二)对“被算计”的人性的满足

人是高级且理智的动物,但人也有属于人性的弱点,如贪婪、懒散、虚荣、偷窥、好色、攀比,等等。算法会为每一个用户建立电子档案,计算出用户最感兴趣的内容,然后不断地为用户匹配相应的内容,让其沉迷在此类资讯中无法自拔。在谈到“今日头条”算法的先进性和对用户的了解时,“今日头条”的一位管理者认为:

> 我们“今日头条”的本质是一个由算法主导的推送引擎,用户越喜欢看什么,“今日头条”就会给予用户越多的推送。当你读完或看完一个内容之后,不需要作出任何选择和回应,推送系统会立刻主动地为你推送一个相似的内容,中间无须选择,没有断档,平滑过渡。用户看得越多,系统就越了解用户的喜好,给其推送得就越“精准”,因为算法尽最大可能满足用户的胃口和兴趣,对用户的黏性也越来越大,用户的留存度更高,这也是用户不知不觉在“今日头条”消耗大量时间的原因所在。百度、谷歌等做的是搜索引擎,而我们“今日头条”做的是更进一步的推送引擎,连用户主动搜索的环节都省略了。[①]

在算法和大数据的媒介场域,用户成为被算计的人——通过用户的数字痕迹追踪场景中的一切人。算法一方面具有控制人的权力,另一方面满足用户的需求。

网络给用户提供了各种各样的便捷,同时也让用户越来越慵懒。以前,用户想看什么信息可以到商业网站浏览或者选择搜索引擎主动检索。而“今日头条”的个性化分发相当于一个推送引擎,不需要用户主动搜索,只需默默记录用户的行为和兴趣特征,然后根据用户的“数字档案”洞悉其喜欢的或可能

① 受访者 T4,采访时间 2018 年 5 月 26 日。

喜欢的内容进行分发。尼尔·波兹曼说:“人类在信息的汪洋大海中日益变得被动和自私……真理被淹没在超载且索然无味的信息中……我们的文化日益成为充满感官刺激、欲望和无规则游戏的庸俗文化。”①

个性化推送能够给用户带来快感。当人被外界刺激而愉悦时,大脑会分泌一种叫作多巴胺的物质,它是一种可以传递脉冲的神经传导物质,可以激发人的情欲、妄想以及各种上瘾行为。如果刺激足够强烈,人的身体就会得到一种如梦似幻的“快感”和“爽”的感官体验。现在的人们摆脱了很多传统观念的束缚,最大化地寻求各种“快感”。因此,人们时刻都在互联网上寻找关于“爽”的各种体验。“今日头条”会根据用户对快感的需要推送一些娱乐、游戏、明星八卦等。甚至有的公司还成立了“多巴胺实验室”,将神经科学理论与人工智能机器学习相结合,通过被算计的多巴胺匹配给用户相关的内容,让其对某款应用欲罢不能。

个性化分发能够满足人类的偷窥欲。偷窥是人的一种本能,以往新闻传播的内容更多聚焦于公共生活与公共领域,而现在却越来越多地把视角聚焦于私人领域,明星、名人的私生活成为人们津津乐道的谈资。西格蒙德·弗洛伊德指出,在公共空间中,人们的窥视欲得到某种压抑,而在私密的网络空间中,用户们摆脱了现实的压力,无拘无束地扮演、转换不同的社会角色和身份,尽情展示在真实世界中无法释放的自我。②

> 手机是一个私密空间,用户可以选择浏览的内容和场合,一些在公共场合不方便或不好意思看的内容,在合适的时机下,在“今日头条”平台很方便就看到了。所以,手机端满足了用户对私密信息的需求,在一定程度上满足了用户的窥视欲,使信息的消费更私密、更个性化,对用户也更具黏性和吸引力。满足用户的一切合理需求,既是对用户的尊重,也是我们这种科技企业的追求。③

---

① 尼尔·波兹曼.娱乐至死[M].章艳,译.桂林:广西师范大学出版社,2011.

② 沈蔚.新媒介技术之伦理张力——以网络传播等为例[J].理论月刊,2010(6):135-138.

③ 受访者 T3,采访时间 2018 年 5 月 18 日。

在巨大的经济利益和偷窥心理的双重驱动下,低俗内容成为平台的流量担当。很多人攻击“今日头条”的“三俗”问题,“今日头条”也因此被国家网信办多次约谈。非媒体人出身的张一鸣确实对技术、市场和用户有着深刻的洞察,但其最致命的弱点就是忽视了个性化分发的价值导向。机器毕竟只是工具,最终决定权还是由人控制的,广大用户成为被平台算计的人,机器在人工的助力下可以屏蔽缺乏正能量、三俗、抄袭以及不符合主流价值观的内容。如果“今日头条”能够深刻认识到国家的强硬监管,并努力改进产品,真正把正能量和符合主流价值观的内容融入产品,它将迸发出更惊人的能量。毕竟,个性化分发是大势所趋、时代所需,国家监管的目的不是杀死“今日头条”而是改造其内容分发的价值标准,尊重内容版权,保护用户数据隐私,加强对内容的把关,避免低俗信息流入市场,污染社会风气,扭曲人的价值观,从而承担起一个传媒企业应该有的责任和担当,使新兴的个性化分发行业健康发展。

(三)对个性化分发技术伦理的再思考

对场域的思考离不开错综复杂的各种关系,算法虽然大大提高了信息分发的效率,但同时也限制了用户的阅读视野,影响了用户在更宏观视野上的内容获取。很少有人能对算法的运行机制和原理进行有效的观察和限制。算法的科学性、进步性与算法分发原理的不透明性和神秘性形成反差,让很多用户从一味地支持逐步转变为质疑。

个性化分发侵犯了传统媒体的内容版权。最先被人们质疑的就是聚合类平台侵犯传统媒体版权的问题,“今日头条”这种拿来主义的做法,使人们重新思考技术与道德乃至法律之间的界限问题。

个性化分发侵犯了用户的隐私。算法在分析用户的各种数据以便更加精准地推送时,有些人开始质疑,用户的信息是不是都被“今日头条”私下窃取了,个人在超级全景监狱面前毫无隐私可言。人们在享受信息便捷的同时不得不暴露自身的信息,个人一旦被建立起数字档案,就会身陷不可逆的、不被遗忘的数据之中。用户只看到算法的便利性,而看不到算法算计的本质,对算法的数据垄断和独裁缺乏警觉,对算法产生的伦理风险浑然不知,甚至完全无意识。因此,要给予用户删除自己个人信息的权利,保护用户的私人信息,拒绝被算法描绘和干扰。

个性化分发客观性外衣下存在非客观性。算法并非一系列孤立的代码,而是传播实践中不可分割的一部分。在一个争夺的场域中,争夺者的目的就是变更或争夺这些场域力量,建立自己的游戏规则,让游戏规则时刻处于一个复杂的行动场域中,场域中的不同行动主体有不同的利益诉求,因此对算法的理解和认识也各不相同。算法的使用者鼓吹算法的科技进步性和分发的客观、高效,但实际上算法背后是由人来编码和驯化的。只要有人操纵,算法就会被注入主观的情感和价值,用户需要警惕算法并非完全客观性的一面。

反思技术中心主义和新闻专业主义之间的矛盾。专业主义话语是批判"今日头条"技术中心主义的主导话语。张一鸣所谓技术至上、无涉价值的理念遭到各方质疑,单一地将算法指令与用户需求相结合,不问条件地满足用户的一切需求,这样的算法被认为"简单粗暴""雕虫小技",一直走在灰色地带。实际上,算法和人性之间并不是非此即彼的零和博弈关系。从新闻专业主义的视角来看,"今日头条"应该处理好技术的先进性和其应该承担的责任之间的矛盾,秉持传统新闻专业主义真实客观、公正独立、服务公众的职业精神。新闻专业主义的新闻生产流程和专业理念不能成为聚合类平台带有行为艺术特征的仪式和策展,而应将其真正地内化于心,成为聚合类平台所有工作人员的新惯习。

在争议个性化分发是与非的话语场域中,行动主体形成了比较有代表性的观点,算法使用者建构的是技术进步的合理性,算法分发高效、精准的话语基调。而官方媒体建构的则是反思算法弊端的批判性话语语境。不要一味沉浸在所谓技术进步的乌托邦的世界里,而要在更广泛的维度上思考技术与媒介、技术与社会的关系。算法毕竟只是工具,只有不断地改进技术,让算法兼具智能与智慧的本领,并与人文价值相结合,才能更好地为人类服务。

三、满足的价值迭代:从工具理性到价值理性

卡尔·雅斯贝斯指出,技术是人的手段,将技术当作人实现目标的工具,

其本身并无善恶,关键在于人将其置于什么样的条件之下。[①] 在商业和流量的裹挟之下,算法真正击中并迎合了用户懒惰、爽、偷窥等人性弱点,人性的"性恶论"在此被放大并换成了流量,变成了金钱。至此,技术之恶与人性之恶一拍即合,野蛮生长。"今日头条"放弃了内容生产,完全依靠聚合"他者"的内容进行分发,编辑的角色被进一步削弱,内容向更宽广的领域拓展,从分发新闻向分发泛内容转变,技术不仅成为媒介场域的技术座架,而且也是整个社会的技术座架。伴随技术和功能的转变,"今日头条"扮演了网络技术服务商的角色,且从表面来看平台把关具有"中立性"。在早期的话语实践中,"今日头条"把自己树立成中立、智能、高效的信息推送者,技术的进步者、勇于开拓的商业创新者,为用户提供完美体验的服务者的形象。作为算法的使用者,"今日头条"构建起让世界更美好的话语语境。实际上,算法的技术进步性、绩效正当性掩饰了"今日头条"作为一个媒体应该具有的价值正当性和理性责任。正如马丁·海德格尔所说的,当我们把技术看作中立的东西时,我们就不得不受技术的摆布。[②]

在安东尼·吉登斯所谓的时空分离中,人沉迷于手机,成为"屏奴"[③]或被其"绑架"[④],人人对话转变为人机对话,道德冷漠、人际疏离,甚至陷入近距离的身体在场却零交流的尴尬现实之中。虽然技术如唐·伊德所言在社会发展中起到基础性作用,是社会的基础要素和发展动力,但海德格尔对技术工具论提出了批判。他指出,技术不仅仅是我们的工具和手段,也是真理的一种解蔽方式,是世界向我们敞开的方式。[⑤] 同时,技术裹挟着一种新的时间秩序并建构了一种新的社会关系。在现代社会,技术是先于人存在的座架,已然成为人本质的一部分。倡导工具理性的算法分发在带来高效率的同时也出现了诸多问题,在利润追求和流量变现的现实面前,这种中立性是一种虚伪的中立性,算法终究是被人控制和利用的。因此,工具理性必须兼顾价值理性。正如马

① 雅斯贝斯.生存哲学[M].王玖兴,译.上海:上海译文出版社,2013.

②⑤ 海德格尔.技术的追问[M].孙周兴,译.北京:生活·读书·新知三联书店,2005.

③ 吴志远,杜骏飞.海德格尔技术哲学对新媒介研究的现实意义[J].当代传播,2016(6):78-80.

④ 吴志远.论网络社会时代的新媒介技术观[J].北京理工大学学报(社会科学版),2017,19(2):157-162.

克斯·韦伯所言，一个人的行为应该服膺其重要的信念，如义务、尊严、美、宗教、训示、孝顺等，并且不计后果地坚信必须这么做就是纯粹的价值合乎理性的行为。[①]

张一鸣总是在强调“今日头条”不是媒体，不输出价值，技术是中立的，并按照一套算法“客观”、高效地进行信息分发。“今日头条”一贯以“中立性”自我标榜，“不生产新闻，只是新闻的搬运工”“你关心的才是头条”“我们不是媒体只是平台服务商”成为他们的外宣话语。[②] 而后出现了一系列问题，如版权、低俗、制假售假、虚假广告等，这些问题再次证明仅仅遵循技术的工具理性，弊端重重。此外，从技术伦理的角度来看，技术本身虽然是中立的，但技术的开发和使用应该遵循包括职业伦理道德在内的伦理规范，并针对技术的潜在危害提供完善的预防措施，承担应有的社会责任。人类最好把价值判断的权力还给自己，不能什么都依赖智能机器，什么都外包给机器。机器上的一些价值判断，如参数的选择和权重的设置，实际上源自人的价值判断。算法是由社会性因素建构的，必然也会产生相应的社会影响。[③] 张一鸣称其60%的员工都是技术人员，虽然他们带着使信息高效分发的良好愿望，但对新闻分发的伦理和新闻价值的把握知之不多，仍需要更多的媒体人凭借专业的经验和原则参与算法的设计之中。[④]

韦伯把人类的行为分为非理性和理性：非理性行为是基于习俗和基本情感的情绪化行为，理性行为包括价值理性和工具理性[⑤]，韦伯是主张工具理性的源头，他以合理性概念作为自身研究的出发点，认为一种特殊理性的稳步增长是现代西方社会发展和进步的根本原因，合理性在他的理论中占据了核心

---

① 韦伯.经济与社会(上卷)[M].林荣远，译.北京：商务印书馆，2006.

② 朱鸿军，周逵.伪中立性：资讯聚合平台把关机制与社会责任的考察[J].南昌大学学报(人文社会科学版)，2017，48(5)：102-107.

③ 张志安，汤敏.论算法推荐对主流意识形态传播的影响[J].社会科学战线，2018(10)：174-182，2.

④ 彭兰.增强与克制：智媒时代的新生产力[J].湖南师范大学社会科学学报，2019，48(4)：132-142.

⑤ 王琨.工具理性和价值理性——理解韦伯的社会学思想[J].甘肃社会科学，2005(1)：120-122.

位置。[①] 所谓的工具理性,是指从效用最大化的角度考虑实现目的所采取的手段的合适性和有效性。[②] 工具理性的核心是目的至上,技术只是达到目的的手段。而价值理性尊崇的是价值观至上,强调行为不计后果地遵从某些价值信念,如义务、尊严、美、宗教、训示等,是无条件的固有价值的纯粹信仰。[③] 工具理性最让人诟病的就是目的至上,技术成为谋取利益的工具,忽视了价值理性中的义务、尊严和规训。在这种工具理性的指引下,新闻的热度、点击量、阅读量、转发量成为衡量一篇文章好坏的标准,内容的商业利益原则已经远远高于信息本身的价值。算法不仅干预分发、推送,甚至还全面延伸到创作、审核、互动等诸多环节。内容写什么、怎么写,用户画像以及如何成为热点,一切都由数据说了算。即使是低俗内容,只要阅读量、点击量足够多,为了获取流量仍然能获得更多的推送。实际上,热度高的内容并不一定就最有价值,算法推送不能简单地根据热度进行推送,而应该更多地参照专业价值的判断。算法对那些优质信息源、重要新闻要增加推送权重,在推送时给予其更高的优先级,对于低俗内容、低级别的账号则减少推送权重。由此可见,技术逐渐成为一种霸权,变成了支配、控制人的力量。随着技术力量的日益强大,工具理性的作用也被无限放大,并且凌驾于价值理性之上。[④] 一味追求工具理性、放大工具理性的价值,被 20 世纪 40 年代后形成的法兰克福学派所批判。[⑤] 在资本主义国家,传媒产业秉持新闻专业主义的职业信念,以商业利益为目标,追求新闻自由。而在我国,传媒发挥着党和人民的喉舌功能,遵循社会效益高于经济效益的价值理性原则。正如韦伯所言,从目的的合乎理性推导出价值一定合乎理性是一种非理性的行为,而且越是把信奉的价值上升为绝对的价值,

---

① 约翰逊.社会学理论[M].南开大学社会学系,译.北京:国际文化出版公司,1988.

② 郝雨,李林霞.算法推送:信息私人定制的“个性化”圈套[J].新闻记者,2017(2):35-39.

③ 周宪.技术导向型社会的批判理性建构[J].南海学刊,2016,2(3):1-8.

④ 陈昌凤,石泽.技术与价值的理性交往:人工智能时代信息传播——算法推荐中工具理性与价值理性的思考[J].新闻战线.2017(17):71-74.

⑤ 仰海峰.法兰克福学派工具理性批判的三大主题[J].南京大学学报(哲学.人文科学.社会科学版),2009,46(4):26-34,142.

就越是非理性的。[①] 明智的做法是将经济效益和社会效益相融合、平衡,以价值理性弥补工具理性的不足。只有充分认识到工具理性的负面效果,我们才能对技术祛魅,加强对价值理性的认识,把人工把关、舆论导向作为前提,重新审视价值引导和社会责任的重要性。平台在尊重个人化信息需求的同时,更应该重视传播公共信息、公共价值,履行公共责任,加强整个社会的沟通与整合。"今日头条"作为一个有着7亿多用户的大企业,在分发的过程中出现一个小错误都可能产生极大的影响。因此,平台应该加强管理,加大内容审核的力度以确保内容分发的安全性,承担起一个大企业应该有的社会责任。考虑到算法工具理性的先天不足,算法的话语场域应重新回归价值理性。

为了克服工具理性的不足,"今日头条"采用人工与智能算法相结合的模式推送新闻,不仅取消了原来的"社会新闻"频道,还直接加强时政新闻的出口和展示空间,在"热点"频道和"推荐"频道则将每日重要的时政新闻置顶,在算法模型中加大推送重大时政新闻的比重。此外,"今日头条"还建立了识别谣言和假新闻的数据库智能系统。如果以前的谣言再次出现,系统就会自动屏蔽,并对之前阅读过该谣言的人推送辟谣信息。系统可自动识别超过95%的低俗内容,所谓的"标题党"文章经过召回后将被彻底删除。

由于算法分发还处于起步阶段,自身还有很多的缺陷和不足,其本身也有很多提高和进步的空间。在分发的过程中,单一依靠智能个性化分发仍存在很多弊端,应该遵循"智能+智慧"的分发思路。智能让内容和用户实现精准匹配,过滤多余信息,体现的是工具理性。而智慧则让算法在分发的过程中遵循一个国家、一个社会所应坚守的价值观。平台只有在正确的价值观的指引下,在国家确认其合法性的政治基础上,其技术的工具理性才不会偏离航向,才能更好地为用户服务,造福社会,实现社会效益和经济效益的双赢。[②]

单独根据用户的兴趣决定信息的分发,不仅在很大程度上消解了传统主流媒体"把关人"和议程设置的功能,还将导致相当一部分用户被困于信息茧

---

① 陈昌凤,石泽.技术与价值的理性交往:人工智能时代信息传播——算法推荐中工具理性与价值理性的思考[J].新闻战线.2017(17):71-74.

② 受访者F3,采访时间2018年6月17日。

房和不良信息之中,弱化了其接收社会完整信息的能力。理想的状态应该是人机互补、人机交互,在动态的完善过程中实现工具理性和价值理性的交融,让聚合类平台的个性化分发在价值理性的指引下发挥更大的作用。

第三节 分发控制:技术场域和经济场域的合谋

布尔迪厄指出,话语对我们的统治和压榨绝对是深层次的,它比经济的、政治的、社会的禁锢还要厉害。[①] 符号的政治功能就是要实现重建或再生产社会结构。从一种变动的视角来看,社会由各种相互竞争的"场域"构成,而个人的心智结构则呈现为更有形成性的"惯习"。符号的政治社会功能是在场域与惯习相互塑造的过程中得以实现的。[②] 在实施的过程中,由暴力对象以他者的自我异化的方式来进行,被统治者协助统治者统治自己,被剥夺者协助剥夺者剥夺自己,被阉割者协助阉割者阉割自己,很好地隐藏了统治本身的暴力性质。符号暴力,是指在一个社会行动者本身合谋的基础上,施加在他身上的暴力[③],意在强调被施用者的不知情,因此也被布尔迪厄称为"温和的暴力"。[④] 它并非真实的暴力,而是看不见、摸不着,并且行动者并不认为那是一种暴力,反而认可这种暴力,其实际上是行动者通过符号权力对意义进行的建构。

"今日头条"凭借强大的技术,为用户推送他们喜欢的内容,甚至格调不太高的低俗内容。平台之所以这样做是为了吸引用户,为平台吸引流量,然后再将流量变现。"今日头条"打着科技理性的幌子,在看似客观性的外衣下对用户实施着"温和的暴力",甚至很多用户从来不曾怀疑算法的科学性与技术伦理问题,将平台行动者施加在他们身上的暴力当作理所当然,符号的权力依赖于误识,并在误识中认可了这种暴力。[⑤] 用户之所以认可"今日头条"的算法

---

①③ 布尔迪厄,华康德.反思社会学导引[M].李猛,李康,译.上海:商务印书馆,2015.

② 毕芙蓉.文化资本与符号暴力——论布迪厄的知识社会学[J].理论探讨,2015(1):53-56.

④ 斯沃茨.文化与权力:布尔迪厄的社会学[M].陶东风,译.上海:上海译文出版社,2006.

⑤ 杨丽萍.谈话节目场域中的符号暴力[J].电视研究,2010(1):64-66.

推送,是缘于他们对算法认知的一种误识,因而在不知不觉中赞同了“统治者”的统治逻辑,并构成了统治基础的重要一环。

一、分发的技术权力是控制内容流向的基石

安德鲁·芬伯格将技术理论分为工具论和实体论:工具论认为,技术是服务于使用者目的的工具;实体论则认为,技术构成了一种新的文化体系,它将整个世界重新构造成一种控制的对象,因此技术成了海德格尔所说的天命。[①]技术作为一种生产方式,同时也是组织和维持社会关系的一种方式,体现了主导性的思考和行为模式,是控制和支配的工具。赫伯特·马尔库塞在批判韦伯时指出,技术始终是历史和社会的一种设计,是对自然和人的一种统治,是一种方法的、科学的、筹划好的和正在筹划着的统治。一个社会和这个社会占统治地位的阶级想做的事都会通过技术加以设计,统治者的既定目的和利益早已预设在技术设备的结构之中。[②]

传媒的每一次进步,背后都是技术推动的结果,技术对社会和人都产生了巨大影响。正如约翰·杜威所言,大众传媒的出现使得本来就存在的人类信息传播行为成为社会生活的中心地位得以确立,传播的重要性得到空前的提高与认同,技术通过赋权改变了社会生活和进程。约翰·古腾堡使我们都成为读者,广播电视的出现使我们成为现场的观察者,网络的出现让普通民众拥有了发声的渠道和权力,人人都成为记者、广播人、专栏作家、评论员和批评家……在网络中,每个人都摇身一变,既是受众也是传播者,人和人之间可以自由、平等地交往,实现了所有人对所有人的传播。随着移动互联网时代的到来,特别是进入媒体平台化阶段之后,“今日头条”凭借大数据和算法技术使得内容生产和分发相分离,并且聚集了 7 亿多用户,产生了巨大的经济效益。“今日头条”对用户的最大改变就是每个用户都可以成为内容的生产者,获得展示的平台,优质内容还可以得到平台的奖励,刺激更多的自媒体和机构入驻头条号,持续地生产更多优质的内容。通过个性化分发技术将信息、人与环境

---

① 芬伯格.技术批判理论[M].韩连庆,曹观法,译.北京:北京大学出版社,2005.

② 哈贝马斯.作为“意识形态”的技术与科学[M].李黎,郭官义,译.上海:学林出版社,1999.

三因素相耦合,"今日头条"用技术的手段解决了信息超载时代的现实难题。在个性化分发的过程中,看似只有算法这个"客观中立"的中介,但在算法背后还隐藏着记者和算法程序员对客观现实的选择和思考,算法以科学的名义,成为新的被视为权威的外显中介。① 实际上,算法也有价值观,只不过这种价值观隐藏在程序员编写的在后台运行的代码之中。算法一方面操纵着机器的运行,另一方面又连接着用户,于是逐渐具有了隐性的权力。②

在这个世界上,技术也给人的不自由提供可能和合理性,技术可以阻止一个人成为自主的人,剥夺其决定自己生活的权利,让人不知不觉地屈服于目前所拥有的舒适生活,屈服于不断提高劳动生产力的技术。③ 权力技术发展到新阶段,权力在社会中似乎隐身了,却又无处不在。在互联网时代,网络技术进一步拓展了米歇尔·福柯提出的全景敞视监狱理论。根据中国互联网络信息中心的报告,在手机推送时才关注新闻的网民占比为26.7%。④ "今日头条"有2.4亿多日活用户,这意味着大约有3000万用户依靠手机推送进行信息消费。在此,手机充当了用户"界面"代理人的角色,行使信息筛选的权力。推送行为影响了用户的信息阅读,然而大多数用户并不了解个性化算法的运作机制。用户对算法积累大量用户数据也毫不知情,而把这种推送认为是科学的、客观的、精准的代名词,身陷算法符号的暴力之中而不自知。在大数据时代,庞大的数据会给算法带来巨大的权力。⑤ 下面以审核为例,便可窥知一二。

> 在"今日头条"的审核中,机器初审时会将敏感内容删除,还会对假新闻、标题党、抄袭的稿子进行打压或降维,减少此类稿件的数量甚至将此类稿件排除在被推送的范围之内。在二审的时候还要召回高热度的内

---

① 张超,钟新.从比特到人工智能:数字新闻生产的算法转向[J].编辑之友,2017(11):61-66.

② Beer D. The social power of algorithms[J]. Information, Communication & Society, 2017, 20 (1):1-13.

③ 哈贝马斯.作为"意识形态"的技术与科学[M].李黎,郭官义,译.上海:学林出版社,1999.

④ 中国互联网信息中心.2016年中国互联网新闻市场研究报告[R/OL].[2017-02-23]. http://mt.sohu.com/20171028/n520427702.shtml/.

⑤ 王茜.打开算法分发的"黑箱"——基于今日头条新闻推送的量化研究[J].新闻记者,2017(9):7-14.

容,查看其是否有低俗的内容以确保内容安全。对点击量、转发量高的优质内容,以及意见领袖、优质内容创作者创作的优质内容等给予加权推送,对于一些重要的时政新闻平台也会给予一定的加权。[①]

什么样的内容能通过审核,什么样的内容被屏蔽,算法行使着把关人的职责。斯科特·拉什指出,“在一个媒体和代码无处不在的社会,权力越来越存在于算法之中”[②]。

算法是一种权力,控制着分发的维度,什么内容可看,给什么样的人看,什么内容应该优先推送,什么样的内容不予推送等一系列标准,都是算法基于大数据的判断,算法推送依据的内容维度、用户维度、环境维度、协同特征、平台级优先等五大维度都是算法施展权力的体现。人和内容都必须迎合算法的标准才有可能获得更多的推送、流量和平台的补贴,算法成为实施权力的主体,生产者必须围绕算法的维度来行事。托马斯·克伦普在《数字人类学》一书中指出,人类建构的数字世界就是人类现实世界的一种镜像映射,人类社会充满着世俗社会的民族、宗教歧视,商业社会的金钱歧视,政治社会的权力歧视等。人浸润在技术环境之中,由人主导的算法设计不可避免地会受到价值干涉。看似客观、公平的算法也会极为隐蔽地潜藏着各种“歧视”。[③]

2016 年,“今日头条”推出媒体实验室为媒体内容生产提供数据支撑,创作者可以对自己感兴趣的内容进行搜索,也可以查看页面上设置的热点追踪、精选专题、数据报告、事件监控和媒体榜单等内容。因为用户有追热点的习惯,点击热点追踪就能看到热点事件的热度值,点击精选专题就可以浏览近期大家关注的热点,这里不仅有热点的近期走势,关于热点的高频词汇,还有阅读量前五名的文章展示,等等。因此,只要媒体或自媒体作者生产的内容能紧跟热点,就会获得更多的阅读量和点击量,从而大大提高创作者在不同垂直领域发挥自身创造力的能力,并使其价值最大化。这是技术权力在内容创作上

---

① 受访者 T9,采访时间 2018 年 6 月 20 日。

② Lash S. Power after hegemony: Cultural studies in mutation? [J]. Theory, Culture & Society, 2007, 24(3): 55-78.

③ 克伦著. 数字人类学[M]. 郑元者,译. 北京:中央编译出版社,2007.

的一种控制。一位业内的专业技术人士谈到"今日头条"的"三俗"问题时指出：

> 很多人反映平台经常会给用户推送低俗内容，满足用户的本能感官刺激。一般来讲，算法会根据你浏览的历史痕迹进行推送，好像是因为你点击了这方面的内容，算法才会给你推送，实则不然。平台可以通过模型训练尽量多推一些低俗内容给用户，并加大推送比例。推送模型训练好以后再把它推而广之，用户就能相对多地看到这方面的内容。由此可见，模型的参数设计和训练标准决定了算法最终会推送什么样的内容，过滤什么样的内容。①

辽宁的王先生在使用"今日头条"时感受到了一种控制和恐惧：

> 我收到了"今日头条"给我推送的12位熟人，有的甚至是多年没有联系的朋友，有的是并没有留手机号的微信好友。实际上，我并没有向"今日头条"开放访问"手机通讯录"的权限，在微信"隐私"的设置中，也没有开通"向我推荐通讯录朋友"的功能。我想这一定是"今日头条"通过技术窥探了我的隐私，造成信息泄露，甚至是其他安全隐患。在发现该情况后，我立即退出了"今日头条"。作为一家企业，应该无限地追求技术的进步，满足用户的合理需求，但不能践踏道德底线，无视技术伦理，为推送而偷窥用户的隐私，僭越自己的权力。如此就不是服务，而是犯罪了。②

用户于先生也反映，"今日头条"欲通过技术干预和控制自己的消费：

> 我隐约地觉得"今日头条"存在收集用户数据的行为，我每次打电话或微信聊过什么事情后，或者在网上浏览过什么商品，过一会"今日头条"就会给我推送相关的内容或商品。如果"今日头条"没有侵犯用户的隐私，怎么会出现一个人刚在淘宝和京东搜索完商品，"今日头条"很快就会给用户推送同类产品呢？这种推送技术真的让人不寒而栗，感觉自己完

---

① 受访者F2，采访时间2018年8月13日。

② 受访者D2，采访时间2018年10月21日。

全没有隐私可言,“今日头条”是不是存在监听行为?[①]

当“千人千面”的大数据精准营销神通到“匪夷所思”的程度,这种“心有灵犀”难免令人胆战心惊,个人隐私与所谓的数据挖掘之间的边界到底在哪里?2018年初,工信部约谈“今日头条”、百度、支付宝,这三家企业存在用户个人信息收集使用规则、使用目的告知不充分的情况,侵犯了用户的隐私权,要求立即整改。诸多现实困境告诫我们应该重新审视技术伦理,不能让技术恶的一面放任自流、为非作歹。

许多理论家把社会比喻成游戏,而不是将它比作机器。游戏在没有设定任何步骤的情况下就定义了游戏者的活动范围。这一隐喻可以有效地用于技术,这样就可以像游戏一样建立一个被允许的和被禁止的“步骤”框架。根据这些框架将技术代码重新编织成技术游戏的最一般规则,然而这种规则使游戏偏向了占主导的参与者。[②] “今日头条”凭借大数据支撑下的算法技术在各种传媒角逐的媒介场域中占据了领先地位,成为聚合类个性化分发的第一平台,但算法背后的“黑箱”仍无法被彻底揭开。张一鸣提出“去主编论”“唯算法论”,目的都是规避其应承担的媒介伦理风险。算法的偏见源于算法设计者、输入的数据和算法的局限。算法是人工物,是在一定价值观和权力支撑下编写的,其背后不为人知的权力和标准仍有待继续探索。人类本身就存在偏见,大数据、算法是与人类社会同构的产物,也必然包含着根深蒂固的偏见,只不过这种偏见是算法技术归纳出来的结果。而且,这种由于人为设计而存在的偏见很可能随着数据的积累和算法的运转产生放大效应。现在,很多人还没有意识到我们将面临被幸福地操纵的风险,也有人虽然意识到这种风险却无法自拔,这也许就是算法披着客观、公正等外衣之下的一个“圈套”。技术成为现代国家治理逻辑的一个重要组成部分,背后体现的不仅是权力和资本的合谋,而且技术本身就构成一种结构性的权力。[③] 在科学外衣的遮蔽之下,对技术的盲目崇拜可能会导致更大的偏见。

---

① 受访者D6,采访时间2018年9月29日。

② 芬伯格.技术批判理论[M].韩连庆,曹观法,译.北京:北京大学出版社,2005.

③ 胡翼青.论传播政治经济学的洞见与局限[J].新闻界,2017(1):44-51.

二、超级全景监狱对用户数据的幕后监控

福柯提出，20 世纪标志着空间时代的到来。[①] 他认为，权力的运作是在一个空间的容器中进行的，空间是权力发生作用的场所。当下的社会不是一个公开透明的社会，而是一个时时处于“权力的眼睛”注视下的被监视的社会。福柯非常重视监视与控制的空间场所的变化，并从技术的角度探究控制的问题。因此，要分析权力如何成为社会批评和斗争的工具，就必须从探讨权力关系发挥作用的场所、方式和技术出发。[②] 但福柯的监视控制理论形成于 20 世纪六七十年代，在当下移动互联网时代的新形势下，监视和控制的方式和机制已经不可同日而语了，需要对福柯的规训理论作进一步的发展和再审视。

（一）显性的强控制：从断头台、精神病院到临床医学

在权力控制的早期，权力在特定的时间和空间里是以一种暴力的形式出场的，并以显性的方式发挥着强制力。在古代君权社会，示众被认为是一种刑罚，对百姓起到一种震慑作用。断头台是这种示众最暴力、最典型的体现。统治者通过这种“前台”的展演，重现权力失而复得的仪式，在壮观的情境中体现君权无坚不摧、至高无上的力量。

疯狂被认为是人类理性的反面，在中世纪属于一种正常现象。甚至由于疯子能说出常人无法说出的真理而被认为是敬仰的对象，后来在笛卡尔理性目光的注视下，成为纯粹地被观看的对象。17 世纪的欧洲，德国的疯子被关在铁栅栏里供人观赏；英国会在特定的时间里向人们展示疯子，并收取一定的费用；甚至在法国巴黎，作为一种消遣每周都会有人去观看疯子。疯狂不再仅仅是隐藏在自己身心深处的怪物，而是一个人性消亡且机制怪异的动物，成为被其他人观看的动物。[③] 权力的实施就是把疯子关在封闭的空间里进行展示，凸显权力。后来，精神病院出现，病人相对来说自由些，但仍是被监视的对象，医生就是绝对的权威和权力的执行者，病人只能无条件服从医生的安排。

---

① 福柯. 规训与惩罚[M]. 刘北成，等译. 北京：生活·读书·新知三联书店，2020.

② 谢立中. 现代性、后现代性社会理论：诠释与评论[M]. 北京：北京大学出版社，2004.

③ 福柯. 古典时代疯狂史[M]. 林志明，译. 北京：生活·读书·新知三联书店，2005.

精神病院仍然是一个封闭的空间,仍然难逃被医生监视的目光,这种目光甚至是一种比枷锁更加暴力的惩罚。福柯在《临床医学的诞生》一书中指出,古典医学实际上是分类医学,医院并不是救治病人最理想的场所,家庭才是。[①] 因此,不需要隔离,也不需要仪器的监控。而现代医学是临床医学,疾病成了可见之物,中医甚至还采用望、闻、问、切的观诊疗法。医生在问诊的过程中,不仅要患者脱掉衣服看患者的外表,还要把患者的身体打开查看里面的情况,个人在医生面前毫无隐私可言,甚至在众目睽睽之下被当作教学研究的对象。

无论断头台、疯人院还是临床医学都体现了对人的一种监视和控制,是一种外在的、显性的强权控制,不过这种凝视的暴力倾向逐渐减弱,从尽人皆知的大范围展演转变为局促空间的凝视,从暴力血腥走向温和。

(二)控制的自我想象:全景监狱

在君权社会,控制的手段比较血腥和暴力,断头台是展示君权的最极致的表达。而在现代社会,特别是资本主义社会,这种控制不再那么公开,而是逐步走向隐蔽。以圆形监狱为代表的全景敞视监狱就是现代社会中权力控制的典型代表。

这种监狱是根据杰里米·边沁的理念而设计的:监狱的中心有一个高高的塔楼,周围有一圈的建筑,这些建筑被分割成独立的、封闭的空间,房间有两扇窗子,一扇窗子用于采光,另一扇窗子朝向塔楼中心的高塔。权力实施者站在塔楼上可以监视牢房里的每一个囚犯。边沁说:“最好的权力形式应该是可见的,但又是被管理者所无法确知的。”[②]在全景监狱中,所谓“可见的”就是立于建筑中心的高塔,似乎有人总是在监视囚犯。所谓的“无法确知”,是指虽然能看见权力的象征物高塔,但不确定监视者在不在,什么时候看,此时此刻是否在监视。在以前的控制中,这种看与被看是面对面的、直接的凝视,而在全景监狱里犯人只能想象着被看,权力实施者能看到一切,却不能被看到。由于心里总感觉有人在监视自己,不需要高塔上那个人的监视,每个被囚禁者就会

---

① 福柯.临庄医学的诞生[M].刘北成,译.南京:译林出版社,2011.

② 福柯.规训与惩罚[M].刘北成,等译.北京:生活·读书·新知三联书店,2020.

内化为一种自我监视。[①] 权力的实施依靠的是观察而不是惩罚[②],权力是以一种隐藏着的、无声无息的力量在发挥着巨大的作用。

如果说断头台、疯人院、临床医学都是在一种强制的、强权的驱使下实施的控制,那么全景监狱则是靠被监视者的想象内化为自我监视,权力以一种更温和的方式,若即若离地既存在又无法确定地发挥着控制的职能,外在的权力被内化。这种规范依靠的不是封建君权社会至高无上、强制执行力的强权力,而是一种虽然毫无个性却又无处不在的权威所实施的管理和监控。[③] 新媒介使政府和公司以一种空前的规模来监控大众的行为成为可能。所谓对恐怖主义的战争加速了这类监管的扩散,曾经被看作不可接受的对个人隐私的侵犯行为现在也合法化了。[④] 如果说以前的这些控制手段是在比较现实的、固定的、相对封闭的场所内进行的,那么到了互联网时代,特别是移动互联网时代,这种监视和控制就变得更加虚无、隐蔽且无处不在,甚至渗透了整个社会的神经末梢。

(三)隐性控制:温和的超级全景监狱

"超级全景监狱"是波斯特率先提出的概念,其是一种在电脑数据库信息方式下的权力技术统治模式。数据库虽然是一种话语书写工具,但本身具有建构性,随着数据的不断累积,数据库使用者或所有者的权力也会大大增强。[⑤] 超级全景监狱不是对全景监狱的延伸,而是一种"断裂",代表着一种新的监视和规训,这种监视更加隐蔽,是一套没有围墙、窗子、塔楼和狱卒的监督系统。[⑥] 由于技术的介入,这种监视正在从后台的监视转变为一种摆置,甚至一种控制。相比于全景监狱的控制,超级全景监狱的控制更具隐蔽性,是一种"幕后的幕后"的控制。

如今,虽然整个社会从互联网时代进入移动互联网时代,但监控的形式和本质依然是以电脑数据库为核心的。全景监狱是在隔离、封闭的空间里进行

---

①② 福柯.权力的眼睛:福柯访谈录[M].严峰,译.上海:上海人民出版社,1997.

③ 波斯特.第二媒介时代[M].范静哗,译.南京:南京大学出版社,2000.

④ 莫斯可.传播政治经济学[M].胡春阳,等译.上海:上海译文出版社,2013.

⑤ 波斯特.第二媒介时代[M].范静哗,译.南京:南京大学出版社,2000.

⑥ 波斯特.信息方式[M].范静哗,译.北京:商务印书馆,2000.

的,强制囚犯做出特定的姿势,服从特定的习惯,福柯将其称为"马戏团的驯兽"。[①] 在移动互联网时代,"今日头条"对用户的控制是在一种流动的空间中进行的,数据库代表的权力也是一种流动的权力。平台无须把"数字囚犯"关押在任何实体建筑物中,他们只要按照自己的喜好正常地生活就可以。[②] 齐格蒙・鲍曼曾说,衡量现代权力的重要标准要看权力能否在广袤的空间中任意流动,这不仅决定了权力的性质和力量,而且决定了社会的发达程度和类型。[③] 电脑能从更多维度、场景中对主体产生影响,虽然个体似乎确实在场,就在电脑里的什么地方,但被影响的个体却毫无知觉,甚至完全不知情。[④] 超级全景监狱里的监视是随时随地、无时无刻的,并且是在你没有察觉的状态下进行的,既不会侵扰到人们的日常生活,也不需要任何狱卒眼睛的监视,是一种更加隐蔽化的方式。[⑤] 维克托・迈尔・舍恩伯格在《删除:大数据时代的取舍之道》一书中指出,当今社会遗忘变成例外,记忆成为常态,人类置身于数字化的圆形监狱。[⑥] 因为数据被永久地保留,这种数字化的监视成为永恒。权力的控制越来越隐性,越来越非强制性、自动化和智能化,彻底地主体客体化了。如果说在全景监狱里,被监视者是在被动或不情愿的情况下进行的规训,那么在超级全景监狱里人们实际上是心甘情愿地接受监视和规训的。在互联网的穹顶之下,全民自觉或不自觉地参与了自我建构,把网络使用者一步步构建成超级全景监狱中被监视的"客体"。[⑦] 在现阶段,人在机器设备面前也许比以往任何时候都更加软弱无力,在监控资本和数字霸权的合力下成为被平台剥削的数字"农奴"。[⑧] 作为一种工具的技术具有两面性,它既可以起到增强人类力量的作用,也可以将人性的弱点暴露无遗。[⑨] 如果说全景监狱把社

---

① 福柯. 规训与惩罚[M]. 刘北成,等译. 北京:生活・读书・新知三联书店,2020.

②④ 波斯特. 第二媒介时代[M]. 范静哗,译. 南京:南京大学出版社,2000.

③ 刘拥华. 空间、权力与寻找政治——以鲍曼为中心的考察[J]. 人文杂志,2014(7):92-101.

⑤ 梁旭艳. 空间视角下的场景传播研究——以社会化媒体为切入点[M]. 北京:中国社会科学出版社,2019.

⑥ 舍恩伯格. 删除:大数据的取舍之道[M]. 袁杰,译. 杭州:浙江人民出版社,2013.

⑦ 波斯特. 信息方式[M]. 范静哗,译. 北京:商务印书馆,2000.

⑧ 默多克,姚建华,徐偲骕. 批判政治经济学与传播资本主义:传统、挑战和抗争[J]. 新闻记者,2019(6):4-15.

⑨ 哈贝马斯. 作为"意识形态"的技术与科学[M]. 李黎,郭官义,译. 上海:学林出版社,1999.

会变成了一个个"监狱群岛"的话,那么超级全景监狱就相当于把整个社会变成了一个庞大的监狱[①],权力毛细血管式的延伸触及社会的整个空间。我们的社会不再是奇观的世界,而是一个充满监视的世界,在整个监视的全景机器中,我们自作自受,并成为机制的一部分。从理论上讲,互联网空间具有成为乔治·奥威尔笔下"老大哥"的电子版本的可能性。在网上,用户的所有痕迹都可以被收集、分析和监控。国家和商业组织对个人的监视和控制大大增加,这也是一种新的信息统治形式。

> "今日头条"的算法是以大数据技术作为支撑的,要想推送得准确、高效,就必须收集到足够多的用户信息,而且收集得越多、积累的时间越长,推送的效果越好。算法并不是什么特别先进的技术,"今日头条"之所以能做到聚合类平台个性化分发里的第一名,恰恰就在于我们起步比较早,并收集到了足够多的用户数据,庞大的数据是我们"今日头条"在市场竞争中极为重要的资本。[②]

"今日头条"之所以为用户推送喜欢的信息,主要是为了增强对用户的黏性,增加用户留存的时间。用户在注册"今日头条"的账号时会被要求填写个人信息或者"今日头条"直接从用户的微博、微信等社交媒体中获取,"今日头条"还和京东联手打造电子商务"京条计划",打通京东和"今日头条"的数据资源,把信息和商品一同纳入精准推送的范围。此外,"今日头条"还通过数据驱动打磨产品设计,A/B test 就是典型的数据思维。"今日头条"当初取名字时也是采用 A/B test 的方式,通过用户投票最终确定采用的名字。包括现在拆分出去的问答为什么叫"悟空问答",汽车栏目为什么叫"懂车帝",都是基于 A/B test 的结果,因为选择这些名字的用户更多。"今日头条"的系统能够做到每天有上百个 A/B test 同时在线运转,而这些对内容、产品标题、名称的确定都是在用户并不知情的情况下由用户自己选择得出的结果。

---

① 张金鹏.超级全景监狱:信息方式下的权力技术——波斯特论信息方式下的统治模式[J].南京社会科学,2007(8):40-45.

② 受访者 T4,采访时间 2018 年 5 月 18 日。

大众传媒的话语中心是主流话语、精英话语。而自媒体主要是使个人获得展示自我、记录自我的机会。“今日头条”和其他新媒体最具颠覆性的地方就在于技术赋权，让每一个人在地球上都以数字形态留下故事，并通过用户在“今日头条”里不停地转发、评论、收藏、点击、滑动等行为，建立属于自己的“电子档案”，为平台的精准推送作出贡献。在深度访谈中，两位访谈者对这一现象分别说：

> 我喜欢吃麦当劳，所以在我的信息流广告里，经常会出现麦当劳、肯德基的广告推送，我的广告跟别人的不一样，它是针对我个人的喜好而推送的商品信息。①

> 我喜欢养花，经常在“今日头条”里看如何养花的信息。所以，“今日头条”给我推送了很多养花的资讯。不仅如此，在相关养花的推送视频里还有购买种子、花盆和花肥的链接，如果你喜欢的话可以直接点击购买，服务更精准和更全面。②

由于数据库的实时监控，公共和个人之间的界限消失了，原本个人空间的私密性、不可见性，对国家和公共机构的不透明性被消解了③，个人时刻处于被监控之中，隐私无处藏身且不被察觉。

总之，在研究算法的技术神话的过程中也应该深刻反思人们对其过度的技术崇拜和相关的技术伦理，例如文森特·莫斯可所说的“数字化崇拜”。④实际上，算法的深层之处也隐藏着偏见和技术之恶，如何判断和纠正算法的偏见，同样是智能化时代面临的一个新考验。⑤ 因此，除了要从实用的角度研究算法的社会价值之外，还应该研究其技术逻辑和技术伦理，思考这种技术给人和社会带来的潜在威胁——算法能不能成为“老大哥”式的监控工具？在研究

① 受访者 T11，采访时间 2018 年 9 月 20 日。

② 受访者 T12，采访时间 2018 年 9 月 20 日。

③ 波斯特. 第二媒介时代[M]. 范静哗，译. 南京：南京大学出版社，2000.

④ 莫斯可. 数字化崇拜：迷思、权力与赛博空间[M]. 黄典林，译. 北京：北京大学出版社，2010.

⑤ 彭兰. 更好的新闻业，还是更坏的新闻业？——人工智能时代传媒业的新挑战[J]. 中国出版，2017(24)：3-8.

的过程中,应该秉持批判主义的精神,反思以算法为代表的新兴媒介技术是成为新的政治和商业的统治工具,还是为个体和社会谋取最大的福利?

三、技术控制的商业逐利性

"今日头条"是一家互联网科技企业,但在内容分发上具有媒体的性质,发挥着媒体的作用,因此也被称为一家媒体企业。作为有着媒体属性的企业,其传播的内容更应该注重社会效益,应该在社会责任理论的框架下承担相应的责任。实质上,"今日头条"是以追求利润的商业化作为第一要务的。抖音作为一款音乐类短视频平台,为了吸引、控制用户,增强用户黏性和活跃度,运用了强运营、重运营的经营策略。

> 抖音是一款重运营的产品。在抖音上线之前,我们公司就去全国各类艺术院校,选拔符合平台调性的、能歌善舞的时尚达人、才艺达人,引入种子用户,借助他们带动更多的年轻人入场。上线初期,我们不仅签下了大批当红明星,还让明星参与短视频制作,常常更新内容,聚拢人气。此外,平台还会设计一些挑战赛,调动用户参与,实现平台与用户、用户与用户之间的互动,同时给用户提供很多滤镜和贴纸,以及更多的创作素材和技术支持。但大多数时候挑战赛是网友自己发起的,如手指舞、搓澡舞、对口型等,进一步加强了用户互动和用户黏性。①

用户在看似时尚、独立、个性的场景里,心甘情愿地为平台贡献着流量和智慧,且毫无察觉地被平台剥削和控制。正如丹·席勒在《数字资本主义》中指出的那样,在扩张性的市场环境里,互联网正在加速整个社会向数字资本主义转型。算法背后的云技术和大数据正是驱动信息资本主义的引擎。② 虽然福柯的全景监狱和波斯特的超级全景监狱都在讲控制的问题,但前者监视的主体是权力的拥有者——政府,后者监视的主体则是商业化的公司。前者控

① 受访者 T6,采访时间 2018 年 9 月 27 日。

② 姚建华,郑春风.云技术神话:现实起源、人类生存状况与不确定性的未来——评《云端:动荡世界中的大数据》一书[J].新闻界,2017(12):91-95,104.

制的手段是眼睛的凝视,后者控制的手段是大数据。前者体现的控制是为了政治权力,为了维护权力的尊严和力量,为了社会的有序运转;后者特别是基于大数据的"今日头条"对用户所实施的控制则是为了商业目的——盈利。在这一过程中,对被受众欢迎的程度、受众行为偏好信息的强调加速了受众的商品化进程。[①] 商业和技术的合谋加强了,技术成为平台监控用户的强有力支撑。

福柯认为,空间是和权力结合在一起的,空间上的政治性本质上可以理解为空间的权力性,空间里是充满政治性的,是完全充斥着意识形态的。[②] 因此,无论断头台、疯人院还是医院和全景监狱都是权力在具体而封闭的空间里的展现,都是为了加强对人和社会的统治,巩固国家的长治久安和维护权力的合法性。由此可见,几乎所有的空间实践都是一定程度、一定意义上的具有政治属性的活动。[③] 我们的社会不是一个完全公开的社会,而是一个被监视的社会,一刻也无法逃离权力的干预,这是作为机制一部分的我们自己造成的。[④]

移动互联网时代的"今日头条"可以随时随地切换空间,而且这种空间逐渐从现实的空间走向虚拟的空间,信息技术形成的社会空间被称为"非场所"。[⑤] 电子界面的一头是牛顿所界定的现实物理空间,另一头则是虚拟的赛博空间。技术的进步让人类拥有了随时抽离又随时具身于两个世界的能力。[⑥] "今日头条"为用户提供了近60个频道供选择,用户凭兴趣可以在各种各样的空间、非实体场所里自由切换,空间成为一种流动的风景和权力。"今日头条"的界面、频道设置都进行过很多次改版,每一次改版都是一次尝试,改版结果的好坏由用户说了算,好的留下,不好的淘汰。"今日头条"之所以能保持这么快的增长速度正是得益于其产品不断推陈出新,例如重点扶持的西瓜

---

① 莫斯可.传播政治经济学[M].胡春阳,等译.上海:上海译文出版社,2013.
② 列斐伏尔.空间与政治[M].李春,译.上海:上海人民出版社,2008.
③ 王贵楼.当代空间性社会理论的主题与路径阐释[J].中国人民大学学报,2015,29(4):54-62.
④ 福柯.规训与惩罚[M].刘北成,杨远婴,译.北京:生活·读书·新知三联书店,2020.
⑤ 胡泳.众声喧哗:网络时代的个人表达与公共讨论[M].桂林:广西师范大学出版社,2008.
⑥ 波斯特.第二媒介时代[M].范静哗,译.南京:南京大学出版社,2000.

视频、抖音、火山小视频、微头条、悟空问答，甚至更为小众的收藏、国风等产品。将产品的种类不断丰富，根据用户的阅读、点击数据进行全网搜索推送都是为了获取用户流量。算法技术的根本目的不是推动人自由而全面地发展，也不是真正地为用户提供所需要的信息，而是实现公司利润的增长。正如汉娜·阿伦特在《人的境况》中所指出的，工具的进步可以较大限度地降低人类劳动的强度和辛苦程度，但这并不能取消劳动对人的限制，算法亦是如此。①

回顾传媒的发展，人类经历了以印刷术为代表的印刷时代，以电子电波为代表的广电时代，以通信技术和网络技术为基础的网络媒体时代，直至移动互联网时代。媒介进化的背后实际上就是人类技术的发展史，这些技术在历时和共时的时空中交织着，并共同构成了媒介的技术场域。技术具有工具理性，能够满足人们的某种目的，特别是在移动互联网时代的背景之下，以大数据为基础的算法可以满足人们在信息超载时代对信息的快速筛选、合理对接。当然，如果一味追求工具理性就会陷入技术崇拜、技术神话的泥淖。因此，我们应该将技术的工具理性和人的价值理性有机结合，使其遵从社会道德、法律法规的要求，符合主流价值观，发挥正确的舆论导向。算法的个性化分发正好击中了人性的弱点，如懒惰、偷窥等，算法利用人性的弱点吞噬着用户巨大的流量，窃取用户的劳动成果，对整个传媒产业造成了较为恶劣的影响。在算法看似客观的把关背后，实际上暗含着平台逐利的商业本质，而且这种权力正如波斯特所言，构建了一个“超级全景监狱”。在大数据的基础之上形成了各种标签和推送模型，并进行更为精准的推送，这是一种极为隐蔽且毫无察觉的控制。这种权力的控制逐步从政治动机转变为商业动机，创造了更大的商业价值。福柯的全景监狱是在真实的场景中进行的规制，波斯特的超级全景监视是在电话电缆、电线电路和电脑所编织的虚拟网络中隐蔽地进行的。在移动互联网时代，这种监视和规训可以发生在任何场景里，不但没有丝毫减弱，反而更加便利，内容更加丰富，也更加无处遁形。正如波兹曼在《娱乐至死》的前言中所指出的，奥威尔在《一九八四》中所担心的是人们会被外来力量所奴役

① 阿伦特.人的境况[M].王寅丽，译.上海：上海人民出版社，2009.

或被“老大哥”式的强权所控制[①]，而阿道司·赫胥黎在《美丽新世界》一书中所担心的正是人们会渐渐爱上压迫，醉心于那些使他们丧失思考能力的工业技术。[②] 奥威尔反思的是我们憎恨的东西会毁掉人类，而赫胥黎担心的却是人类终将毁于自己所热爱的东西。当我们陶醉于“今日头条”给我们提供的各种有趣的资讯之中时，不正是我们深陷那个“美丽新世界”之时吗？

① 波兹曼. 娱乐至死[M]. 章艳，译. 桂林：广西师范大学出版社，2011.
② 赫胥黎. 美丽新世界[M]. 刘琳琪，译. 长春：时代文艺出版社，2020.

第三章 用户崛起:个性化分发多方角力下的大众文化场域

随着聚合类平台的崛起,媒介技术全面嵌入内容分发场域,技术赋权下的媒介场域对其他场域的他律作用凸显,对文化场域形成反噬性影响,其中对用户的影响最为直接和深远。媒介场域属于文化生产场域的一部分,文化生产构成了媒介场域存在和发展的逻辑起点,它是媒介场域中最基本的、也是最显现的资本形态。在"今日头条"个性化分发技术的加持之下,普通受众成为信息生产的重要主体,生产权回归受众,受众的地位空前提高,信息的选择权则完全交给了受众[①],每个受众都是以产消者的姿态而存在。用户参与生产不仅确立了自身在媒介场域中的主体地位,迎来了大众文化的又一次繁荣,而且充分释放了大众的生产力,为平台个性化分发提供了大量形态各异、接地气的内容。在大众文化时代,用户的知识或话语成为一种新型权力。用户利用自己手中的文化资本掌控话语权,借助符号的物化形式将信息传播出去,进而改变和影响世界。

丹·吉尔默在《我们即媒体——民治民享的草根新闻》一书中指出,新闻传播已进入"草根新闻"时代,只要公众拥有信息源,具备一定的科技手段,人人都可以成为发布信息的记者,而且毫不逊色于任何传统媒体。[②] 2005 年,用户生产内容开始进入公众视野,其是指用户利用各种新技术和平台生产并分享的内容。[③] 随着聚合类平台的崛起,通过技术赋权,用户[④]以一种托夫勒所

---

① 张香萍,李军.新闻算法推送的困境、出路与展望[J].编辑之友,2019(4):86-90.

② 邵鹏.媒介融合语境下的新闻生产[M].杭州:浙江工商大学出版社,2013.

③ 顾洁."受众参与":一种超越"用户生产"的新闻实践——从 BBC 的实践看一种发展中的新闻样态和类型[J].新闻与写作,2013(9):80-82.

④ 专业媒体、自媒体、政府机构、传媒公司都是用户,但本书指狭义的用户,特指曾经的受众。

说的产消者的姿态而存在，即每个人都是信息的消费者、生产者和传播者。[①]同时，用户操控社会传播资源的能力被激活，个体作为信息接收主体被忽视的对信息个性偏好的需求被激活，以及用户盈余闲置的各类可利用资源被激活。由于技术的进步，记者的职业边界日渐模糊，传播渠道越来越多元，普通用户为平台生产了大量等待分发的信息源，甚至还能影响传统媒体，产生反向议程设置功能，大众的传播权、话语权得到一定程度的回归。用户的崛起对传媒生态具有重构性的变革力量，以前的内容生产主要由专业媒体机构来完成，媒体精英们秉持新闻专业主义和宣传新闻主义的思想进行内容的生产，而现在则基于以个人为基本单位的社会性传播，内容生产由专业化、组织化走向非专业化、社会化。用户与传统媒体的地位是一样的、平等的，两者都是网络中的一个节点，可以连接一切，从而成为重构媒介内容生态的变革性力量。网络传播消解了原有的权力和社会结构，并且将它重新构建为围绕着每个个体的兴趣、价值观等而展开的互动网络。聚合类平台不仅仅是一个新的传播渠道，还是一种全新的结构性力量，改变着资源配置方式和权力结构。

新媒介技术对用户的强调和放大引发了媒介文化的巨变，促使小众文化更加繁荣与多元，解构性的文化远远多于建构性的文化，加速了媒介文化形式和内容的更替变幻。[②] 大众扬弃了以往的“宏大叙事”，更多地表现为去中心、非同一的多元性，不屈服于权威和专制，鄙视一切、藐视限制、冲破旧范式、不断创新。[③] 平台里多样的信息源代表着多元化的文化，聚合类平台既是信息分发的空间，也是文化交流的空间，文化研究不再仅仅局限于高雅的、严肃的、经典的艺术产品，也包含日常生活中平庸的人与事。[④] 专业媒体生产时政新闻，社会组织发布实用信息指南，时尚达人展示才艺，普通用户记录日常生活。用户生产的背后折射出大众文化的崛起，在“今日头条”里，既有涉及主流意识形态的内容宣传，也有各行各业精英提供的知识盈余，还有平台浓厚的商业文

① Toffler A. The third wave[M]. London: Pan Books, 1980.

② 吴志远. 论网络社会时代的新媒介技术观[J]. 北京理工大学学报(社会科学版)，2017，19(2)：157-162.

③ 朱立元. 当代西方文艺理论[M]. 上海：华东师范大学出版社，2005.

④ 费斯克. 理解大众文化[M]. 王晓珏，宋伟杰，译. 北京：中央编译出版社，2006.

化以及数量庞大的大众自发生产的最一般意义上的大众文化。“今日头条”平台的大众文化场域是在政治权力、平台商业和普通用户三者的竞合中形成的。网络技术的发展赋予普通用户内容生产权、传播权和话语权,具有巨大的进步意义。但也要警惕大众生产的自发性与盲目性,避免陷入去中心化之后人文精神缺失的泥淖。

第一节　个性化分发激活用户对大众文化的生产

惯习是场域理论的一个关键概念,它是场域中关于行动者的理论。所谓的惯习,是指知觉、评价和行动的分类图式构成的系统。[①] 它是内化于内容生产者的,受家庭、教育等因素的影响,同时也被媒介组织内部所控制,最后形成类似生物的条件反射,是一种无意识的策略和信念。随着“今日头条”推出内容创作平台头条号,生产的主体不仅仅是专业记者,更多的是普通用户,他们生产的内容只是凭借自己的喜好而不受传统媒体从业者所形成的惯习的影响和约束。因此,用户生产的内容呈现出一种与以往不同的崭新风貌。个性化分发中绝大多数的内容都是用户生产的,如何调动用户的参与,并生产出被大众喜闻乐见的内容是平台个性化分发持续发展必须解决的问题。释放用户的生产力,让用户参与其中,这也恰恰是“今日头条”区别于传统媒体的显著特征。内容的生产离不开文本的呈现,文本是大众文化的载体。广义的媒介文本是指那些能够被人们利用并生产出关于自身、社会和意义的客体,带有明显的意图,旨在吸引受众的客体。[②] 媒介文本总是处于源源不断的生产过程当中,由形式各异的材料构成。作为社会上最普通的劳动者,在大众传媒时代,大众传媒内容的生产权、传播权被剥夺,没有发声的渠道。而聚合类平台则创造各种条件充分调动和激活用户的生产力。传统媒体原有的专业化内容生产,逐渐被个人化、社会化、非专业化的内容生产方式所取代,个人、商业或非

① 布尔迪厄,华康德.反思社会学导引[M].李猛,李康,译.北京:商务印书馆,2015.

② 陆道夫.试论约翰·费斯克的媒介文本理论[J].南京社会科学,2008(12):79-87.

商业利益组织以及专业新闻机构均以网络中信息节点的方式平等地存在，在互动与均衡中完成信息的生产和传播。大众作为内容生产积极的实践者和新生力量，他们的创造力离不开他们的日常生活，离不开生活中琐碎的衣食住行。大众对日常生活的生产最有感受，也最有发言权。因此，日常生活往往成为大众文化生产的底色和基础。

一、日常生活叙事消解主流媒体的宏大叙事

宏大叙事是一种完整的叙事，具有主题性、目的性、连贯性和统一性，隐含着使某种世界观神话化、权威化、合法化的本质。而私人叙事是从个人的角度，以事件"见证者"或"亲历者"的身份，记述和评述历史事件的写作方式。个人叙事的目的是解构主流话语一元化的叙事模式，从而建构丰富多样的历史。可见，私人叙事是对历史叙事和记忆的一种必不可少的补充。以新闻为例，在大众传媒中，很多主流媒体都用大量时间和篇幅报道一个国家或社会所发生的重大事件，主流媒体掌控着报道权，拥有对某一事件元叙事话语的权力。随着用户参与内容生产，大众的内容生产大多取材于现实生活中的所见所闻，远离了重大历史事件和政治性的宏大叙事。用户日常生活式的私人叙事是大众文化的底色和基础，文本内容的相关性更使得大众生产的内容传播得更广。这些内容虽很普通，但蕴含着巨大的感染力、影响力。正如约翰·费斯克所言，快感、切身相关性与赋予权力的行为，其共同的母体就是大众文化的核心。① 相关性是大众文化文本生产效力的必要前提和基础，创作者的日常生活只有在大众辨识力的认可之下才能转化为真正的大众文化。同时，这种相关性也是个性化分发得到用户青睐的根本原因。

土味生活是大众的日常，充满奇趣和商机。尼古拉斯·米尔佐夫在《视觉文化导论》一书中指出，现代生活就发生在荧幕上，这绝非日常生活的一部分，其本身恰恰就是生活。② 卧室成了演播厅，睡衣成了演出服，换装、化妆等这类以往被称为后台的、不能被看的内容如今都成为镜头聚焦的中心，满足了看

---

① 费斯克.理解大众文化[M]王晓珏，宋伟杰，译.北京：中央编译出版社，2006.

② 米尔佐夫.视觉文化导论[M].倪伟，译.南京：江苏人民出版社，2006.

客们的好奇心和窥视欲。[①] 技术赋权不仅让普通人拥有了拍摄、剪辑、发布自己喜欢内容的机会,而且也成全了他们在城市化进程中对农村的书写与呈现。我国是城乡二元的社会结构,虽然近 20 年我国城镇化的速度非常快,但占人口比重更多的依旧是农村人口,广大村民和小镇青年成为网络上“土味”内容的生产主力。无论“今日头条”里的图文,还是头条系里的各类小视频,从中都能看到土味内容。在 2019 年“今日头条”生机大会上,“农村四哥”“土家小木”和“Dae 阿布”荣获年度生机创作者前三名。除了“Dae 阿布”是网游短视频创作者之外,前两名都是“三农”内容的生产者,他们主要向用户展示农村养蜜蜂、套野鸡等最简朴的生活,朴素的情感赢得了用户的认可。同时,在 15 个垂直频道、31 个细分领域,参与活动比例最高的垂类分别是“三农”、体育和生活家居,可见“三农”这种贴近性、相关性对用户具有巨大的吸引力。“今日头条”里网民自发展示农村生活而成为网红的也非常多,广西的“巧妇 9 妹”就凭借录制日常生活的视频,如炼猪油、锄草、摘杨桃、捕鱼烧鱼、撒鱼苗、做农家菜、展示家乡的水果等,迅速走红并成为西瓜视频的签约作者。凭借土味生活迅速走红的“巧妇 9 妹”顺势做起了家乡水果的代言人,家乡的荔枝、柑橘、蜜柚都在她销售的范围内,2018 年共卖出 300 多万斤家乡的水果,帮助家乡的村民解决了水果销售的问题。可见,土味生活不仅对用户具有强大的吸引力,这种生活方式还拥有巨大的商机,为大众生产提供了取之不竭的素材。

都市生活的青春时尚让很多人向往,城乡二元的社会结构使得城里人和乡下人互相凝望、窥探和欣赏。如果说农村生活很接地气,满是原生态的味道,那么都市生活更多展示的是繁华时尚。土味生活的展示者主要以城镇青年或者中年妇女居多,颜值不高但淳朴真实。而城市生活的创作者一般以青春靓丽的年轻人居多,他们一般拥有较高的颜值和才艺。以抖音为例,由于本身的定位以一、二线城市的年轻时尚人士为主,调性较高,因此,在刷抖音时能明显感受到短视频生产者的青春气息。抖音里不仅有频频走红的神曲,如《答案》《带你去旅行》《学猫叫》等,还有红极一时的海草舞、C 哩 C 哩、手势舞等,

① 燕道成,谈阔霖. 狂欢理论视阈下网红经济与文化的作用机制[J]. 现代传播(中国传媒大学学报),2019,41(5):134-139.

歌曲和舞蹈的爆红不仅在社会上掀起一股时尚风潮,从线上延展到线下,吸引了众多模仿者,而且还进一步带动了抖音的知名度、热度,使其成为快手最强有力的竞争为手。除了年轻女孩们唱歌跳舞外,发型设计和化妆初级入门等服务型内容亦充满着浓浓的都市气息。无论时尚也好,土味也罢,这些都是大众所需要的,都与人们的日常生活紧密相关,是一种私人叙事,也是一种普通用户的日常生活叙事,而恰恰是这种内容上的相关性让这类内容吸引了如此多的用户来观看,成为分发的主力。如果一个文化资源不能提供与日常生活体验产生共鸣的切入点,它就一定不是大众的。[①] 大众对文化的辨识力不仅仅取决于文本特征本身,也取决于大众的社会状况。人们体验日常生活的方式和内容是不断变动的,人们在文化消费过程中"与权力集团的对抗性"而形成的社会效忠从属关系也在变化之中,大众对这些相关点的辨识力也是变动的、短暂的、多元的。因此,一个大众文本必须能够适应各种各样的社会语境,与消费者建立各种层面的相关性,在文本多元意义的解读中与其建立稳定的、持久的关系。普通大众的日常生活叙事消解了主流媒体的宏大叙事,使人们从不同的维度认识社会和国家,日常生活就是大众文化生产最鲜活的底色和最唾手可得的资源。

二、用户成为个性化分发重要的生产主体

说起大众文化,离不开法兰克福学派所谓的文化工业所生产的大众文化和费斯克所提倡的个人自下而上生产的大众文化。

法兰克福学派所说的大众文化是由精英生产并经由文化工业生产线批量复制出来供大众消费的文化,如电影、小说和流行歌曲等。一方面,精英生产的大众文化带有浓浓的商业化特征,生产的目的就是供给大众消费,制造流行。另一方面,精英在生产过程中,将资产阶级的意识形态和价值观融入其中,让大众在潜移默化中接受资产阶级的主流价值观,进而控制大众、整合社会。因此,法兰克福学派所说的大众文化是自上而下的,是具有精英意识和宰

① 费斯克.理解大众文化[M].王晓珏,宋伟杰,译.北京:中央编译出版社,2006.

制性的文化。他们并不认为精英生产的大众文化是真正意义上的大众文化,因此用文化工业来区分他们心目中真正意义上的大众文化。由于时代和技术的局限,真正意义上的大众文化还没有到来。

费斯克眼中的大众文化是自下而上式的、抗争性的,大众不再是大众文化的被动接收者,而成为生产的主体。不过,他们大都采取的是对已有文化资源的权且利用、偷盗式借用和再加工。如美国的嬉皮士文化、朋克文化,都是大众抗争主流文化的一种体现。同时,大众也是在一种快感与抗争中进行大众文化生产的。震耳欲聋的摇滚乐、迪斯科舞厅里闪烁的灯光为大众提供了感官上的、冒犯式的快感。而大众把商场当作纳凉和散步的场所,女士们只试衣服而不买,甚至人们在逛超市时偷换物品的价格标签,都是对既有结构性权力的一种反抗。

而个性化分发激发了用户更为精细化、多元化且海量化的内容需求,也正是这种更为细分的、多元化的资讯需求导致用户参与内容生产并激活了用户的生产力,用户成为大众文化真正的生产者、传播者。大众作为大众文化的主要生产者、缔造者,无论作为普通大众、意见领袖还是粉丝都对"今日头条"的内容平台贡献着自身的生产和劳动成果。与此同时,传媒经济模式的重点也从内容倾向于用户,用户得到了前所未有的重视。① 由于用户的崛起,其成为媒介场域变革的重要变量,平台只有吸引大量用户参与才能生存,因此参与式的大众文化是聚合类平台典型的文化特征。

大众文化在休闲和消费领域找到了适合自身生长的最肥沃的土壤,虽然权力集团也想加强对这个领域的控制,但这里仍然是权力控制最薄弱的区域。② 普通用户在休闲的时间里,利用手机记录着身边的日常生活,并将内容上传至平台。虽然普通用户成为资本奴役和剥削的对象,但是他们在"今日头条"平台的符号暴力中浑然不觉、乐此不疲,没日没夜地进行着生产。很多人入驻头条号或者发布小视频,都是在"今日头条"巨额奖励的诱惑中加入的。

---

① 江作苏,张瑞希."算法"在智能化场域中的冲击性及约束探讨[J].湖北社会科学,2018(10):193-198.

② 张妍.消费时代的大众狂欢——读菲斯克的《解读大众文化》[J].青年记者,2009(8):18-19.

但经过一段时间的生产，绝大多数的生产者发现要想获得“今日头条”的奖励太难了。它不仅要求生产者持续不断地生产，而且生产的内容还要赢得用户的喜欢。虽然大部分用户无法获得平台的奖励和补贴，但他们把头条号或小视频作为记录自身生活和经历的一个平台，传播权转移到最普通、最广大的大众手中，仅从这一点来看，他们已经感恩戴德了。因此，普通用户成为平台里最具生产力的人，为平台信息流的分发提供了最充分的内容保障。随着传统媒体结构性力量的消解，其建构的生产、传播和经营模式也逐渐失效。因此，必须顺应时代的新变化，以用户为中心重构生产的价值标准和生产方式，积极地建构能充分调动用户参与生产的分布式的价值共创模式。[①] 尊重用户、用户至上是互联网思维中最重要的一点和精髓，而践行这种思维最好的方式就是让服务者与用户之间以及用户与用户之间进行有效的互动。[②]

优质内容吸引大量粉丝的关注，转发、评论变成一种生产。优质内容的生产者经过时间的积累，拥有的粉丝数量不断增加。从某种程度上看，这也体现了大众文化的多元性，无论俊男美女，还是萌宠抑或虚拟人物，都满足了用户某种个性化的需求。大众文本所能给予消费者的不仅仅是其意义的多元性，更在于其阅读方式和消费模式的多元性。[③] 内容的生产不仅仅指用户原创，也包括点赞、评论和转发，等等。

意见领袖拥有更为雄厚的生产力和影响力。1940 年，保罗·拉扎斯菲尔德为研究宣传对美国大选选民投票的影响在伊里县进行调查，发现意见领袖对人的影响具有重大作用。所谓的意见领袖，通常是指在人际传播中，经常为他人提供信息、观点或建议并对他人施加个人影响的人物。[④] 意见领袖存在于各行各业之中，这些人较为活跃，并在某一方面特别专业，能给出很中肯的建议，其可分为媒体人意见领袖、明星意见领袖、知识分子意见领袖和公务人

---

① 国秋华，孟巧丽. 抖音的互动仪式链与价值创造[J]. 中国编辑，2018(9)：70-75.

② 夏德元. 媒体融合：腾笼换鸟还是浴火重生？——由“澎湃新闻”上线展开的讨论[J]. 新闻记者，2014(11)：46-50.

③ 费斯克. 理解大众文化[M]. 王晓珏，宋伟杰，译. 北京：中央编译出版社，2006.

④ 郭庆光. 传播学教程[M]. 北京：人民大学出版社，2011.

员意见领袖等类型。[①] 如果说普通大众的生产只是自娱自乐，记录身边的日常生活，那么意见领袖进行的生产则具有较强的专业度和垂直度。当然，由于大众的多样性，意见领袖也呈现出多样性的特点。有的意见领袖是健康养生方面的专家，如“范志红注册营养师”“耳科赵医生”；有的是养护花草方面的专家，如“坤哥玩花卉”；还有的是告诉用户如何健康合理地减肥，如“邱医帮你瘦”等。实际上，这些人都是有点来头的，他们在各自的领域里都可以称为专家。邱医生是美国减肥专科医学会首位华人医师，英国剑桥国际传记中心（IBC）世界名人录“医学终身成就奖”得主。坤哥原来是《中国花卉报》的资深记者，后来离职转战新媒体，获得成功。范志红是中国营养学会理事和中国科协首席科学传播专家，她会在头条号里告诉用户如何合理吃营养早餐，还会把早餐能量换算到焦耳的精度上；告诉孕妈如何通过饮食来补钙；告诉人们泡木耳时间过久会滋生大量细菌，泡木耳最好是冷水低温泡；等等。这些意见领袖拥有不同的专业背景知识，他们生产的内容更具有权威性、垂直性、专业性，更让人信服，吸粉能力强，影响力也更大，满足了多元用户的多元需求，大大提升了“今日头条”的用户黏性和个性化分发的质量。通过技术赋权，不仅普通大众的生产力被激活了，而且一些意见领袖、社会精英的知识盈余、时间盈余也被激活了。他们共同参与内容的生产，为平台的个性化分发提供了多元化的信息选择。

传播工具的普及为大众生产提供了高效便捷的生产设备。工欲善其事，必先利其器，大众高效快捷的生产离不开生产工具的支持。随着科技的发展，这种支持既包括手机、网络、通信等硬件支持，也包括剪辑、特效等软件支持。在大众传媒时代，传播不仅由专业记者把持，而且就连拍摄的设备也动辄几万元、几十万元，普通人根本望尘莫及。无论在拍摄设备、专业技能、素养方面，还是在传播渠道方面，个人想通过大众传媒传播信息实在太难了。而如今，从硬件上看，智能手机可以用来通话、拍照、摄像、录音等，轻松完成用影像记录生活或新闻。从软件上看，智能手机更像一台微型电脑，可以随意装卸软件。

---

① 尚帅.从宣传到舆论：“互联网＋”背景下舆论场的颠覆与重构[M].北京：中国社会科学出版社，2017.

如“今日头条”、火山小视频、抖音、西瓜视频等都可以在手机端呈现,同时软件自带的美颜、特效、剪辑等功能,让大众可以极为轻松便捷地制作和发布内容。即使是业余用户,也能制作出具有较高专业度的酷炫视频,制作门槛大大降低,制作水准却大幅提升。无论在制作上,还是在发布渠道上,用户拥有了制作与发布的平台,生产力得到了空前的释放,其主体性也进一步增强。

此外,解读本身也代表一种生产力。体制提供的文化产品一旦进入大众视野就会被大众“拿来主义”式地权且利用——根据自己的需要作出不同的解读,产生多元的意义,而体制对大众解读文化产品的过程则无能为力。[①] 在“今日头条”里,用户成了大众文化真正的生产者,生产的大部分都是与自身生活密切相关的原创性内容,它不同于法兰克福学派所谓的大众文化,也不同于费斯克眼中的大众文化。虽然用户也有对现有文化资源的偷盗和权且利用,生产中也蕴含着抗争和快感,但更多体现的是用户作为生产的主体,生产着与自身密不可分的原创性内容,这一点也是与以往大众文化最鲜明的差异。

三、用户生产的浅白性和垂直性满足个性化分发的多元需求

“今日头条”用户生产的大众文化是浅白的。雅克·埃吕尔在技术自主论中指出,技术本身已经成为一种环境,它可以以一种隐蔽的方式形塑着某种文化形式。在“今日头条”里,新技术赋予用户新的生产权和传播权,用户被激活及其释放出的巨大生产力使平台形成了一种极为接地气的大众文化。大众是大众文化文本的生产者,数量庞大、层次复杂,生产的文本大多是生活中的人和事,不追求艺术的高雅性,往往比较通俗易懂,文本的内容显得比较浅白。结构简单、完成度低的内容更易于传播,文本内在的、复杂的、未完成的内容和意义则留给生产式的读者去体会和补充,进而在文本与体验之间建立一种关联。[②] 现在的媒介场域充斥着大量低劣的艺术、娱乐,低劣的新闻、广告和低劣的论证。连记者或撰稿人都承认很多内容是“低能的人为低能的人所写的东西”。公众没有智力来阅读任何更完整、更认真、更接近众所周知的解释或论

---

①② 邓筑红.从《理解大众文化》看约翰·费斯克的文化理论[J].广东海洋大学学报,2010,30(2):80-84.

证原则的东西。[①]

一般来说，真理是一种控制性的话语，而浅白代表的是浅陋，是对有深度真理的拒绝，并让它本身悬而未决。费斯克认为，浅白和贫乏是大众文化的鲜明特征。上文提到的"巧妇9妹"是火山小视频的红人，她从一名普通的农村网红成为家乡土特产品的代言人、经销商，家乡盛产的荔枝、沃柑、皇帝柑、蜂蜜等都成为网购商品，销路非常好，自己出名的同时也帮助乡亲们解决了土特产的销售问题。"巧妇9妹"之所以能有如此惊人的销售力是因为其早期生产的抓鱼、炒菜、除草等有关农村自然淳朴生活的内容积累了大量粉丝。由于"巧妇9妹"在"三农"领域的杰出表现，她不仅成为火山小视频的签约作者，还被邀请成为"今日头条"首批"'三农'合伙人"。大众文化被认为是简单的，简单到有点令人厌恶，甚至有时它也被认为是病态的、令人反胃的，不是受赞赏与尊敬的对象。[②] 网络内容的粗鄙、浅薄被不断地推向新高度。正如让·鲍德里亚所言，后现代媒体社会"诲淫法则"致使公共领域和私人空间发生了内爆，把日常生活中最隐私的东西暴露出来，裸露的身体、污秽的语言满足了用户对"后台区"的窥视欲。大众素质上的差异，使得大众文化从诞生的那天起就带有某种低俗的品性，也正是这种低俗的品性使得它能够在大众中间快速传播，吸取巨大的流量。在浅白文本传播被认可的背后，也印证了戈夫曼在拟剧理论中提出的"前台"与"后台"。以往大众媒体的传播更多体现的是一种高大上的前台内容，而有关普通人最真实、最质朴的"后台"，往往由于版面、时间、价值等方面的因素被无情地剥夺。这些本该属于后台的、浅白的内容被用户搬到了前台，成为被消费的对象。

"今日头条"用户生产的大众文化具有垂直性。在用户生产内容的早期阶段，由于内容数量的匮乏性，无论高质量还是低质量的内容都会得到广泛的传播。随着大量用户入驻头条号，逐步成为内容生产大军中的一员，在海量的内容池里，垂直化的优质内容更能赢得市场的认可。"今日头条"2019年创作者大数据显示，2019年"今日头条"共诞生了1761篇千万＋阅读的内容、24万篇

---

① 德威廉斯．文化与社会[M]．吴松江，等译．北京：北京大学出版社，1991．

② 费斯克．理解大众文化[M]．王晓珏，宋伟王，译．北京：中央编译出版社，2006．

百万+阅读的内容和339篇十万+阅读的内容,创作者共获得90亿次点赞。其中,“牛弹琴”“糖果妈妈”“环球网新媒体”成为这一年的点赞收割机。“牛弹琴”是资深媒体人,以专业独到的眼光、冷静平和的心态,分析大千世界,评说新闻背后,是一位优质的国际资讯领域的创作者。“糖果妈妈”主要为用户提供育儿方面的知识,倡导让养育生活更轻松。“环球网新媒体”是环球网新媒体的官方账号。在众多创作者中,最受00后用户关注的创作者账号是“翔翔大作战”(优质美食领域创作者),最受90后关注的账号是“老撕鸡”(知名游戏领域创作者),最受80后欢迎的是“美食作家王刚”(知名领域创作者),最受70后关注的是“张召忠”(著名军事专家)。优质内容创作者“历史大学堂”(优质历史领域创作者)成为本年度获奖最多的作者,一共获奖188次。① 在用户红利逐步消失的互联网竞争的下半场,内容为王仍然是各家互联网生存和发展的王道。内容生产的垂直化和专业化不仅激发了意见领袖和相关专业机构的内容生产力,而且也满足了用户对优质内容的渴望。面对激烈的市场竞争,无论创作者还是平台,垂直化、专业化的优质内容是赢得现在和未来的关键。

浅白的内容满足了用户娱乐、猎奇、休闲等方面的需求,垂直性的内容则满足了用户对内容更精准的个性化需求,同时也体现了内容的实用性和服务性。用户恰恰是在使用与满足中增强了对平台的黏性和忠诚。

大众文化来源于日常生活,是大众自己生产的真正意义上的、原创的文化。无论接地气的乡野气息,还是高大上的都市时尚,共同赋予了大众文化生生不息的灵魂,而文本本身所具有的这种相关性、浅白性、垂直性和专业性让大众文化更受欢迎,满足了市场个性化分发的需求。技术的进步激活了用户的生产,但大众生产的内容如此具有商业价值是平台始料未及的。随着大众文化价值的凸显,平台更加自觉地为用户创作提供更周到细致的服务,引导用户的生产,把用户的生产逐步纳入个性化分发的平台经济之中。

---

① 头条号.2019年“今日头条”创作者大数据发布[EB/OL].(2019-12-27)[2020-08-20].http://mp.toutiao.com.

第二节 用户崛起丰富了个性化分发的内容源

长期以来,大众都被认为是被动的、分散的、原子似的存在,丧失了马修·阿诺德等人所向往的"乡土社会"的整体性和交融性,人们的个性、道德感、辨识力以及自主意识逐渐消失,成了彼此孤立、互不关联的"孤独的人群"。[①] 甚至有些精英直接将大众等同于乌合之众的代名词,认为他们是一个愚昧无知、没有辨识力的群体,文化产业的巨头在经济上、文化上和政治上控制着大众,而大众则处于无助的、被灌输的和被麻醉的境地。[②] 在法兰克福学派的文化研究中,大众在文化工业里成为资本赚钱的工具,是资本和政治合谋下被统治的对象,文化工业摧毁了大众的个性,宰制性经济或政治力量自上而下地操纵着大众对文化的使用和接受。费斯克倡导的积极的大众观认为,大众有思想、有目标、有反抗意识,并非其他学者所说的乌合之众,他们可以通过大众文化展现自己的力量,对压迫的权势进行反抗。大众的抵制是有选择的,而不是不分青红皂白的,是渐进的,而不是激进的。[③] 通过技术赋权,大众被激活,并且其生产力得到了充分的释放,为聚合类平台的个性化分发提供了源源不断的内容。大众生产的内容在分发中能被认可是因为其生产的大众文化具有相关性、娱乐性、实用性和抗争性。但同时也应该看到,大众所谓的自主性生产是在平台商业化和政治权力允许的框架下进行的。用户的生产被纳入了平台商业主义之中,原本记录生活、展现自我的生产行为被异化为为了平台的商业化而生产。

一、相关的主体生产相关的内容

长期以来,大众传媒把持操控着内容的生产和流向。在我国,大众传媒更多传播的是政治性的、宣传性的内容,而大众需要的与大众相关的内容无论在

---

① 刘中望. 论约翰·菲斯克的大众文化文本观[J]. 求索,2008(9):199-201.

② 陈立旭.《理解大众文化》与当代中国[J]. 浙江社会科学,2013(4):18-27.

③ 张妍. 消费时代的大众狂欢——读菲斯克的《解读大众文化》[J]. 青年记者,2009(8):18-19.

生产上还是在传播上的数量都远远没有满足大众的需求。长期以来,大众传媒不仅稀缺,而且掌握在少数精英手中,传媒报什么、不报什么完全由他们掌控,传播是自上而下的,社会和国家的议程设置完全由大众传媒掌控。普通民众大多数时候无法参与报道的过程,而且也很难在大众媒体上看到自上而下传播的受众话语,大众往往成为被大众传媒报道的对象、信息的被动接收者。随着自媒体的出现,从网络论坛到博客、微博,再到现在的媒体型平台,技术入侵打破了以往传统媒体的垄断,人人都有麦克风,每个人都可以是“一个没有执照的电视台”[①]。个性化分发技术进一步刺激了用户的生产,释放了用户的生产力。

首先是生产主体的相关性。以直播为例,1997 年被称为中国电视的“直播元年”,从此,电视直播进入常态化。2016 年被称为中国网络的直播元年,直播平台从电视台专业机构转向了去中心化的互联网,直播的介质更加平民化、大众化,开启了一个普通民众拥有直播权的全新时代。从话语权的角度来看,电视直播是中心式的、自上而下式的传达,传播的内容更具有严肃性、正统性和意识形态性。而网络直播则是自下而上的草根化的表达,主播们大都是普通民众,他们直播的内容都是一些身边的不平事、好玩事和琐碎事,是对自身的展示和交流,也是对被剥夺的话语权的争取、表达与回归。各大网络直播平台不仅具有工具性,而且也具有社交性和媒体性。传播权的下移,使得直播内容由重大的新闻事件转向大众的日常生活,从严肃转向了娱乐,甚至走向了直播日常和琐碎。[②] 网络直播不仅使得网民拥有了话语权,而且网络直播也是一种社交行为,具有陪伴和面对面交流的特征;同时,直播主体与消费群体身份地位的相关性、贴近性易于与用户产生心理共鸣。精英生产的大众文化具有隔离性、陌生化的审美特征,而用户生产的大众文化则更多体现的是相关性、通俗性。

其次是生产内容的相关性。从直播来看,“今日头条”有个直播频道,这个频道以前直播的完全是由主流媒体打造的严肃的时政类新闻。后来为了商业

---

① 尼葛洛庞帝.数字化生存[M].胡泳,范海燕,译.海口:海南出版社,1997.

② 尚帅.视频化社会:从直播新闻到直播生活[J].新闻知识,2016(7):7-10.

上的考虑逐步减少了新闻事件的直播,素人直播的比重越来越高,其中西瓜视频还对直播进行了分类,如游戏直播、音乐直播、乡野直播和生活直播,直播的内容从严肃的新闻向泛娱乐化转变。家乡的土特产、民族美食、动物萌宠、田间劳作等都可以成为直播的对象,充满着淳朴的乡野气息,给深居都市和有田园梦的人提供了一个心灵栖息的港湾。如果说西瓜视频里的直播太市井,那么抖音直播的调性就稍微高些,一般直播的是城里人的生活和所见所闻,他们能歌善舞并拥有较高的颜值,充满着青春时尚的气息。在抖音里,主播"阿庆唢呐"是一对吹唢呐的才艺主播;"佳爷"和"美国空姐玲儿"是美妆主播,她们在直播间主要教粉丝如何化妆;"高顺—商道""周文强谈商道"等主播主要在平台里讲商业、经济等经营之道。这些人有的有才艺、有的是经济精英、有的是推送商品的卖家,是直播平台给了他们展示自我、与他人相连的机会,从而再次获得了新的社会认同的契机。传播权的下移改变了这些人的生活轨迹,用户们也从直播中获得了快感、认同和经济上的回报。直播的真正价值并不在于提供多少有价值的信息,而是将传播权归还给用户,无论农村还是城市的内容生产者都将自己熟悉的生活或擅长的领域以一种贴近性的方式传达给用户,用户不仅得到了心灵的放松,还感受到一种陪伴、交流互动、服务以及随时随地传递的快乐。

最后,这种相关性还体现在个性化分发技术针对每一个用户独特信息需求的满足上。每个人接收的资讯与自己的阶层、职业、兴趣、价值观等维度息息相关,因而使得内容更具黏性、沉浸感。

传播权的下移赋予了最平凡的人展示自我的权力,大众在展示自我、自嘲戏谑、狂欢的过程中,利用内容生产的相关性、通俗性与用户交流情感,获得快感和心理共鸣,进而获得更深层次的社会认同。"今日头条"作为聚合类平台,本身不生产任何内容,而是积极利用大众生产内容的相关性、多元性与平台的个性化分发相结合,极大满足了用户长尾市场的需要。相关性不仅仅指内容生产层面上题材、来源、生产主体、语言、内容与消费者相关,也指每一个用户都能通过个性化分发找到自己喜欢的相关内容,可以随意走进文本世界,从中选取意义和快感。"你需要的才是头条"这句宣传语恰恰是相关性在内容分发层面最鲜明的体现。

二、内容娱乐性的空前释放

大众传媒时代传播的内容更多的是严肃的新闻、宏大的叙事,大众传媒工具和喉舌的性质使得其宣传性和政治性得到了最大限度的发挥,但是受众的娱乐需求长期以来并没有得到满足。用户参与内容生产则充分体现了生产端和消费端对内容娱乐性的巨大需求与满足。随着传媒娱乐化趋势的蔓延,传播的形式和内容都日趋娱乐化,主流严肃新闻日趋让位于娱乐。大众也在这场全民娱乐的大潮中进行着娱乐化的自媒体生产,上演着属于大众自己的狂欢。有人说"今日头条"是一个资讯类平台,但它更像商业化的娱乐平台,里面充斥着大量娱乐八卦。与严肃内容相比,娱乐更能吸引普通用户的关注,是吸引粉丝和流量的利器。

用户喜欢生产娱乐的内容,一方面可以满足自己对明星偶像的窥视欲,另一方面可以获得用户的点击浏览,获取流量和补贴。用户的生产已经被平台的商业主义所同化,无法逃逸资本的引力,是一种商业化的生产。而平台对娱乐情有独钟的原因也在于流量和商业变现的现实需求,两者可谓各取所需,一拍即合。在西瓜视频、抖音和火山小视频里,无论用户生成的小视频,还是用户的直播,绝大多数都是娱乐性的,甚至是直接卖东西的商业行为。用户以娱乐的姿态记录着自己的衣食住行,利用平台的滤镜、贴纸等功能让自己变得更美更帅,吸引粉丝,甚至可以利用自身唱歌、跳舞、口才等优势进行娱乐化生产,积累粉丝,实现从素人到网红的转变。而要想在万千主播当中脱颖而出,内容垂直是一个重要条件。火山小视频直播一姐"娜拉"不仅拥有高颜值,而且唱歌也非常棒。她的直播就是边聊天边给用户唱歌以获得打赏。火山小视频直播一哥"火夫"凭借迷人的人格魅力,具有娱乐性和幽默感的言谈举止,调动了直播间粉丝的气氛,从而成为火山小视频的直播一哥。在米哈伊尔·巴赫金眼中,狂欢节是充满笑声的,是过度的与冒犯的,充满着低级趣味甚至是堕落。狂欢节与官方世界完全有别,是一个没有地位差别、没有森严的社会等级的第二个世界。[①] 在“今日头条”里,虚拟的网络直播恰恰就是脱离于现实官方社会的第二个世界,这里没有等级,没有高低贵贱之分,每一个人都可以凭借自己的专长生产内容,获得快感。只要你足够努力、足够幸运,都可以像“娜拉”和“火夫”一样顺利“加冕”,成为万众瞩目的明星,释放耀眼的光芒。

大众文化的娱乐性还体现在生产者对大众文化截取、拼贴式的权且利用。传统媒体的传播权掌握在专业人士手中,普通大众无法参与。而互联网通过技术赋权让大众参与内容生产,大众积极活跃在主动的层面上,并且学会如何使用各种功能,而不再只是一个被动的、单向度的消费者。[②] 人们的创造性即权且利用的艺术,就是在他们的地点构造我们的空间,不过那些资源通常是由宰制性的他者提供的,因此铭刻着权力。[③] 所谓的拼贴,是指将文化产物进行再组合与再使用的过程,实际上与原创艺术别无二致。从一般意义上讲,物质本身具有成为一种资源的天然性质,这一天然性质可能会限制其自身的用途,但不能限制使用者的创造力。大众的创造力是在物质具有的天然性质与生产者的文化需求之间进行的制衡与博弈。同样,大众文化也是金融经济提供的资源的天然性质与日常生活的文化需求之间的斗争。[④] 斯图亚特·霍尔在晚年提出的“言传理论”中指出,大众解读文本有两种模式:一种是文本中心的方式,视文本为意义的生产者和流通者;另一种是读者中心的方式,这种方式以读者为主体和中心,让读者独立、主动地和文本在更宽泛的社会情境之中建立丰富灵活的联系。[⑤] 大众创造文本意义离不开原来的文本,是在既有的文化资源库中选取和抛弃,并在它的基础上进行加工、截取、拼贴式的创造性的使用。这不仅是大众生产的一种方式,还是一种在游击战术中获得快感的方式。[⑥] 在娱乐类短视频中,很大一部分是对原来长视频影视、综艺的截取,把长视频中最精彩、最幽默的瞬间截取出来,使内容脱离上下文语境,反而更加引人注

---

①④⑤ 费斯克.理解大众文化[M].王晓珏,宋伟杰,译.北京:中央编译出版社,2006.

② 王晓红.新型视听传播的技术逻辑与发展路向[J].新闻与写作,2018(5):5-9.

③ 章辉.权力、表征和实践——约翰·菲斯克的后期文化理论[J].学习与探索,2013(12):138-144,2.

⑥ 邓筑红.从《理解大众文化》看约翰·费斯克的文化理论[J].广东海洋大学学报,2010,30(2):80-84.

目,帮助人们迅速抓住重点、核心,在满足人们碎片化阅读的同时给人们带来娱乐。有的娱乐资讯的生产者由于无法拍到明星现场的第一手画面,他们就会把以前与该明星相关的视频挪过来或者从网上盗用与该条新闻相关的画面。随着视音频编辑软件的操作日益简单,每个人都可以无技术障碍地对视频文本进行编辑、修剪、补充,进而对原有内容进行再生产,按照自己的想法重构意义。① 有的用户会发现,热点新闻不仅内容雷同,而且连画面也似曾相识,原因正在于此。在抖音里,这种拼贴、截取的例子就更多了。由于抖音是一款音乐类短视频产品,生产者在里面唱歌跳舞居多,跳舞的时候离不开音乐。因此,这种拼贴首先就是对一首完整歌曲的截取,通常截取一首歌曲的高潮、副歌部分,时长大概 15 秒。有时还会对同一首歌曲进行各种版本的翻唱或对口型等,这种现象被亨利·霍金斯称为"文本盗猎"——以一种模仿或亵玩的心态面对经典文本的态度和方式。通过这种文本盗猎的方式被抖音带火的歌曲数不胜数,如杨坤和郭采洁的《答案》、校长的《带你去旅行》、小潘潘的《学猫叫》和李袁杰的《离人愁》,等等。从这些抖音神曲中,我们可以发现大众的创造力和制造流行的能力,并乐此不疲地在这些神曲中获得快感和娱乐。有的用户甚至利用这种便捷的编辑和拼贴技术对相关的内容进行戏谑与恶搞,以达到娱乐的目的。

虽然这些歌曲、拼贴和恶搞背后的内容源于文化工业层面的商品,大众只是拿来主义,但是哪些歌曲能流通并被认可,是大众自行选择的结果,产业精英们无法操纵。这在某种意义上也体现了大众犹如秘密的战斗者,他们的力量虽然无法被直接观察到、感知到,但无时不在、无处不在。拼贴式生产是一种娱乐,为平台生产了大量具有娱乐精神的内容,满足了用户对娱乐的需求,同时也充满着冒犯和低俗,甚至反抗的力量。

三、认知盈余转化成实用性资讯

用户面对媒体时不再是一种被动式的存在,也不再是被动接收信息的主

① 王晓红.新型视听传播的技术逻辑与发展路向[J].新闻与写作,2018(5):5-9.

体。根据使用与满足理论,用户的主动性、主体性不断增强,用户接触媒介是为了使用,为了得到自身对各种各样信息的需求与满足。媒介本该是为用户所用的。

我使用"今日头条"主要是想上传自己录制的火山小视频,最开始的时候也想着能赚点零花钱,但自己生产的内容没有太大的流量和关注,所以以后就不太想商业变现的事了。现在使用火山小视频主要是记录自己的生活,模仿里面的一些段子,自我娱乐。同时也向关心、喜爱我的人展示自我,也可以说是一种娱人娱己吧,是无聊时的一种消遣。[①]

我使用"今日头条"主要是想获得养花种草的资讯,有时候自己遇到一些问题也会在"今日头条"里搜索,给相关的优质内容点赞,这样"今日头条"就会更了解我,知道我的喜好,会对我进行更精准的推送。一次我家的月季花得了白斑病,在"坤哥玩花卉"的相关视频里讲到用洗衣粉水能有效抵制月季花早期的白斑病,我看完之后按照提示操作,真的把月季花的白斑病治好了。从此,我成了"坤哥玩花卉"的铁粉,也更喜爱"今日头条"了。[②]

我使用"今日头条"主要是学习炒菜。火山小视频里有很多生产美食的内容,照着做我也可以做出非常好吃、非常适合在家里制作的美味家常菜。我关注了"美食作家王刚",王刚是四川自贡人,跟着他学会了如何做水煮肉片、自贡名菜鲜锅兔、干锅鸭脚等,甚至还学会了如何炒制麻辣牛油火锅底料的硬核功夫。"翔翔大作战"也是美食内容生产者,但是他不像王刚专注于川菜的制作,而是作为资深吃货介绍各地的美食及制作过程。如东北的烤冷面、冻梨,新疆的爆辣炒米粉,广式深井烧鹅,傣族孔雀宴手抓饭,甚至印度的街头小吃,都在视频里进行展示。[③]

我使用"今日头条"主要是看里面的购物直播,我挺喜欢喝茶的,在火

---

① 受访者 D6,采访时间 2018 年 10 月 29 日。
② 受访者 D2,采访时间 2018 年 10 月 21 日。
③ 受访者 D5,采访时间 2018 年 8 月 11 日。

山小视频直播里关注了“紫砂郡主茶具”，购买了两把江苏宜兴产的紫砂壶。前不久还在火山小视频直播“胡须老周”那买了一个出行必备的拉杆箱，在“威爽榛子妹”买了东北的野生榛子，等等。以前买东西经常去京东、天猫，现在我更喜欢边看直播、边购物，觉得直播购物更有人情味、更能有效地了解商品。①

……

从以上访谈中可以看到，用户在使用“今日头条”时怀着各自不同的目的。实际上，“今日头条”不仅仅是一个获取新闻的平台，它更是能满足人们不同需求爱好的服务平台，平台里的资讯不仅仅起到告知的作用，还具有知识性、实用性和服务性，消费者在平台消费信息的过程中也掌握了某种技能。平台更像一个信息超市，用户随意在平台选取自己所需要的资讯。由于用户生产的多元化，消费者使用目的的多元化，再加上个性化推送技术的加持，平台通过算法积累了用户大量的行为数据，然后再根据这些数据为不同需求的消费者推送他们感兴趣的内容，进一步促使各类实用性资讯的有效到达。生产者、平台、消费者以“今日头条”为中介进行着信息的生产和消费，同时实现平台商业化的目的，形成了完整的商业闭环。大众文化的实用性吸引了大量用户聚集于此，在使用与满足中增强了平台的用户黏性，得到了用户的认可。

四、抗争性的内容引发用户共鸣

“今日头条”根据个人的兴趣爱好分发资讯，对巨大传播资源的渴求使得大众卷入内容生产之中，内容的长尾效应得到极大的满足和释放。由于大众的生产能力和水准参差不齐，常常遭到低俗的诟病，但是当我们在火山小视频上看到南方大雨倾盆，城市被水淹的画面时；当我们看到农村大妈展示她们的田园生活，在灶台前一展厨艺时；当我们看到跟我们一样平凡的人通过网络走红，被大众认可时，我们能够感受到大众在一定程度上拥有了自己的话语权，他们生产的过程就是对以往权威的一种挑战、一种抗争。

① 受访者 D9，采访时间 2018 年 5 月 30 日。

农村内容的生产是对城市中心主义的一种抗争。长期以来,农村场景的内容生产只能在影视剧里呈现,而且这种呈现并非真实的农村而是创作者想象的样子。如今关涉农村题材的影视剧少之又少,影视空间里生产的内容大都是都市题材的,农村长期以来被大众媒体和主流文化所忽视。在城市中心主义的当下,农村被视为贫穷落后的“他者”,与繁华现代的都市空间格格不入,被抛弃和边缘化。因此,在“今日头条”里,大量被主流文化所抛弃的农村空间在进行“可见化”的重构,农村文化唤起了用户对农村的记忆,产生了群体集聚效应。农村题材的内容恰恰是广大农民对霸权式的城市空间文化生产的抗争。农村这种异质性的空间亦具有巨大的生产与再生产的能力,满足了普通大众对农村的意象呈现。农村题材内容的崛起既是对城市中心主义的一种抗争,也是人们对农业社会及其生产关系的迷恋和回顾。技术在进化的过程中,赋予了大众独立、自由的生产传播权,文化生产的去中心化逐步消解了曾经的权威。社会生活的每一个公共领域都向大众敞开,这是迈向自由和民主的第一步。①

抖音的用户群体比较年轻,一般为时尚的中高端人群。因此,抖音制造流行的能力十分强大。海底捞、CoCo 奶茶和摔碗酒等产品都是通过抖音走红的,抖音在企业品牌提升、开拓市场、增加产品销量方面具有极大的影响力。但也有一些人利用这一特点干起了制假售假的勾当。这些制假售假行为在线下会受到国家工商部门的严格管制;而在抖音,这种监管主要来自平台人工智能审核。由于人工智能自身的弱点和平台监管的不力,这些制假售假行为才有了可乘之机。逃避监管也正是费斯克所说的大众躲避式快感的来源,是社会上的被统治者向统治者开展文化游击战的具体表现。在费斯克眼中,大众是一群狡猾的“游击队员”,他们常常从大众传媒中遴选自己想要的素材和意义,创建加工成自己的文化,从而避免意识形态对自己的俘虏。② 平时顺从的大众往往更有能力、更有方法变成灵活的游击队员,形成弱者对强者的反抗和

① 常江,胡颖.保罗·莱文森:媒介进化引导着文明的进步——媒介生态学的隐喻和想象[J].新闻界,2019(2):4-9.

② 刘海龙.从费斯克看通俗文化研究的转向[J].国际新闻界,2002(4):52-57.

逆袭,但这种攻击是短暂的、机会主义的。[①] 不过,大众仍然能从这种游击战中获得快感并乐此不疲。

进行自我丑化是一种戏谑、自嘲,更是“丑者”在娱人娱己的过程中对现有美学标准的一种抗争。布尔迪厄认为,美学话语的价值在于对人性的垄断,美学就是一种赤裸裸的文化霸权。所谓的美学只不过是一套规训系统而已,而大众的辨识力正是对这种霸权的拒绝。[②] 一般意义上的网红都是靠颜值取胜的帅哥美女,一些化妆类短视频流量高恰恰在于它能教给人们如何提高自己的颜值,从而吸引了大量粉丝。可有的用户为了得到大家的关注、点击,宁愿丑化自己,博取网友一笑。在抖音界面的道具里,有很多丑化自己的道具。用户使用这些自我丑化的道具主要是娱乐和自嘲,让人们看到不一样的自己,有的甚至还通过特效,直接以“丑”示人。以前红遍网络的都是帅哥美女,甚至要想成为大众传媒的娱乐明星得有大众传媒的支持、娱乐产业的影视剧或歌曲的推广,而这一切资源和标准对于即使是长相姣好的帅哥美女来说也是很难企及的。中产阶层的审美是“距离性”,是文化给人的陌生感,而大众辨识力的相关性则追求意义的多元化、相对性和封闭性。明星不能都是清一色的俊男美女,也可以是其貌不扬的普通人,只要热爱表演,敢于秀自己,都可以实现从素人到明星的蜕变。大众的快感必定是被压迫者在对抗、逃避、冒犯、粗俗、抵抗的过程中产生的,也必定在社会能容忍的范围内才能存在。

俗文化是对高雅文化的一种抗争。大众数量众多,整体素质不高,鱼龙混杂,这就导致了大众生产的大多数内容格调不高,比较市井、通俗,他们关注和展现的更多的是普通人和普通事。这类内容在传统媒体占据的比重较小且被边缘化,但在网络媒体中的比重大幅提升。[③] 在大众传媒的时代,传播是自上而下的,传播的内容体现着传媒精英的审美和对社会的观察视角,同时也会受到国家政治、经济等宏观因素的制约,整体上传播的内容是严肃的、高雅的、充满意识形态的。其强调艺术要为社会主义、为人民服务,并把主流意识和主流

① 章辉.权力、表征和实践——约翰·菲斯克的后期文化理论[J].学习与实践,2013(12):138-144,2.

② 费斯克.理解大众文化[M].王晓珏,宋伟杰,译.北京:中央编译出版社,2006.

③ 彭兰.中国网络媒体的第一个十年[M].北京:清华大学出版社,2005.

文化含而不露巧妙地掺入其中,对人起到净化与教化的作用。传统媒体在缜密的、层层把关的生产规范下,不仅掌握着定义何为新闻的大权,而且还能够精心地设置公众的议程,进而影响舆论、引导舆论。所谓的事实真相总是掌握在那些封闭的、精英式的新闻生产者手中,新闻被看作由专业媒体建构的,并饱含着某种价值导向的意识形态。在这种新闻生产的框架下,传统媒体呈献给受众的是一个完全"以我为主"建构出来的拟态化的景观社会。[①] 而网络的去中心化、平权化的特质打破了以往中心、权威主导的局面。卡斯特认为,网络社会是一种新的社会形态,也是一种新的社会模式,层出不穷的信息技术重塑着当今的社会结构,改变了社会的形态和面貌。[②] 大众生产的内容和文化虽然不够严肃,甚至有点低俗,但是因为真实、接地气、与大众相关而备受推崇。"今日头条"内容分发总量的70%都是由大众生产的[③],传达的是大众对这个世界的理解和价值认同,是大众的视角、大众的关切点,传播是在平等的层面或者自下而上的层面展开的。记录的镜头对准的是千千万万鲜活的老百姓,使用的是接地气的、大众自己的语言,关注的是切切实实发生在百姓身边的真人、真事或相关话题。随着自媒体和社会化媒体的出现,原本泾渭分明的大众传媒之间的边界逐渐消弭,传者和受者的角色变得模糊、专业和业余之间的界限变得模糊、新闻和娱乐的意涵变得模糊、人际传播和大众传播的界限变得模糊,最后导致新闻生产曾经严格的组织边界和时空框架也变得模糊。[④] 以往媒体所反映的社会意见的"一致性"被大大地削弱,随之而来的是网络对事实的还原、多元化的内容和价值的展演。无论小镇青年的社会摇,还是帅哥美女的扭一扭,抑或大爷大妈做饭炒菜、钓鱼、种庄稼,都是在长期宏大叙事的浸淫下,大众自身生产力和兴趣点的再一次释放。正如彭兰所言,过去大众传媒为了整合社会采取一致行动的强大影响力,在新媒体平台上被大大地削弱

---

① 麦尚文.全媒体融合模式研究:中国报业转型的理论逻辑与现实选择[M].北京:中国人民大学出版社,2012.

② 卡斯特.网络社会的崛起[M].夏铸久,王志弘,等译.北京:社会科学文献出版社,2006.

③ 受访者T2,采访时间2018年12月28日。

④ 刘兆明."融合架构"下的新闻业转型研究——基于新闻生产社会学的视角[D].上海:复旦大学,2013.

了。大众对传统媒体的宏大叙事、对传统权威的崇拜感产生了一定程度的怀疑和抗拒，进而引发了自我权利意识的成长，主流价值观虽然仍有其外在的话语权力空间，但其昔日的影响力、公信力已经大幅缩水。① 在抖音里，可以不涉及主流意识，得到暂时的躲避和逃离，也可以不谈政治，无关高雅，这里只有最普通大众的表达、最接地气的生活、最真实的自我。大众文本的抗争性与消费者之间形成了情感共鸣和价值认同，大众文本虽有反抗性的成分，但绝不会以激进的形态出现，它只是在既有社会结构的内部抗争，永远不可能颠覆既有的社会秩序。

总之，通过技术赋权让普通用户入驻平台，成为平台内容真真切切的生产者，以生产者和生产工具为代表的大众的生产力不断增强，大众文化得以大量生产。大众文化原本就是权力关系的一部分，总是处于宰制和被宰制之间、对权力的抵制和逃避之间，显露出持续斗争的痕迹。② 虽然，平台给用户提供了生产和展示内容的空间和渠道，但仔细观察用户生产的内容我们会发现，无论田园生活的直播、才艺的自我展示、对大众文化的截取和恶搞，还是对农村的可见化重构、俗文化的崛起等，这些内容都给消费者带来了快感和娱乐，并与广大消费者产生了强烈的思想共鸣，赢得了消费者的认可。但同时也应该看到，用户的生产被平台的商业化裹挟，他们的生产更多的为了获取平台的现金奖励、广告分成或者相关的商业回报。用户的生产已经被牢牢地纳入平台商业主义之中，大众文化具有的相关性、娱乐性、实用性和抗争性潜移默化地迎合或者为了迎合而生产，并成为个性化分发的重要来源。

第三节　个性化分发大众文化场域的多元博弈

场域理论不仅与特定的媒介组织和它们所处的直接的制度相联系，还紧

---

① 彭兰.碎片化社会背景下的碎片化传播及其价值实现[J].今传媒，2011(10):8-11.

② 费斯克.理解大众文化[M].王晓珏、宋伟杰，译.北京:中央编译出版社，2006.

密地在它们和更广阔的社会环境之间建构关联。[①]“今日头条”虽然为大众提供了生产和传播的平台,但在“今日头条”所构建的大众文化场域中,仍然存在政府、平台、大众之间的竞争与博弈,在相互制衡与斗争中呈现出场域妥协、平衡之后的面貌。正如布尔迪厄所言,在高度分化的社会里,社会是由相对自主的一个个小世界构成的,这些小世界亦必然具有和遵循自身的逻辑法则,这些逻辑必然不可化约地支配着其他场域的运作。[②] 在“今日头条”里,既可以看到更为多元、活跃、繁荣的大众文化,这些源自日常生活的大众文化最真实、最接地气;也可以看到主流意识形态所建构的主流文化,它对其他文化的控制和规约的方式和方法就是把所有的文化形式在精神内核上进行统一,并给予相应的合法性地位;还可以看到“今日头条”作为聚合类平台对商业化和盈利的极大渴望,平台在兼顾经济利益的同时也要履行相应的社会责任,但在利益面前平台仍难以超越商业逻辑的操控,不惜屡次触碰法律红线。在“今日头条”的场域中,存在用户、平台和政府等多元行动主体,多元行动主体对内容和文化有着多元的需求。大众文化过于活跃会使主流文化的权威性受到挑战,商业文化过度繁荣会让平台上的用户不堪其扰,扰乱社会风气也为主流文化所不容,但是如果主流文化过于浓厚,则会降低用户对平台的黏性,不利于商业化运营。

一、大众文化迎合平台商业文化的需求

马克斯·霍克海默和西奥多·阿多诺用文化工业一词取代大众文化的目的是避免人们把大众文化误解为其是从大众生活中自发产生的、为大众所用的文化。[③] 受制于当时技术、政治和经济的局限,资本主义的大众文化本质上是由文化工业批量生产的、由大众购买和消费的文化产品,最终目的是对最大利润的追求,并非真正意义上的大众文化。而到了移动互联网时代,用户可以

---

① 本森.比较语境中的场域理论:媒介研究的新范式[J].韩刚,译.新闻与传播研究,2003(3):2-23,93.

② 黄时进.论科学传播受众的网络时代特征——基于布尔迪厄场域理论的视角[J].学术界,2008(2):79-83.

③ 费斯克.理解大众文化[M].王晓珏,宋伟杰,译.北京:中央编译出版社,2006.

充分利用现有的手机技术和“今日头条”的平台技术创作喜欢的内容，获取点击，赢得利润。以前的大众文化更多的是精英生产供大众消费，如电影、电视剧、小说、流行音乐等。而如今，众多的精英从前台走到后台，不直接从事生产，而是为大众提供生产所用的技术、平台、资金和服务等相关支持，由原来的内容生产者转变为生产的组织者、服务者，把生产的权力通过技术的手段让位于普通用户。普通用户从消费的后台走向了生产的前台，大众的生产力得到巨大的释放。以下是受访者的介绍：

> 我们“今日头条”不直接生产内容，只给用户提供创作和发布的平台，布局平台的内容生态和运营，将内容的生产权力完全交还给用户，用户是生产者，平台是内容生产的规划者和管理者。平台的开放性大大激活了用户的生产力，头条号作者每天生产60万条资讯，创造超过50亿次内容消费，并且内容消费的70%都来源于普通用户的创作。我们倡导的内容为王不仅仅指内容的质量，更看重用户主导模式下的内容生产。虽说我们平台提供了每一个用户都能参与生产的机会，但是并不是什么内容都能得到分发，经过时间的沉淀，那些能在平台留存下来的一定是经过市场和消费者考验的优质内容。①

用户自己生产内容得到了市场的认可，满足了用户和平台的需要。新闻自由并不仅仅局限于主流媒体采访、发布新闻的自由，也指受众可以便利地利用媒介发表自己观点和看法的自由。可是，长期以来，大众的生产权、传播权随着传媒越来越集中化而被剥夺，人们在传媒上看到的内容都是由专业的传媒精英生产的，他们设置了社会的议程，而广大公众却没有发声的渠道。从互联网时代开始，信息生产和传播的门槛迅速降低，但是整个社会越来越信息化使得网上公共信息的存量和增量大幅攀升。② “今日头条”的出现恰恰是把生产权和传播权重新还给普通用户，使得他们再次拥有了话语权，同时也充分利用公众的时间盈余、知识盈余进行内容生产。通过这种“众包”的方式，集各家

---

① 受访者T3，采访时间2018年5月18日。

② 宋建武，黄森．媒体智能化应用：现状、趋势及路径构建[J]．新闻与写作，2018(4)：5-10．

所长，充分调动每一个用户的专业特长，汇聚优质内容。因此，用户成了信息生产环节中的重要主体，随时随地生产着大量的内容和数据。新媒体中不再是过去“假、大、空”式的新闻宣传话语，也不再是高高在上的精英话语，它们的出现给传统媒体话语空间带来清新的气息，极大地拓展了中国媒介话语空间，带来媒介话语的多元化。[①] 这些接地气、通俗化的日常生活的内容生产弥补了文化市场娱乐生活资讯的不足，满足了用户的需求，制造了巨大的流量，迎合了平台商业文化的需求。

大众是流动的、变动不居的，大众的多样性决定了大众文化的多样性，多样性的内容生产为多样性的个性化分发提供了充足的资讯来源，为平台的商业化变现提供了坚实的内容基础。费斯克指出，大众文化的生产并不是由文化工业来完成的，文化工业所能做的仅仅是为形形色色的“大众的层理”提供文本库存和文化资源罢了，而大众才是大众文化的真正促成者，决定着对已有文化工业产品的使用或拒绝。[②] 实际上，大众可以在不同的层理间自由流动，在不同的时间范畴里，一个人可以分属于不同的大众层理。不同层理的存在，决定了大众的多样性和文化的多元化。在“今日头条”里，用户既可以看到单纯为了记录日常生活的最普通、最广大的火山小视频的使用者，如“办公室小野”“密子君”等；也可以看到利用图文、小视频分享生活经验、知识的“今日头条”达人，如“邱医生帮你瘦”“范志红注册营养师”“猪倌巴巴”等；还可以看到追求时尚酷炫的抖音达人，如炫弄特技的“黑脸 V”、热衷唱歌的“摩登兄弟”、热爱跳舞的“代古拉 K”等。当然，也有用户把“今日头条”当作传播新闻资讯的平台。例如，用户发布哪个地方地震、哪里出现车祸、哪里出现疫情，等等。还有用户利用“今日头条”揭露真相、维护自身权益。在这些事件中，有的虽然并不直接首发于“今日头条”，但“今日头条”的二次分发对于事件的持续发酵、讨论等方面起到了巨大的推动作用。

由于技术的支持，大众话语权重新崛起，以往几乎由精英掌控的大众文化的生产，很大一部分让位于普通大众，成为大众文化生产的主力。随着大众文

---

① 苗艳.中国新媒体事件话语研究[M].成都：四川大学出版社，2015.

② 费斯克.理解大众文化[M].王晓珏，宋伟杰，译.北京：中央编译出版社，2006.

化的崛起,大众极富流量价值和商业价值,迎合了平台商业化的旨归。因此,它的商业性顺理成章地被退居幕后的精英所利用,成为为平台生产和赚取利润的主力军。大众文化的蓬勃发展不仅是话语权的一次下移,更重大的意义还在于大众通过文化的生产与社会精英、商业平台和政治权力进行沟通、妥协和抗争。大众生产的内容被推送的权重不取决于内容质量的好坏,而在于内容的热度、点击量、点赞量等商业化指标。一些标题党、猎奇和低俗的内容容易得到更多的推送权重,也更具有流量变现的价值。但如果平台过分地商业化运营,一味追逐利润而无视分发的内容质量和价值观,则必将遭到主流文化的打压和规训。大众文化的崛起对社会确实具有重要意义,但我们也要警惕大众文化主体的盲目性和自发性,不能一味沉浸在新的媒介文化中沾沾自喜,而要防止在去权威化、去中心化后人们又陷入泛娱乐化和缺乏人本主义的精神沦丧之中。① 用户主导的大众文化必须迎合平台商业化的需要,同时也得在主流文化允许的范围内合理合法地存在。

二、商业文化遵循主流文化的合法性

"今日头条"是一家互联网科技企业,也是一家媒体企业。作为企业的第一要务当然是要实现利润的最大化,因此"今日头条"里充满着浓厚的商业文化。通常情况下,平台会把自己装扮成毫无价值倾向、客观中立的信息服务商的形象。实际上,平台的官宣话语涵盖了多种内容,适用于多种场合。"今日头条"既可以被看作技术平台、发声平台,也可以被看作游戏平台、共享平台等。当它以这样的面目示人时,则有意地回避了平台商业主义的本质及其与政治权力之间的微妙关系。②

从传统媒体来看,越来越多的专业媒体机构入驻头条号。借助头条号庞大的用户数量和流量支持获取巨额的商业回报,但这种选择实则是传统媒体的无奈之举。"今日头条"刚刚成立时,利用爬虫技术进行全网抓取,并通过算

① 吴志远.论网络社会时代的新媒介技术观[J].北京理工大学学报(社会科学版),2017,19(2):157-162.

② 杨国斌.转向数字文化研究[J].国际新闻界,2018,40(2):99-108.

法技术与用户的兴趣爱好等指标进行匹配，有针对性地分发信息，但并没有给转发的传统媒体相应的版权费。随着传统媒体纷纷讨伐“今日头条”无偿窃取了他们的劳动果实，侵犯了他们的著作权，“今日头条”才陆续与传统媒体签署版权合作协议，重视传统媒体的知识产权。以下是访谈者的介绍：

> 目前，“今日头条”与传统媒体主要有两种合作模式：一种是“今日头条”向传统媒体购买版权，同时“今日头条”里面的落地页广告收益归“今日头条”所有；另一种是传统媒体的内容被“今日头条”无偿使用，落地页广告收益归传统媒体所有。通过让利的方式，实现双方的资源交换和共生共赢，实现生产者和分发者各自的利益。[①]

传统媒体虽然能获得一定的版权收益，但与媒体生产、运营的巨大成本相比，所得收入微乎其微。面对处于强势地位的“今日头条”，传统媒体因自身生产内容的同质化而委身于“今日头条”亦属无奈之举。

从自媒体来看，截至 2018 年 3 月，入驻头条号的用户数量达 150 万，其中自媒体用户数量达 120 万。[②] 头条号为了吸引用户参与、生产优质内容，提供了一系列补贴和奖励计划。在平台商业文化的刺激下，头条号的自媒体用户数量呈爆发式增长，为了获得奖励，头条号自媒体作者们蹭热度，甚至扒稿、抄袭，内容同质化现象严重，严重影响了用户体验。有的创作者为了博眼球、赚流量成为彻头彻尾的标题党，还有的创作者成为低俗内容的生产者、传播者，污染了社会风气，使得平台声誉受损，更为国家相关管理部门和法律法规所不容，平台屡遭曝光、约谈、罚款、停更、下架，甚至永久关停的处罚，社会美誉度每况愈下。因此，虽然平台的商业化有效刺激了大众文化的生产，但也要防止大众无节制的商业化生产和平台过度的商业化引发主流文化的制裁和监管。

从“今日头条”自身来看，作为聚合类平台，聚合内容、利用算法为用户提供有个性和有针对性的一对一服务只是表象。实际上，“今日头条”最终的目的是商业变现。与其说“今日头条”是一个新闻客户端，不如说它更像在新闻

---

① 受访者 T4，采访时间 2018 年 5 月 18 日。

② 受访者 T2，采访时间 2018 年 12 月 28 日。

和娱乐资讯外衣包装下的商业化平台和消费场域。面对巨大的利益诱惑，面对算法还不尽如人意的缺陷，“今日头条”的广告内容不仅逐渐增多，而且还涉嫌窥视用户隐私、监听用户聊天等。“今日头条”以新闻为幌子，实际做的是流量的生意，只要有巨大的流量就会有超高的人气，只要有超高的人气，信息流广告就有生存的空间，流量就可以拿来变现。从2017年到2018年，“今日头条”屡屡陷入被曝光和整改的舆论漩涡，都是因为其为了巨大的商业利益导致自身监管不力造成的，这其中既有技术的漏洞、不完善的因素，也不乏平台“睁一只眼，闭一只眼”的纵容。由于每一次违法的成本极低，“今日头条”在违法违规的道路上越走越远。人民微评曾撰文批评“今日头条”屡教不改，如果只是一味地犯了改，改了再犯，这样的道歉显得廉价且没有诚意，甚至让人怀疑道歉只不过是金蝉脱壳的一种手段罢了。直到内涵段子被国家广电总局永久关停，“今日头条”才幡然悔悟。内涵段子被关停不仅是国家对“今日头条”的一记重拳，还是对新媒体行业相关违法违规发展现状整治的一记重拳，从中可以看到国家治理的力度和决心，起到杀鸡儆猴的震慑作用。

纵观充斥“今日头条”逻辑前置的商业文化，个性化分发是手段，低俗性是表征，逐利才是本质所在。平台的商业化本无可厚非，但不能传播低俗、庸俗内容，无视国家法律法规，无视社会公序良俗和主流价值观。只有把平台的商业文化关在法律的牢笼里，在与主流文化的博弈中取得合法性和政治认同，才能越走越远，不断发展壮大。

三、主流文化防止大众文化和商业文化的侵蚀

布尔迪厄认为，政治场域是一切场域的元场域。可见，政治场域对其他场域的巨大影响。政府与公众由于占有资源的不均衡致使两者之间形成支配和被支配的关系结构。广大公众身处媒介场域之中，对自身所处的位置视为理所当然，潜意识之中认可这种权力。公众对政府权力的认可进一步建构着对主流文化的认可。以新浪微博为例，2011年是一个分水岭：在前一阶段，网民、拥有众多粉丝的微博用户对于微博生态的繁荣起到了核心作用；在后一阶段，国家加大了对微博的管理力度，网民，尤其是拥有众多粉丝的微博用户的

力量有所削弱。新浪微博前一阶段呈现出多元性,后一阶段由于政府治理则向大一统转型。①

"今日头条"是一个具有媒体属性的平台,在这里,新闻、娱乐、知识、信息以及各种自媒体的内容得以展现,信息的种类丰富,生产者众多且鱼龙混杂、良莠不齐,生产中出现背离新闻专业主义、社会越轨等问题在所难免。平台为了获得更多的点击量和阅读量,监管不严,甚至不惜打擦边球,任凭不良资讯泛滥,严重扰乱了社会风气和道德规范,偏离了主流意识形态和主流价值观。

一边是凭借不良内容迅速成长的"今日头条",另一边是"今日头条"为了能够在健康、绿色的轨道上继续前行而被主流意识形态所规制。主流文化要求媒体要发挥喉舌作用,发挥为党和国家宣传和引导舆论的职能,社会效益永远是第一位的。在传统媒体层面,主流意识形态和主流文化的传播是可控的并取得了丰硕的成果,为国家的独立、繁荣、稳定作出了巨大贡献。但是,在新媒体环境下,自媒体的众声喧哗、传播渠道的多元化使得主流文化的传播逐渐显示出失声、失控甚至是失灵的趋势。② 人们热衷于平台上的娱乐资讯,而对具有公共性、严肃的新闻充耳不闻。为此,传统媒体不仅创办两微一端,而且主流文化的宣传也逐渐向商业媒体和网站渗透。在"今日头条"里,党和国家打击暴力、色情等违反主流价值观的传播行为,用法律手段维护网络环境的风清气正。互联网不是法外之地,大众文化也应有底线,必须在国家主流意识形态和主流价值观的框架内发展。同时,也利用"今日头条"巨大的用户数量和流量资源传播党和国家的声音,扩大主流文化的传播渠道和影响力。在"今日头条"的"推荐"频道、"热点"频道中,前两条置顶的新闻都是时政类的硬新闻,而在"新时代"频道和"党媒推荐"频道中,则几乎都是时政类的新闻和党媒信息专门展示的窗口,既传播了党和国家的声音,又提升了党媒的形象和公信力。而在"国风""公益""正能量"和"冬奥"等频道都潜移默化地传播了民族文化,提升了国家形象,汇聚了民族向心力、凝聚力,提升了主流文化的统一性和权威性。

"今日头条"充斥着浓厚的商业文化气息,在经历了一段野蛮式的增长之

---

① 杨国斌.转向数字文化研究[J].国际新闻界,2018,40(2):99-108.

② 朱小妮.何以成为主流?——建构主义视角下的媒体身份研究[J].新闻战线,2018(4):117-120.

后,国家加强了对平台内容分发的规制,“今日头条”逐渐意识到问题的严重性,作出了自查自纠的整改举措,并在栏目设置和内容审核环节越发谨慎。主流意识形态和主流文化的强势入驻,既是加强党与大众沟通交流的需要,也是国家长治久安、维护主流文化统一性和权威性的有力保障。

在“今日头条”里,有政治权力加持的国家意识形态和主流文化,有平台逐利本性的商业文化,也有亿万用户生产的大众文化。大众文化作为一种抗争的文化,这种抗争主要体现在对话语权的争夺、对高雅文化和俗文化的界定以及大众文化是否合法化等方面。平台的商业文化刺激大众进行文化的生产,但同时也遭受来自主流文化和平台商业文化的制约。大众文化的生产和快感必须在商业文化和主流文化允许的框架下才能获得自身的合法性和商业性。同理,商业文化也必须承担起应有的责任和义务,不能违背主流文化和主流价值观,同时必须对大众文化有足够的尊重和更多商业上的鼓励、支持,才能实现内容生态的良性循环。大众文化场域一直以来就是一个冲突不断的战场,永远也无法摆脱社会权力之间的较量,但这些力量之间既不是激进的对抗或拒绝,也不是全盘的认同与臣服,而是一种温和的较量,在斗争中妥协,在妥协中前进,进中有退,退中有进。①

通观传媒文化研究的发展历程,我们既反对法兰克福学派眼中把大众看作任由精英操控,逆来顺受的被动接收者的悲观论调,也不完全赞同费斯克过于乐观地看待大众的这种微观反抗的理论视角。真正的大众文化应该是两者的折中,是包含来自底层和上层力量的矛盾性的混合体,是商业和本真的结合,既抵制又合作,既是结构的,也是能动性的。② 整个社会是在各种不同的资本及其把持者之间的关系中建立的等级制度,存在于社会结构中的文化场域注定了其在政治场域内部被统治的位置。无论它们多么不受外部的限制和要求的束缚,它们还是总会遭受利益场域、经济场域或政治场域的限制和影响。③ 大众文化是在商业文化和主流文化认可的合法性的基础上进行的生

① 陶东风.大众文化教程[M].桂林:广西师范大学出版社,2008.

② 陈立旭.《理解大众文化》与当代中国[J].浙江社会科学,2013(4):18-27.

③ 布尔迪厄.艺术的法则:文学物的生成与结构(新修订本)[M].刘晖,译.北京:中央编译出版社,2011.

产,难逃被双重规制的命运。但是,大众通过技术获得的话语权,对自身生活的记录和传播,对已有文本的截取、拼贴和自我解读所带来的抗争和快感本身,就具有重大的进步意义。而大众生产力的释放一方面源于技术的赋权,技术激活了用户,用户的主体性得到了前所未有的认同和重视,用户生产力的空前释放进一步促进了大众文化的繁荣;另一方面也源于平台为大众提供了生产和分发的平台,给予其展示自身的机会。“今日头条”成为内容生产的设计者、组织者和管理者,并利用大众文化进行个性化分发实现商业变现,两者之间互搭梯子、互相成全。

综上所述,由于技术的赋权,用户崛起成为内容生产的重要主体,生产出更通俗、娱乐的贴近性内容,赢得了普通民众的欢迎,不仅释放了巨大的生产力,而且产生了巨大的商业价值。技术的进步自下而上地改变了传统媒体的内容生产权、传播权,大众传媒时代内容的生产是由传媒精英把持的,在新闻专业主义和新闻宣传主义的引领和博弈下进行着内容的生产。从我国来看,媒体主要以提供严肃类的时政新闻偏多,大众娱乐的需求并没有得到充分的满足。大众文化更多的是传媒精英通过文化工业生产线批量生产供大众消费,而“今日头条”生产的内容更多的是用户日常生活,集贴近性、娱乐性、实用性、批判性于一体,是真正意义上大众自己生产的文化,进一步释放了用户渴求已久的娱乐需求。在聚合类平台上,用户主导的大众文化场域时常遭到来自平台商业文化和国家主流文化的制衡,使得大众文化必须迎合平台商业化运营的需要,原本用户自娱自乐生产的内容被卷入平台商业化分发的体系之中,同时大众文化的生产和维系也必须符合主流文化的期待和要求,不能挑战社会既有的价值观念,而应该传播正能量,遵循主流价值观和主流意识形态。用户在平台营造的大众文化场域与平台的商业文化和国家的主流文化之间相互制衡和博弈。但从用户被动地接收信息到主动地生产内容,再到平台想尽办法满足用户的需求来看,用户的崛起不仅使其主体地位得到进一步提升,而且为平台生产了多元化、垂直化的内容,成为影响个性化分发的重要一环。

第四章　资本围场：个性化分发商业逻辑前置下的经济场域

媒介场域是多种资本汇集的地方，场域中的行动主体拥有不同种类和数量的政治、经济、文化等资本，各种资本共同参与、影响甚至决定着媒介场域的运行和权力关系的变化。[①] 在我国现有的传媒体制下，新闻的生产牢牢掌握在国家所掌控的主流媒体手中，商业性的门户网站和互联网科技企业根本不具备生产新闻的资质。因此，"今日头条"在技术场域和经济场域进行边缘突破，专事分发和经营取得了成功。而传统媒体日渐式微不敌新媒体的痛点也恰恰在于技术上的滞后和经济上的入不敷出。"今日头条"属于算法导向型新媒体，通过聚合技术进行个性化分发。算法通过高效的分发聚拢人气，成为用户浏览信息的新入口，它兼容了平台型媒体的入口优势和内容导向型媒体的内容优势，对以往传媒的内容生产和分发模式产生了巨大的影响。甚至有人认为，互联网媒体帝国将由算法导向的个性化分发型媒体所主宰。

借鉴海德格尔阐述"物化"的思路，我们可以将媒介化理解为人、技术、权力、资本等要素在媒介的"容纳"之下长期地汇集、互构、实践之后的一种结果。[②] 传媒实践作为一种动态的社会过程，可以串联起社会不同场域之间的互动关系。[③] 身处法国社会背景之下的布尔迪厄认为，政治场域对电视新闻生产的影响一定远远不及经济场域。因此，他略过了政治场域而把研究的重点放在了经济场域。[④] 他在《关于电视》一书中重点论述了商业逻辑对于电视

① 丁莉．媒介场域：从概念到理论的建构[J]．社会纵横，2009，24(8)：104-106．

② 钱佳湧．"行动的场域"："媒介"意义的非现代阐释[J]．新闻与传播研究，2018，25(3)：26-40，126．

③ 唐士哲．重构媒介？"中介"与"媒介化"概念爬梳[J]．新闻学研究，2014(121)：1-139．

④ 廖婻婧．"场域"理论视角下的东方卫视节目生产研究[D]．上海：上海大学，2015．

新闻生产的影响,上电视要经受经济审查,电视的内容品位会受制于经济的束缚。广告客户、政府补贴以及媒介背后的拥有者,它们以一种隐蔽的、看不见的手段,贯彻这套审查机制,这是内化于各个行动者内心的一种惯习,并使电视成为维护象征秩序的了不起的工具。[①] 实际上,无论传统媒体还是“今日头条”都或多或少地受制于经济的束缚,特别是商业化媒体只有在经济上彻底独立才能在市场上立足和发展,经济对其的影响不言而喻。算法导向型媒体“今日头条”在我国的内容分发领域迅速崛起,它作为场域中的一个新闯入者试图通过自己的行为获得更多的资本,并想方设法地改变媒介场域的规则。“今日头条”凭借信息流广告的巨大吸金能力、平台庞大的用户群体,得到了各方资本的青睐。经过几轮融资之后,“今日头条”2018 年的广告收入超过 500 亿元,最新估值高达 750 亿美元。经济上的营收能力固然让人羡慕,但在这巨额的利润之下隐藏着怎样不为人知的运行法则呢?资本对分发又有着怎样的影响呢?

第一节　资本化运营介入个性化分发的必然性

企业的发展离不开适销对路的产品、渠道和有效的传播,也离不开资本的成功运营。作为一家互联网科技企业,“今日头条”为了寻求资本的支持,拓展自身的商业版图,对资本有着强烈的渴望。资本逐利的本性和平台对资本的渴望使得市场导向型媒体平台通过资本运营进一步促进个性化分发的发展成为一种必然。随着“今日头条”估值的不断攀升,其与美团并列成为世界第四大创业公司,而前三名分别为优步、滴滴和小米。与此同时,“今日头条”位列全球十大人工智能初创公司名单的榜首。“今日头条”能够取得如此骄人的成绩,除了自身精准的算法分发技术和全面多元的内容生态优势之外,成功的资本运营功不可没。

---

① 布尔迪厄.关于电视[M].许钧,译.沈阳:辽宁教育出版社,2000.

一、多方融资才能夯实平台的经济基础

政治经济学派的代表人物格雷厄姆·默多克和克劳迪娅·戈尔丁把对资本充分的分析看作传播政治经济学的明显开端。媒介的商业化过程把技术、用户、资本和权力之间的矛盾和斗争赤裸裸地置于前台。[①] 在西方商业化充分的国家，大众媒介最重要的应该是工业化的、商业化的组织，它生产和分配商品，创造巨额利润，是文化工业产业链上极为重要的一环。“今日头条”凭借先进的算法技术，专注于分发领域的美好前景，庞大的用户群体、越发完善的内容生态、个性化广告推送巨大的盈利能力使其在资本融资的路上一直顺风顺水，得到了多个资本的青睐。与此同时，作为一家刚刚起步的互联网科技企业，其拥有最多的是技术资本，经济资本则捉襟见肘。“今日头条”要想在媒介场域里站稳脚跟，获得垄断性的位置，必须拥有大量且充足的资金。因此，平台的资本化运营是其自身发展壮大的必然要求。为了借助资本的力量夯实平台的经济基础，“今日头条”进行了多轮融资。在 A 轮融资中，“今日头条”获得 500 万美元的资金支持。其后，B 轮融资 1000 万美元，C 轮融资 1 亿美元，D 轮融资 10 亿美元，E 轮融资 20 亿美元。2018 年，又一次增资 40 亿美元。

有了充足的资金支持，“今日头条”迅速发展壮大，在资本市场中的估值也一路看涨。在 C 轮融资之后，“今日头条”的估值达 5 亿美元；完成 D 轮融资时，其估值达 110 亿美元。2018 年，“今日头条”的估值再创新高，达到 750 亿美元。充足的融资、较高的估值使得“今日头条”能在基础设施、基础技术、内容生态布局上投入更多资金，从而孵化出更多的产品。同时，还扩大了公司员工的规模，招聘了更多的优秀人才，吸引和奖励了更多的优质内容生产者入驻平台进行生产和再生产，丰富了平台由最初单一的新闻分发到泛内容分发，甚至打造了完善的内容生态体系，实现了良性循环。“今日头条”刚成立时，只有 20 多名员工，如今已经拥有近 10 万名员，他们遍布在世界各地。如何保持技术上的领先性、开发布局新的产品、提高公司员工的薪金、留住人才，成为“今

---

① 莫斯可．传播政治经济学[M]．胡春阳，等译．上海：上海译文出版社，2013．

日头条”未来发展的关键。目前,我国移动通信用户数量几乎触及了网民增长红利的天花板,向海外发展,拓展海外市场,扩容世界市场,才是明智之举。因此,“今日头条”不断进行海外收购,从国内的个性化分发市场走向国际化分发同样离不开资本的支撑。这些因素是“今日头条”如此渴求资本化运营的深层动力。由于在技术和经济上的成功突破,“今日头条”吸引资本投资的能力越来越强,同时对资本的渴求也从未像现在这样强烈。

二、用户的商业化生产离不开资本的驱动

如果说融资是企业借助风投公司的资本实力,是利用社会资本的行为,那么斥巨资打造内容生产平台、鼓励原创作者生产则是“今日头条”与媒体、自媒体之间的一种合作、互补和共赢,属于平台内部内容生态布局和内部资本化运营的行为。为了吸引更多的用户提供更优质的内容,不断提高分发内容的质量,做大、做强、做精内容分发的“容量池”,“今日头条”需要投入巨额资金吸引大量专业媒体、自媒体、企业、政府等组织机构入驻,而驱动用户的商业化生产和再生产离不开资本的推动。截至 2018 年 3 月,入驻头条号的用户数量达 150 万,包括 120 万自媒体、14 万企业、7 万政府机构和 1 万家媒体,每天发布 60 万条内容,产生约 50 亿次的信息消费。① 这些信息集图文、音像、视频、问答、微头条等多种内容形态于一体,构建起较为完整的、多元化的内容生态体系。

互联网的上半场是基于用户红利的渠道之争,而互联网的下半场则是用户不断沉淀的优质内容之争,谁拥有优质内容谁才能赢得最后的市场。“今日头条”在分发上取得巨大成功之后,逐步意识到大量优质内容对平台的重要性,也在不断构建自身的内容生态体系,这些举措都离不开资本的运营。为了解决版权纠纷,增加原创的质量和创作者的收益,“今日头条”采取了一系列有利于优质内容创作者的补贴计划。在图文创作领域,“今日头条”陆续启动了“千人万元”计划、“百群万元”计划、“礼遇”计划等资助与奖励活动,意在保障

① 头条号.2017 年“今日头条”创作者大数据[EB/OL].(2018-03-22)[2019-05-16].http://mp.toutiao.com

优质内容生产者获得较高且稳定的收入，鼓励其持续生产大量优质内容。在短视频创作领域，“今日头条”为了扶持短视频，不仅拿出10亿元补贴创作者，同时给予每一条优质原创短视频至少10万次的加权推送。现在，西瓜视频已成为国内最大的专业生产内容短视频平台。“今日头条”宣布西瓜视频拿出20亿元，帮助创作者变现。“今日头条”除了布局图文、短视频的内容生产以外，还有意在社交分发上有所建树。2018年，悟空问答投入10亿元签约答主，400亿流量扶持微头条红人。除流量扶持和现金补贴之外，“今日头条”还为短视频创作者设立了金秒奖，推出了多频道网络(MCN)合作计划和原创倍增扶持计划，等等。

虽然“今日头条”最初只是靠“搬运其他媒体的新闻”起步，但张一鸣深知优质、丰富的内容对于一个平台的重要性，“今日头条”只有投入充足的资金才能吸引大量优质内容创作者；给予头部创作者以丰厚的待遇，才能最大限度地释放专业生产内容和用户生产内容的生产力，建构各个垂直领域，形成庞大的内容池，筑起同业竞争的坚实壁垒。因此，从某种意义上讲，“今日头条”的内容生产并非全都是用户的自发生产，而是平台将个人或组织卷入资本体系，是一种平台驱动的商业化生产。用户生产的初衷由原来的记录生活、记录自我逐步异化为为了点击量、浏览量等商业化指标和平台奖励。

三、平台的全球化扩张渴求资本的加持

传媒产业中的企业在初创时期一般都扎根本国，随后作为一种外部力量在世界各地安营扎寨。[①] 扩张是资本的天性，一国的企业可以迅速发展壮大为全世界的跨国经济体，正如大众传媒时代发轫于澳大利亚，成长于英美，最终传媒资本遍布全球的默多克的新闻集团一样。正是由于资本的扩张性，新闻集团走上了全球化、国际化发展之路，最后成就了一个超级传媒帝国。当国内互联网用户增长红利达到天花板时，“今日头条”要想获得更大的发展，走全球化、国际化发展之路是历史的必然选择，但这一愿景的实现更需要充足资本

① 莫斯可.传播政治经济学[M].胡春阳，等译.上海：上海译文出版社，2013.

的加持。正如张一鸣所言,国内用户占世界人口的 1/5,配置全球化资源、追求规模化效应,开拓剩余 4/5 的世界用户才能决胜于市场,决胜于未来。

互联网的发展给世界和中国带来了巨大的机会。20 世纪六七十年代出生的互联网企业家们大多数都有留学海外的经历,他们所做的事就是依靠中国的人口,在中国创造一个与欧美平行的互联网世界。因此,早期的中国互联网科技企业一般都是照抄美国,复制西方,走的是"复制到中国"的路线,如百度阻击了谷歌,阿里阻击了亚马逊,腾讯更是将 MSN 等潜在威胁扼杀在了摇篮之中。雅虎在中国有着众多的门徒,亚马逊和 eBay 更是不缺来自中国的模仿者。从出海的角度来看,我国传统互联网巨头百度、阿里、腾讯并不成功,它们在成功狙击国外互联网科技企业之后,也把自身的格局局限在国内。而 20 世纪 80 年代出生的互联网创业者们大都具有国际眼光,不约而同地把目光聚焦于海外。从技术的角度来看,中国互联网科技企业开始从抄袭者转向布道者,从学习别人到向外输出技术、被别人模仿的新阶段。中国的互联网科技企业正逐步掀起新一轮的出海热潮。不过,中国的互联网科技企业采取了不尽相同的出海策略,成熟的大型企业集团更喜欢资本输出,以直接投资的方式出海。以智能手机为代表的新兴制造企业通常采用消费品输出,即直接将手机等商品出口海外,赚取利润。而"今日头条"选择的是技术输出的模式,凭借自身先进的技术做本土化运营,雇佣当地人组建运营团队,根据不同国家和地区的用户喜好制定个性化分发策略。分发运营的过程中有两个难点需要解决:一是吸引当地用户使用该产品,聚拢人气和流量;二是鼓励当地用户参与平台内容的生产建设,以当地文化的贴近性和喜好推动资本的增值和变现。

2016 年上半年,中国民营企业在海外完成了 290 宗并购,占所有企业并购交易总额的 64%,这一数量还在持续上升。莫斯可在《数字化崇拜:迷思、权力与赛博空间》一书中指出,商业化和数字化的联结是政治力量所认可和鼓励的,因为这两者的结合可以给统治者带来经济上的繁荣并在全球竞争中凸显自身的优势和实力。[①] "今日头条"的国际化战略始于 2015 年 6 月,主要通

① 莫斯可. 数字化崇拜:迷思、权力与赛博空间[M]. 黄典林,译. 北京:北京大学出版社,2010.

过收购和自营两种方式布局全球市场。“今日头条”先是以 2500 万美元投资了印度最大的新闻聚合平台 Dailyhunt，随后控股了印度尼西亚的新闻推送阅读平台 BABE，然后又全资收购了北美知名短视频社区 Flipagram。随着“今日头条”将 News Republic、Live. me 和 Musical. ly 收入囊中，其精心布局的全球化内容分发平台初现雏形（见表 4-1）。

表 4-1　“今日头条”海外扩张进程

海外扩张时间	产品名称
2015 年 8 月	“今日头条”海外版 TopBuzz 上线
2016 年 9 月	TopBuzz Vedio 上线
2016 年 10 月	投资印度最大的内容聚合平台 Dailyhunt
2016 年 12 月	控股印度尼西亚新闻推送平台 BABE
2017 年 2 月	全资收购美国短视频应用 Flipagram
2017 年 7 月	火山小视频海外版 Hypstar 上线
2017 年 8 月	抖音海外版 Tik Tok 上线
2017 年 11 月	收购全球移动新闻服务运营商 News Republic
2017 年 11 月	投资猎豹移动子公司 Live. me
2017 年 11 月	收购音乐视频分享和互动社交应用 Musical. ly

事实上，Musical. ly 的团队也来自中国，只是过去一直都主攻海外市场，这也算国内首个成功打入欧美市场一线的移动互联网产品。在被“今日头条”收购之后，Musical. ly 也将触角伸回了国内，改名为 Muse，直接与抖音竞争。Muse 最大的优势是和多个音乐平台合作，这其中还有 Apple Music。因此，未来基本不会有版权问题。但 Muse 的问题在于其在海外活得过于舒服了，进军国内对他们来说不一定是一件需要全力以赴的事情。而国外和国内，无论文化还是产品的使用习惯，都有一定的区别。经过一系列的整合与收购，目前“今日头条”的业务已经覆盖北美、日本、巴西、东南亚等国家和地区。“今日头条”通过全球化收购和自营在海外建立了自己的内容生态，为释放全球的用户红利奠定了坚实的基础。对于技术出海、本地化运营的“今日头条”来说，开拓国际市场不仅意味着中国互联网科技企业开始走向世界，在资本驱动下开

始了向国际扩张的步伐，而且意味着对世界信息和传播新秩序的一种重构。我国借助互联网技术争夺国际传播话语权，发出更强大的中国声音，表明更鲜明、更公正的中国态度成为一种可能。[①] 而“今日头条”在国外疯狂并购和自营的前提是企业对资本的成功运营，没有强有力的资本化运营，其国际化战略便无法变成现实。

在资本的不断加持下，“今日头条”内容低俗化的背后是流量变现的利益之争。平台推崇算法推送，心甘情愿地做“新闻的搬运工”，不干预用户的兴趣，淡化新闻价值的标准，这背后是资本催生流量和内容变现的利益链条，是平台商业化的现实需求。行业资本竞逐的背后实质上是同业之间对流量、使用时长、市场占有率的争夺。无论在国内发展，还是掘金海外，企业都必须充分利用资本市场，为自身的发展和扩张提供充足的资金支持和保障。资本固然重要，逐利亦无可厚非，但媒体型平台不能被商业资本过度裹挟，而应该坚决抵制低俗，提供优质内容，坚守媒体的价值导向和责任，在风清气正的网络环境中公平、公正地竞争。

第二节　过度资本化运营对个性化分发的多维影响

“今日头条”作为一家互联网科技企业，盈利是其存在和发展的合理诉求。成功的资本化运营促进了“今日头条”分发技术的进一步研发和完善，吸引了优质内容创作者的入驻，雇佣了更为优秀的员工，打造了完善的内容生态系统，使其不仅成为国内聚合类平台的佼佼者，而且成功走向海外进行技术输出和品牌输出。一系列资本化运营的成功举措让“今日头条”形成了良性循环的产业发展闭环，但过度的商业化运营影响了个性化分发的走向，给平台、用户和国家带来了诸多不利影响。

在媒介融合的语境下，新闻的内容边界、记者的职业边界被不断消解。特别是某些商业媒体过度追求市场效益，回避新闻专业主义和媒体应具有的公

① 莫斯可. 传播政治经济学[M]. 胡春阳，等译. 上海：上海译文出版社，2013.

共属性，甚至一度出现“专业主义”离场，“商业主义”统合一切的局面。[①] 很多人都批评“今日头条”里的内容低俗涉黄，毫无营养，但背后的原因主要是吸引用户、增加点击量，然后将其变现。毋庸置疑，最吸引人眼球、最具流量的就是所谓的低俗内容。以下是一位业内资深技术人员的阐述：

> 如果“今日头条”想变得高大上其实也很容易，比如以用户“收藏”的内容为优化目标，而不是一味地追寻热度和点击量指标，那么“今日头条”很可能马上变得阳春白雪，调性上扬。任何一个推送模型在正式投入使用之前都会经历模型训练，如果算法工程师在训练模型的过程中，更多考虑的是低俗的、能赢取更多点击量的内容，那么这种模式注定在推向市场的时候会给用户推送更多这方面的内容，进而陷入被人诟病低俗的舆论漩涡之中。[②]

“今日头条”在过去 8 年的时间里发展成为估值 750 亿美元的独角兽企业，很大程度上是依靠对用户碎片化时间的利用和低俗信息不断增强用户黏性。作为依靠个性化算法推送的资讯平台，这个责任需要算法推送来背负。但也有分析人士认为，如今的互联网媒介平台对内容的审核不如传统媒体严格，“今日头条”出现的种种问题，说明其平时的运营管理是不到位的。对于“今日头条”而言，自身的审核就像一把双刃剑，平台对内容严格监管就会造成流量的损失，影响其商业利益；但放松监管、听之任之又会对平台声誉造成影响，为法律、法规及道德所不容，这种矛盾的背后存在着“今日头条”与政治、经济、科技之间，聚合类平台、自媒体作者和用户等诸多环节、诸多要素之间的复杂博弈。卡尔·马克思在《资本论》中指出，如果有 10%的利润，资本就会被到处使用；有 20%的利润，资本就活跃起来；有 50%的利润，资本就敢于铤而走险；有 100%的利润，资本就敢践踏一切人间法律；有 300%的利润，资本就

---

① 周睿鸣.“转型”：观念的形成、元话语重构与新闻业变迁——对“澎湃新闻”的案例研究[J]. 国际新闻界，2019，41(3)：55-72.

② 受访者 F4，采访时间 2018 年 10 月 12 日。

敢犯任何罪行，甚至冒着被绞首的危险。[①] 过度追求流量和商业变现，无视内容质量与价值导向，成为“今日头条”屡遭诟病的原罪。

一、诱发用户沉浸式孤独

为了吸引更多的用户浏览信息，不断完善用户体验成为“今日头条”的不懈追求。在内容的呈现方式上，“今日头条”采用的是全媒体呈现，平台里不仅有图片、文字，还有音乐、语音播报，特别是抖音在2017年的突然爆发，创造了一个阅听的新方式、新体验。用户在这里不仅能看到自己喜欢的、感兴趣的资讯，还能体验到全媒体景观呈现出的视听盛宴。这种信息的表达是多媒体手段综合的超级文本，多模态话语融合了社会符号学与批评性社会符号学，调动了听觉、视觉、触觉等多种感官刺激，通过语言、图像、声音、动作等多种手段和符号资源进行对话和传播。[②] 随着读图时代的来临，人们更倾向于消费图片和影像，传统媒体在融合的过程中也在不断打破媒体自身的边界，向着全媒体方向发展。正如彭兰所言，新媒体的发展对传媒产业的一个关键影响是淡化了传统传媒产业的边界。[③] 但“今日头条”的不同之处就在于这种全媒体呈现是建立在算法个性化推送的基础之上的。由于用户浏览的信息都是基于自身的兴趣、爱好，久而久之用户不断地在自己和世界之间筑起一道高墙，许多人沉溺于这样的拟态环境中不能自拔，人机之间的互动和交流逐步取代了人们面对面的人际传播，互联网上的沉浸与狂欢恰恰是现实孤独的一种体现。用户的欲望被不断地满足，构成了一个正向反馈，使得用户形成心理依赖，大大增加了用户的使用时间。“今日头条”既满足了用户需求，同时也从用户身上赚取了巨大的流量，成为变现的前提和资本。

美国麻省理工学院社会心理学教授雪莉·特克尔在《群体性孤独》一书中指出，在网络社会中，亲密关系与孤独关系成为一对辩证统一的概念。既存在

---

① 马克思.资本论[M].中共中央马克思恩格斯列宁斯大林著作编译局.北京：人民出版社，1975.

② 张德禄.多模态话语分析综合理论框架探索[J].中国外语，2009，6(1)：24-30.

③ 彭兰.未来传媒生态：消失的边界与重构的版图[J].现代传播(中国传媒大学学报)，2017，39(1)：8-14，29.

人与机器之间孤独关系的新型亲密,又存在人与人之间亲密关系的新型孤独。① 人与人之间的关系变得日益疏远,人们为了保持亲密渴望“在一起”,但同时又渴望能够“在别处”,互不干扰。② 很多人都处在连线且孤独之中,为了躲避现实世界,人们从现实世界抽身进入虚拟的网络世界,并在两者之间自由切换,以此慰藉心灵,寻求安慰。③ 这也正是吉登斯所说的现代化是一个“时空脱域”的过程,人和物从具体的时空中抽离出来,进入一个被传播技术和信息虚化的空间里,虚拟交流代替了面对面的、具身性的人际交往。④ 大众在技术建构的网络环境下,逃离现实世界,在虚拟与现实之间进行双重体验,并利用技术之便处理多重任务。用户在工作和休闲的碎片化时间里频繁进入平台,把自身从现实世界中解放出来,进入“今日头条”娱乐的、资讯的、消费的世界浏览令自己愉悦的资讯,购买自己心仪的商品。媒介即按摩,用户在媒介提供的愉悦、轻松的信息环境中得到放松,沉浸在“今日头条”多样化的信息海洋里无法自拔。

在网络的世界里,用户不仅仅是信息的消费者,同时也是生产者。网络世界的虚拟性特征使得用户在这里可以表演,可以尽情地自我呈现。网络社交的虚拟性和非接触性充分保证了个体在社交中的安全距离。按照戈夫曼的拟剧理论,脱域的虚拟网络有助于用户在网络上重新塑造自己想演绎的角色,同时大大降低了观众突然闯入“后台”一探究竟的风险,从而安全有效地维持了“演员”形象前后台的一致性。⑤ 在“今日头条”里,无论原创图文还是短视频都给用户提供了一个在虚拟世界里展现自我的舞台,每个创作者在这里都可以尽情地表演,塑造自己渴望被粉丝认同的形象和感知。无论阅读还是内容创作都对平台有着较深的依赖。无论在现实世界还是在虚拟的网络世界,人们看似距离拉近的背后实际上仍然只是短暂地逃离现实。人们身处一个由数

---

① 吴忠民.社会学理论前沿[M].北京:中共中央党校出版社,2015.

② Turkle S. Alone toghter: Why we expect more from technology and less from each other [M]. New York: Basic Book, 2011.

③ 特克尔.保持联系却仍旧孤单[J].上海教育,2013(24):72-75.

④ 吉登斯.现代性的后果[M].田禾,译.南京:译林出版社,2011.

⑤ 戈夫曼.日常生活的自我呈现[M].冯钢,译.北京:北京大学出版社,2008.

据构织的“电控空间”里,时常会陷入惊喜却癫狂、奇异却失真、热闹却孤独的情境之中。① 人与人之间的关系并没有因为技术的进步、沟通形式和手段的多元而变得更加亲密,人与人之间的联系反而变得更少了,虚拟的交流代替面对面的人际传播,人与人之间看似亲密,实则每个人都陷入了一种新型的孤独之中。② 因此,现代人似乎比以往任何时候都更需要获得沉浸、交互和同构的体验。恰恰是人们在现实生活中存在的这种群体性孤独,使得人们进一步对“今日头条”产生依赖,喜欢在“今日头条”这类虚拟的、流动的平台里浏览信息、获得娱乐、消磨时间,场景的多元性和即时感带给用户最缺乏的陪伴。人类从原来的人与人之间稳定的、可见可感的对话、沟通,逐渐转变为人机之间的互动与陪伴,虽然扩展了交往空间,但身体的亲身体验越来越少。③ 中野牧曾经针对大众媒体浸润下的受众——容器人进行分析,并指出他们虽然渴望交流、接触以摆脱孤独,但容器边缘的界限分明使得人们无法走进彼此的内心。聚合类平台为了商业目的源源不断地为用户提供感兴趣的内容,延长其留存时间,进一步使用户陷入在一起孤独的虚无之中,对相关资讯产生极度的依赖,沉溺其中而无法自拔。④

二、商业遮蔽下的资讯误识

“今日头条”逐利并在业内生存的杀手锏仍然是广告创收,但是“今日头条”的广告不仅依靠算法的个性化推送,使得每个用户看到的广告都不一样,而且“今日头条”的原生广告更像是一种有用的资讯,具有可读性。狭义的新闻,是指对新近发生事实的报道,而随着媒介的进化,我们更应该具有一种“大新闻”观。它完全就是一种资讯,包括生活资讯、分类资讯,甚至广告本身,都会成为读者需求的一部分。大的新闻、大的资讯……无非就是一个类似早餐一样的日用消费品。⑤ 头条号里的创作者有专业媒体、自媒体、企业和政府等

① 国秋华,孟巧丽.抖音的互动仪式链与价值创造[J].中国编辑,2018(9):70-75.
② 吴忠民.社会学理论前沿[M].北京:中央党校出版社,2015.
③ 国秋华,孟巧丽.抖音的互动仪式链与价值创造[J].中国编辑,2018(9):70-75.
④ 郭庆先.传播学教程[M].北京:中国人民大学出版社,2011.
⑤ 田秋生.市场化生存的党报新闻生产——《广州日报》个案研究[D].上海:复旦大学,2008.

机构，但是在内容创作时不允许赤裸裸地直接发布广告、公布销售电话或留下微博、微信等链接，因为这样会影响用户体验，是被“今日头条”严令禁止的。“今日头条”的一位高管在访谈时说：

> 我们不是排斥广告类的信息，我们只是反对自媒体生产的太过直接且影响用户体验的纯广告。我们希望能把广告信息做得有用化，因为用户也需要广告类的资讯了解商品、指导自己消费。把广告信息软化，让广告信息具有可读性、有价值是“今日头条”一贯的追求。我们“今日头条”不仅要做到新闻资讯的一对一个性化推送，在广告资讯分发方面也要做到有针对性地分发，提高广告的转化效果，让用户和广告主都能够从中获益。①

这种隐性的广告推广、广告资讯和根据用户浏览痕迹、潜在购物需求的信息流广告，对用户的广告效果显著，广告的转化率也非常高。用户在这样的阅读环境中，经常会碰到广告，有时也分不清自己看的是新闻还是广告，整个平台深深地陷入了娱乐和商业化的包围之中。

麦克卢汉指出，媒介即讯息，意思是说我们或技术的任何一种延伸或进步都一定在我们已有的事物中引进了一种新尺度。② 算法个性化推送技术——这种新尺度——使得广告和用户水乳交融，以前用户看到广告直接跳读或转换电视频道，如今用户却把广告当作有效的资讯主动地阅读。正如波兹曼所言，“媒介即认识论”，媒介深刻影响着我们对周遭事物的界定与认识。③ “今日头条”与其说是新闻客户端，不如说是在新闻和娱乐外衣包装下诱导用户消费的场域，这是对“今日头条”本质的一种误识。所谓的误识，是指社会行动者对那些施加在他们身上的暴力，感觉不到或并不认为那是一种暴力，而且还心甘情愿地与统治者合谋，进一步助其加强对自身的剥削和暴力。造成这一现象的根本原因在于一个人固有的认知结构和这个人所处的社会结构，每个社

---

① 受访者 T2，采访时间 2018 年 12 月 28 日。

② 麦克卢汉. 理解媒介：论人的延伸[M]. 何道宽，译. 北京：商务印书馆，2000.

③ 陈后亮. 泛娱乐业时代——兼读波兹曼《娱乐至死》[J]. 大众文艺(理论)，2009(1)：46-47.

会都有自己认定的假定和公理,无须教导和灌输,人们就接受了它们,并且深信不疑。[①] 目前,“今日头条”的用户对其提供给他们的粗浅的、娱乐的、无营养的内容乐此不疲,即使身陷消费主义的旋涡之中也不自知,并且认可了这种娱乐以及在娱乐背后隐藏着的被消费、被盘剥的事实。用户长期沉浸在娱乐和消费的资讯环境中而将严肃信息排斥在接受范围之外。

“今日头条”是国内最早采用信息流广告形式的媒介,广告不断地出现在用户阅读的场景之中,并且经过算法推送,这些广告非常符合用户的年龄、喜好、时尚、购买倾向等,广告效果好,深受广告主的欢迎,这种形式也成为“今日头条”赢利的利器。除了信息流广告之外,“今日头条”还有开屏广告、落地页广告、详情页广告等。甚至头条号作者“坤哥玩花卉”视频的下方也经常会有作者推送的花肥、花盆,以及相关花卉的购买链接。用户在浏览信息的过程中,如果喜欢创作者推荐的商品就可以随时购买。以此,“今日头条”进一步延展了自身盈利的方式和渠道(见图 4-1)。

图 4-1 “今日头条”内容中的购物链接

无论硬广告,还是内容中的链接、电商广告,抑或企业号中类似商业信息的广告类资讯,都使得“今日头条”充斥着浓浓的商业味道。以下是用户反馈:

现在,“今日头条”里的广告越来越多,以前刷抖音很久才出来一条广

① 布尔迪厄,华康德.反思社会学导引[M].李猛,李康,译.北京:商务印书馆,2015.

告,现在刷几条就会出现一个广告,甚至抖音和火山小视频的直播间很多主播直接卖东西。广告的频繁出现、平台过度的商业化一定程度上影响了用户的使用体验。①

用户在充满娱乐、商业资讯的拟态环境中冲浪,对这种环境或习以为常或几无察觉,不仅消解了人们对政治的热情,还助长了人们攀比、炫富的虚荣心。正如鲍德里亚所言,战后资本主义社会是生产主导的社会,而后现代社会则是一个消费主导的社会。媒介中的广告宣传成为人们消费时的理想参照,广大用户在广告信息的传受过程中扮演了两种角色:一种角色是广告话语的客体,他们是被操纵、被控制的对象;另一种角色是广告话语的主体,他们不再被动而是能动地对广告信息作出自我的判断和理解。② 由于信息的泛滥,用户对自己的意愿和欲望具有不确定性。信息和意义内爆为毫无意义的噪声,消费者变成了不知该如何行动的孤零零的个体。个体不再热衷于公民权利的最大化,而是变成了彻头彻尾的消费者,成为被符码限定的客体对象的牺牲品。我们处在消费控制整个生活的社会里,消费控制当代人的全部生活。③ 这种不注重商品的使用价值而只看重符号的意义和象征的消费逻辑,也正是当今消费社会中最重要的意识形态,即消费意识形态。"今日头条"并不只是一个信息展示的平台,并非没有价值观,而是一个在娱乐、资讯掩映下的商业平台,是一个资本逻辑前置下的消费场域,它的价值观不可避免地体现为流量为王、利润至上的商业主义价值观。

三、社会越轨促使劣币驱逐良币

社会越轨是指一种越轨行为,又被称为离轨行为,一般来说是指社会成员违反或偏离社会规范的行为。④ 公民社会越轨行为的发生不一定都是犯罪,

---

① 受访者 T11,采访时间 2018 年 9 月 20 日。

② 陈力丹,陆亨.鲍德里亚的后现代传媒观及其对当代中国传媒的启示——纪念鲍德里亚[J].新闻与传播研究,2007(7):75-79,97.

③ 鲍德里亚.消费社会[M].刘成富,等译.南京:南京大学出版社,2001.

④ 高芙蓉.社会学概论[M].北京:经济科学出版社,2015.

有的只是对社会规范的背离。传媒在市场化的现实图景里,在争夺受众的过程中,为满足受众的需求一般采取商业式、绥靖式的策略,存在着诽谤性丑闻和煽情性新闻驱逐严肃新闻的倾向。[①] 甚至有的编辑、记者和自媒体作者完全不顾新闻专业主义的精神,在商业利益的驱动下,复制国外不良新闻的生产模式,为制造轰动效应、吸引眼球而不惜编造假新闻,对转载的新闻不核查真伪,人云亦云,甚至以讹传讹。传媒领域的这种行为虽不构成犯罪,但已经属于社会越轨行为,偏离了人们对传媒的期待,偏离了作为媒体应该有的审核机制和新闻专业主义的职业操守,长此以往一定会损害传媒的公信力、影响力和权威性。

对于"今日头条"而言,内容创作者、平台和用户之间形成了一个闭合的利益链条。用户浏览内容是为了消遣娱乐,获取资讯和知识,而内容创作者和平台则是为了商业利益。内容创作者为了获取更高的点击量通常会放弃高雅、严肃内容的生产,转而追求热点、娱乐八卦、自带流量等低俗内容的生产。算法作为一项技术本身是不含价值观的,是中性的,但技术中性的背后是人为操纵的,平台内容的价值观恰恰隐藏在低俗内容的背后,商业至上、盈利才是"今日头条"的价值追求。生产者为生产低俗内容而使出浑身解数,内容生产越发地迎合消费者的需求和平台商业主义的内在逻辑。分发者忽略内容本身的真伪、善恶,毫无条件地遵从用户的选择和喜好,一味迎合用户而推卸了一个媒体应该有的引导和提供高质量内容的责任。这种单一的流量至上、流量为王的纯商业运作模式,只看经济效益无视社会效益的做法,最终导致劣质信息层出不穷,不良资讯泛滥,高雅、严肃、正能量的硬新闻逐渐被驱逐、被边缘化,甚至形成了这样一种观念——越是有市场价值的产品越是低劣的,造成了劣币驱逐良币的效应。

对于"今日头条"而言,算法还不能完全准确地判断内容是高雅的还是低俗的,舆论导向和价值观是正确的还是错误的。"今日头条"宣布其只追求信息的吞吐量和内容的多元,实际上吞吐量就是流量,在流量为王的时代里,它就成了资本流向的旨归,流量的价值超越了社会责任。为了把流量变现,信息

---

① 刘肖.超越表象:对"娱乐至死"命题的批判性思考[J].新闻界,2007(4):37-39,85.

多元化就成为放纵低俗的借口，导致低俗信息泛滥。传统媒体追求的是高质量的读者、受众，以及高质量的用户价值和用户质量，因为这部分人群的购买力强，广告效果有保障。而“今日头条”偏偏做的是“三低”人群的生意——低年龄、低学历、低收入占据了绝大多数网民的比例，互联网的生意经恰恰在于只要有人气一定就会有流量，只要有流量一定就会有收益。大量低俗信息、娱乐八卦等资讯充斥着平台，随着点击量不断攀升而被算法赋予更多的推送可能，而那些高雅严肃的新闻则由于点击量不大而得不到更大范围的分发。久而久之，劣质的资讯越来越多，越来越被大范围推送，而对公众具有重大价值的、具有知悉意义的、优质的公共新闻则不断被挤压，影响力骤减，经济学领域里所称的“劣币驱逐良币”的现象在资讯分发领域里同样发生。

> 我不在乎“今日头条”的内容是否真实，是否高雅，我浏览“今日头条”主要是为了消磨时间，获取娱乐，是工作后的一种放松和休闲方式。我喜欢看娱乐八卦，对严肃类的政治新闻不感兴趣，娱乐资讯本身就真真假假，何必那么认真。所以，“今日头条”的内容正符合我的需要。使用者要是想看严肃、权威的新闻就应该去别的平台，而不应该来“今日头条”。[①]

持有这样想法的用户在所有用户中所占的比例很高，也正是这些用户的存在，使得娱乐新闻吞噬了严肃新闻的影响力。与其说“今日头条”是新闻资讯类平台，不如说是不折不扣的娱乐平台。还有访谈者说：

> 我了解资讯主要是通过微博和腾讯，这些渠道基本就够用了，我觉得这两个平台一般不会错过重要资讯。现在的新闻越来越同质化，各家媒体都差不多，再说我也没有那么多时间去看新闻，所以就没有额外安装“今日头条”。[②]

在访谈中，我们也了解到很多人从来没有安装过“今日头条”，还有一小部分人安装之后又卸载的，他们认为：

---

① 受访者 C8，采访时间 2018 年 9 月 29 日

② 受访者 D8，采访时间 2018 年 9 月 20 日。

"今日头条"的内容没有满足我对新闻的需求，里面大部分都是娱乐、明星八卦的内容，真假难辨，而自己想看的、有价值的硬新闻、严肃新闻则不多，感觉"今日头条"格调不高，里面乌烟瘴气的。我还是喜欢那些比较正规严肃、有观点、有立场的权威媒体生产的新闻。另外，看"今日头条"不知不觉时间就过去了，有时候想想还没有得到什么有价值的内容，有种浪费时间的罪恶感。[①]

也有的访谈者称：

"今日头条"的内容低俗，没有营养，而且推的内容雷同，同一类别的内容会推送很多条，而且里面很多稿件都是互相抄袭的，内容高度雷同，浪费了自己的时间。此外，我感觉"今日头条"好像很了解我，感觉我的网络数据被时时地监控着，毫无隐私可言，细细想来觉得很可怕，后来就卸载了。[②]

劣币对良币的驱逐，不仅仅体现在娱乐内容的泛滥挤压了严肃新闻的空间，还体现在新闻资讯中动态性的新闻居多，而专题类、深度类的新闻凤毛麟角。"今日头条"里的新闻大多都是某一新闻事件的动态式、碎片化的消息类报道，只是简单地呈现了新闻的基本要素，用户读完意犹未尽。而传统媒体的优势恰恰在于当某一事件发生时，它会拿出大量的时间或版面重点、集中报道该事件，报道中既有该事件正在发生情况的介绍，也有该事件发生的历史背景信息、未来发展走势，以及相关影响和意义的解读。除此之外，还可能会针对该事件呈现不同的立场和观点，然后发出自身的价值判断和评论。这种专题性和深度性的报道会让用户对某个新闻事件了解得更为透彻，对人们所认知的角度和观点有更全面的了解，然后作出自己的判断。目前，"今日头条"是基于算法、兴趣的个性化推送，信息的碎片化淹没了新闻的深度和整体性，使其质量大打折扣。由于商业趋利、技术缺陷和监管滞后等多种因素，"今日头条"既是信息分发的平台，但同时也成为虚假和不良信息滋生蔓延的场域。

---

① 受访者 D4，采访时间 2018 年 8 月 29 日。

② 受访者 D7，采访时间 2018 年 9 月 20 日。

四、娱乐霸权消解资讯的公共性

“今日头条”为了更好地服务用户，十分重视用户体验。而这种用户体验的本质就是将人的惰性放大，极力迎合人的感官刺激，使其沉溺在“今日头条”构建的拟态环境之中。1985 年，波兹曼出版了《娱乐至死》一书，他在前言中提到两个极具戏剧冲突的预言。一个是奥威尔写的《一九八四》，作者在书中刻画了一个无处不在、自上而下的独裁者“老大哥”形象，奥威尔认为老大哥会禁锢思想、压迫人民、抹杀真理，这一预言实际上是对“二战”之后法西斯独裁统治担忧的延续。随着时间的流逝，老大哥的预言并没有发生，反而是书中的另一个预言正逐渐变成现实。1932 年，赫胥黎在《美丽新世界》一书中担忧的是人们未来将沉湎于他们所喜欢的技术并丧失思考，直至死亡。没有必要禁书，因为已经没有人愿意读书；没有必要限制真理，因为没有人关心真理，人们只沉浸在那些无聊繁琐的世事中。我们的文化成为充满感官刺激、欲望和无规则游戏的附庸文化。[①] 就像赫胥黎所担心的那样，人们沉迷于光怪陆离、充满感官刺激的文化，而把高雅文化、严肃的公共议题抛诸脑后。从全球范围来看，媒介的议程设置整体向娱乐转移是日常媒介使用正在发生的最大变革。[②]

波兹曼在《娱乐至死》一书中谈到的社会语境是关于电视对人类思考、反思能力变弱的一种警示与批判。如今，整个人类社会虽然进入了移动互联网时代，但娱乐至死的隐忧非但没有减弱，反而变本加厉。在“今日头条”里，用户不仅会感受到扑面而来的商业气息，而且还能感受到浓烈的娱乐和低俗之风。创作者和平台为了赢得用户更多的点击量，“标题党”现象十分严重。这类诱导读者阅读的标题党，透支的是用户对平台的信任和平台的美誉度，长此以往不仅会给用户带来不好的用户体验，还会消解平台的公信力。

无论标题党现象，还是“今日头条”惊现的大量不实信息，其根源都在于鲍德里亚所提出的消费主义。鲍德里亚在《消费社会》一书中指出，消费者是一

① 孙玮．人类将会娱乐至死吗？——波兹曼《娱乐至死》引读[J]．新闻记者，2005(10)：64-67．

② 库尔德利．媒介、社会与世界：社会理论与数字媒介实践[M]．何道宽，译．上海：复旦大学出版社，2014．

个没有中心,超越了梯度,磨平了等级的概念。[1] 长期压抑的大众在消费社会里成为被争取、被重视的人。传媒的商业化运作要求把新闻、资讯等内容当作商品卖给受众,然后再把受众当作商品卖给广告主。因此,制作者和平台都密切关注受众的需求以及新闻的点击量、评论量和转发量等指标。用户喜欢不喜欢、满意不满意成为商业化媒体平台分发和改进工作的目标和重心。由于有了流量和利润的巨大吸引,人们敢于铤而走险,"今日头条"内容生态中标题党泛滥、虚假新闻横行。布尔迪厄指出,市场就是一种社会政治建构,市场对新闻场域有巨大的影响。[2] 娱乐至死在某种程度上是尊重用户和媒体商业逐利背景下的产物。在这个消费主义盛行、娱乐至死的年代里,人们沉浸在视觉感官刺激的娱乐中不能自拔,没有人关心政治,信息的公共性和公共价值让位于血腥暴力的社会新闻,以及明星八卦和低俗市井,人们对政治冷漠,政治参与度大大降低。最终,我们社会的一切,诸如政治、教育、新闻和商业都心甘情愿地成为娱乐的附庸,我们整个民族乃至整个世界都沦落为一个娱乐至死的物种。[3] 这些毫无营养的娱乐八卦、声色犬马式的视听刺激在不知不觉中成为施加在我们身上的符号暴力。随着媒介的更迭,印刷术逐步退至文化的边缘位置,新崛起的电视占据了文化的中心,可这个文化的中心只有娱乐,娱乐成为我们这个时代的新霸权,而公众话语的严肃性、公共性和价值都出现了危险的退步。[4] 诚然,铅字时代带来了全民智力的提升,印刷术是真理最合适的外衣,而电视时代的到来则是一场智力灾难。无论电视还是互联网的娱乐性,实际上是在商业化驱动之下对公共话语的解构与消弭。即使是信仰和教育,也只有披上娱乐的外衣才能获得收视率。人们的好奇心、偷窥欲、单向度淹没了新闻传媒的真正意义。约瑟夫·普利策说记者应该是社会这艘巨轮的瞭望者,及时发现大海中的暗礁险滩并报告给船长。而媒体最应该给人们提供的是那些有关社会最新变动的新闻,通过告知这些变动,让人们趋利避害,以求生存和发展。

---

① 鲍德里亚.消费社会[M].刘成富,等译.南京:南京大学出版社,2001.

② 布尔迪厄,华康德.反思社会学导引[M].李猛,李康,译.北京:商务印书馆,2015.

③④ 波兹曼.娱乐至死[M].章艳,译.桂林:广西师范大学出版社,2011.

如果一个民族过度沉迷于琐碎杂事,文化生活变成只是肤浅的娱乐,人民蜕化为被动的受众,那么文化灭亡的命运便在劫难逃。[①] 实际上,即使在媒体商业化极为发达的美国,媒体的娱乐化也是在一定范围内展开的,它必须满足公众利益和社会规范,美国的电视业一直围绕着美国主流价值观这条"价值线"上下浮动。[②] 而"今日头条"在市场化的进程中,身陷过度商业化的旋涡,无视主流价值观和媒体的社会责任,过度娱乐污染了社会风气、消解了政治、离散了社会。习近平总书记在2016年党的新闻舆论工作座谈会上提出了48字箴言,要求新闻媒体要"高举旗帜、引领导向,围绕中心、服务大局,团结人民、鼓舞士气,成风化人、凝心聚力,澄清谬误、明辨是非,联接中外、沟通世界"[③]。这48字箴言成为党新闻舆论工作的职责和使命,为媒体指明了前进的方向。在中国的传媒体制框架下,传统媒体和新媒体都应该坚持公共利益、社会效益至上的原则,不仅时政新闻要讲导向,而且副刊、专题节目、广告宣传以及娱乐类、社会类新闻也要讲导向。进一步提高媒体从业者的专业素养,不断提升舆论引导水平,建设好、维护好清朗、健康的舆论空间是每一个传者的职责和使命。

第三节　资本化运营下个性化分发的商业本质解析

去中心、平等化、参与性是互联网的核心要义,这不仅大大促进了信息的高效流通,而且自下而上地加快了我国的民主化进程。从传播与劳动的互动性上看,互联网激发了网民积极参与的意识,并因此形成了以网民为中心的新型产业增值模式:互联网产业依靠网民的参与,通过传播技术与商业形态的完美结合,将网民不经意的传播行为转变成能带动商业资本增值的数字劳动。

---

① 曹然.传媒的后现代性预言:狂欢、异化与迷失——从《娱乐至死》看当下传媒文化[J].海南广播电视大学学报,2009,10(2):5-7.

② 刘肖.超越表象:对"娱乐至死"命题的批判性思考[J].新闻界,2007(4):37-40.

③ 新华社.习近平总书记在党的新闻舆论工作座谈会上的重要讲话引起强烈反响[EB/OL].(2016-02-21)[2024-01-22].https://www.gov.cn/xinwen/2016-02/21/content_5044091.htm.

这一过程不仅是对网民时间上的殖民、入侵，还使得广泛的社会空间成为无处不在的数字工厂。新媒体时代，无转发不新闻、无评论不新闻。就是在这种分享、互动思维的指导下，受众逐渐演变成内容的生产者，甚至凭借自身的知识盈余和时间盈余直接加入垂直领域的内容生产过程。数字资本悄无声息地渗透我们的日常生活，盘活了闲置的社会资源、时间和知识技能，表面上给社会大众创造了很多就业机会，但平台也是在这个过程中使其自身的数字资本迅速增值。特别是在网络直播中，素人或名人们把自身的日常生活如吃饭、穿衣、睡觉、唱歌、跳舞等有关衣食住行的内容直接从生活的后台搬到了供人窥视的前台，进而转化为巨大的商业价值，在网络技术和商业资本的助力之下转变为一种可以获利的劳动形式。在商业化的巨大吸引力面前，越来越多的用户被卷入资本的漩涡之中，原本个性化的自我表达越来越被平台商业主义的价值观所侵蚀。个性化分发在给用户带来一对一服务的同时，也进一步激发了用户潜在的生产力，而用户参与生产又进一步推动了平台的个性化分发。用户生产和平台分发彼此交融，相互促进。在我国，传统主流媒体是宣传新闻主义主导下的新闻生产和分发，而“今日头条”是以商业意识形态为理念，体现的是平台商业主义的价值观。

一、分发即消费

个性化分发最直接的影响就是用户对平台的使用黏性大大增强，满足用户兴趣的内容消费创造了巨大的流量和商业价值。广大用户是在一种比较休闲、娱乐、舒适的状态下进行的内容消费，并且即使自身身陷被剥削之中也不自知。用户在消费内容的过程中对原有的内容进行再生产只是为了展示自我的个性和对某事物发表自己的观点，并没有意识到自己无意识的消费行为被平台无偿地剥夺了，消费亦是一种生产，用户自己成为被剥削的对象。广大用户身陷娱乐和商业化的消费场域里无法自拔，原本自我的休闲时空被剥夺和入侵。

从时间上看，个性化分发悄无声息地入侵了用户的时间维度。对生产者而言，他们把原本属于自身的休息时间用来为平台生产内容，成为平台增值的内推力。对于消费者的用户而言，身体的流动、移动互联的技术和个性化分发的内容为“今日头条”在时间上入侵用户提供了充分的便利和可能。人们上下班的时间、午休的时间和晚上就寝前的时间，成为用户使用软件消费最为活跃的时间，聚合类平台对用户时间的入侵无时不在。“今日头条”号称用户的每日平均使用时长是 76 分钟，“今日头条”有 2.4 亿多日活用户，那么用户每年创造的消费价值就相当于 1 亿多个小时的数字劳动。这些数字劳动没有任何劳动时间被支付，“今日头条”将这些流量卖给广告主，因此用户创造的这 1 亿多个小时的消费性劳动被极为隐蔽地剥削了。马克思曾说，资本是在流动的过程中创造价值的，而最根本的价值是由劳动时间创造的，我们不能脱离劳动时间谈价值，因为劳动时间本身就是一种根本的价值单位。①

从空间上看，个性化分发悄无声息地侵占了用户的空间维度。“今日头条”为了吸引更多的用户，通过信息聚合平台，信息资本将核心技术与专用资产去组织化、去边界化，在整个社会甚至整个世界进行全民动员、招揽优质内容生产者，不断地将数字劳动游戏化、娱乐化和个人化，尽可能地迎合广大用户对参与感、社区感和游戏暴力的本能追求，并逐步将他们的好奇心、娱乐、欲望和消费转化为具有商业价值的劳动和消费以实现资本增值。② 数字资本的高速发展以及网络技术大大拓展了普通用户的生产空间，这里不仅指物理型空间，还包括网络虚拟空间和人类交往的关系型空间。随着这种关系型空间的拓展，用户的私人空间被极大地占有，用户的生产不再局限于工厂固定的工作时间和地点，用户的消费也在不固定的场所和空间里完成，既可以是家里也可以是任何碎片化的和流动的空间里。为了充分满足用户的多元消费需求，人们的日常生活被制作成了商品，我们整个社会成了为平台供应内容的大工厂。“三农”达人“乡野丫头”主要通过展示湖南农村的日常生活，如摘橘子、采棉花、做糍粑、抓鱼等赢得了 200 多万粉丝的关注。“摩登兄弟”在丹东的安东老街通过直播唱歌，在抖音上拥有 1800 多万粉丝，成为万众瞩目的网红。网

---

① 邱林川.新型网络社会的劳工问题[J].开放时代，2009(12)：128-139.

② 吴鼎铭.网络“受众”的劳工化：传播政治经济学视角下网络“受众”的产业地位研究[J].国际新闻界，2017，39(6)：124-137.

红不仅仅指人,也可以是美食或一座城市,重庆、西安和成都都已成为著名的网红城市。个性化的内容与用户高效地适配,成功入侵了用户的家庭、聚会、交通工具等空间,甚至走路、上厕所这种原本无事可做的空间也被占领。移动智能设备的发展使得我们的生存空间大大拓展,正如卡斯特所言,人类进入一种流动的空间,在这种流动的空间里,人类可以随时随地地沟通和娱乐,也可以在流动中进行生产、分享和消费。"今日头条"的个性化内容深深地吸引着广大用户,用户把大量的时间和空间消费在虚拟的互联时空之中,对金钱和身体造成双重透支。

数字资本的急剧扩张,不仅使得我们的家庭工厂化,而且我们生活的整个社会都成为用户消费内容和再生产内容的工厂。在商业导向的聚合类平台,人们的休闲时间被用于平台的资本积累、商品化,人们在自由时间里接收与自身相关的内容,这些内容由于自身的相关性、通俗性和贴近性反而更能引起用户的共鸣,获得更多的流量,因而也更具商业价值。在技术和资本的裹挟之下,聚合类平台不断侵蚀我们生活的时空,用户则以一种开放、自由、展示自我、娱乐的理念分享快乐,沉浸于内容消费而欲罢不能。平台的数字资本和商业意识形态推动着内容的个性化消费和增值,用户虽然在更自由的时间和更广阔的空间里进行消费,获得满足,但对自身被商品化的事实毫无察觉,对被技术操控下的需求的满足缺乏反思,在满足和娱乐的快感中,出卖自己的自由换取便利,成为极具隐蔽性的被剥削者。

二、分发即增值

产消者的概念是由托夫勒于1980年在《第三次浪潮》一书中提出的,当时被称为"产销合一",意味着在第三次浪潮中,消费者被卷入传统的生产部门,每个人既是内容的消费者,同时也是内容的生产者,生产和消费的界限被打破。与此同时,劳动者工作和休闲的时间界限消失了,职业与业余之间的区别也消弭了。在工作时间里,劳动者为自己所属的单位进行生产,而在所谓的休闲时间里却不知不觉地被纳入资本运作的平台的商业意识形态之中,成为愉快的、无偿的生产者。[1] 在大众传媒的时代背景下,生产信息的成本高昂,渠道被权力机构垄断,信息的供求关系是有限的生产者供给无限的大众消费者。而在数字媒体时代,技术不仅作用于信息生产,还渗透了所有的生产、流通与消费领域,生产的技术门槛和参与门槛大大降低,人人都有麦克风,人人都是自媒体。正如彭兰所言,我们这个时代是万众皆媒和万物皆媒,传播的主体和呈现的终端跟以往相比大大地拓展了。[2] 这个时代的供求关系是无限的生产者供应无限的大众或小众的消费者,是对广大用户长尾需求的满足。产销合一的概念无论在传统行业还是在数字媒体的价值生产中都同样适用。

(一)分发中的内容增值

波斯特以传播关系为参照系,宣称人类已经进入"大众传播的第二媒介时代",这个时代不仅是以互联网技术为基础的网络视听传播,而且是一个集制作者、销售者、消费者于一体的系统,他们之间的关系不再泾渭分明,全新形构了以往的传播关系。[3] 在波斯特看来,大众传媒那种单向的、将少数制作者制作的内容传播给多数消费者的模式叫作第一媒介时代,而将双向性、去中心化的交流系统称为第二媒介时代,新媒体的出现意味着我们正在进入第二媒介时代。"今日头条"作为一个聚合类平台,去中心化的意味十分明显,其只负责分发和内容生态的运营,而将内容生产的部分完全交给专业机构和自媒体用户来完成。以微头条为例,"今日头条"为了经营好微头条,增强用户黏性,花重金请来很多明星艺人入驻,每天发布自己的生活动态和所见所闻。

明星、评论者和围观者在聚合类平台里成为产消者,通过彼此的良性互动,打造了一个生产和消费完整的资本产业运营闭环。

热点事件触发用户的参与热情,在指责和理性的评论之中,既生产了内容,实现了价值增值,又加深了对该事物的认识,有利于推动整个社会的民主法治进程。在网友热议的过程中,"今日头条"从一个抽象的符号化生产、分发空间转变为一个具有推动社会民主、整合社会意义的公共空间,这些内容生产

---

① 托夫勒.第三次浪潮[M].朱志焱,潘琪,译.北京:生活·读书·新知三联书店,1984.

② 彭兰.新媒体传播:新图景与新机理[J].新闻与写作,2018(7):5-11.

③ 王晓红.新型视听传播的技术逻辑与发展路向[J].新闻与写作,2018(5):5-9.

者的行为构成了一幅虚拟空间中权力争夺的数字景观。① 在较为隐蔽的剥削机制之下,这里既是一个表达自我,众多社会力量相互博弈、相互抗争的场域,也是一个愉快生产的工厂,在分发的过程中实现了内容的增值,完成了自身和平台的商业化。

(二)分发中的数据增值

对于商业性的聚合类平台,它的核心资产和竞争力来自流量和数据,这些流量和数据为进一步的精准分发提供了依据。在平台上,用户的观看行为就是最好的劳动,他们在观看的过程中生产了价值和剩余价值,平台将用户生产的流量和数据卖给广告主以营利。通过信息流广告,“今日头条”2018 年的广告收入超过了 500 亿元。受众观看广告的时间或使用媒介的时间正是他们为平台无偿劳动的时间,受众的非物质劳动亦具有生产性是马克思主义受众观与受众劳动理论合理性的逻辑起点。② 正是用户的观看行为才使得内容消费有了出口,内容的个性化分发、内容再生产和扩大再生产得以顺利进行。

互联网经济实际上就是一种流量经济,谁拥有流量、谁能吸引眼球,谁就会占有市场的主动权。“今日头条”为了吸引用户,不仅进行了内容的全媒体呈现,在文字、图片、视频、图表等视觉符号上提供精致的感官刺激,而且不断丰富完善“今日头条”的内容生态。在这里,不仅可以浏览新闻,获取养生、美食、旅游等各个领域的知识,还可以通过短视频、微头条进行社交,跟志同道合的朋友在悟空问答里进行“众包”式的知识生产和分享。从政治经济学的角度来看,赛博空间就是数字化和商品化相互建构的结果。③ 丰富多样的内容生态对于增强受众的使用兴趣和增强用户黏性起到了重要作用。用户在浏览内容的过程中,其点击、翻阅、阅读时长、评论、性别、年龄、爱好等用户数据被平台获取,成为平台算法进行更为精准的内容推送的依据。由于推送的内容是根据用户的兴趣、喜好进行的,这样的推送对用户更有黏性,大大增加了用户

---

① 吴鼎铭.网络“受众”的劳工化:传播政治经济学视角下网络“受众”的产业地位研究[J].国际新闻界,2017,39(6):124-137.

② 蔡润芳.“积极受众”的价值生产——论传播政治经济“受众观”与 Web2.0“受众劳动论”之争[J].国际新闻界,2018,40(3):114-131.

③ 莫斯可.数字化崇拜:迷思、权力与赛博空间[M].黄典林,译.北京:北京大学出版社,2010.

的使用时长。有了流量的保证,“今日头条”的商业化运作才有了坚实的基础。受众劳动媒介批判理论的基础就在于能够证明受众劳动具有生产性,媒介则是生产和剥削的中介。每一个用户在使用“今日头条”的同时,也在源源不断地生产着相应的行为数据、观看的注意力、流量,等等。受众不再是传统媒体中任人摆布的被动的存在,而是数字时代积极的受众,是内容生产的重要力量。在“今日头条”里,只要用户使用即为一种生产,休闲时间即刻转变为劳动时间,无论评论性内容的生产还是数据的生产都离不开“今日头条”这个数字围场。正如达拉斯·斯迈兹所言,“垄断资本主义无休闲”①。如今,所有的组织无不在从事信息业务,你买一本杂志,用一张信用卡付钱,这不是一种简单的交易。有关你是谁、你偏爱什么杂志的信息会被电脑记录下来,这种数据的价值与销售这本杂志获得的报酬一样多,数据的生产无所不在。人世间从来没有想象中的乌托邦,有的只是统治者与资本的狂欢,有资本复制资本的逻辑,有公共利益面临侵害的可能,有那些不期而至的现代性危机——环境污染、隐私泄露以及劳工的悲惨生活。② 无论用户的注册数据,还是用户在使用过程中产生的数据,都在数字围场里和资本的裹挟下成为再生产和精准分发的无形资产,并在这个过程中实现了自身的增值。

三、分发即再生产和扩大再生产

个性化分发的过程不仅使产消者发布的内容获得了增值,而且也促进了产消者生产数据的增值。无论用户自身的数据还是在内容消费中的浏览数据,消费本身就是一种生产,同时这些数据也被用来指导个性化的生产。在这个“生产即消费,消费即生产”的时代,平台积累了大量的用户数据,使得个性化定制和推送更为丰富多样,也更精细和精准。大数据为内容与用户个性化需求的适配提供了技术基础,个性化分发不仅是内容高效生产的一个前置性环节,而且也大大促进了内容的生产、再生产和扩大再生产,形成了一个良性

---

① 吴鼎铭,石义彬.“大数据”的传播政治经济学解读——以“数字劳工”理论为研究视角[J].广告大观(理论版),2014(6):70-76.

② 胡翼青.论传播政治经济学的洞见与局限[J].新闻界,2017(1):44-51.

互动的产业闭合链条。但是,用户的生产在新技术的遮蔽之下与大众传媒时代的生产颇为不同,具有极端的隐蔽性,因此不易被生产者自身所察觉。

从大众传媒时代的"受众商品论"到数字时代的"受众劳动论",对于丰富完善马克思政治经济批判理论具有重大意义,通过对媒介、受众、劳动等相关因素的分析,揭露了传媒资本在资本积累、增值和剥削中隐蔽的功用。受众劳动论进一步丰富和发展了法兰克福学派对文化工业的批判视角,延展了西方马克思主义重在对媒介内容和意识形态的生产与再生产的研究。实际上,平台资本剥削的根源在于资本逻辑的前置。每一次内容的分发都要受到来自政治、经济、技术等因素的影响,"今日头条"作为一家互联网科技企业,其资本逻辑前置的目的就是要盈利,赢得市场。技术受到经济、政治、社会力量的影响只是表象,资本逻辑对技术价值发展走向的影响才是本质和根源所在。[①] 技术、政治、经济以及每一个生产者都无法逃逸资本的引力,各方力量都得在资本的场域里才能确立自身。在资本前置的背景下,商业化运营的"今日头条"即使提供了短视频社交社区和对标微博的微头条,也仍然没有发展成为纯粹的公共领域,而平台在资本的渗透之下成为藏污纳垢的场所和打擦边球的多元信息交易平台。在"今日头条"里,资本对利润的巨大渴望,使得内容的价值由受众和市场来决定,媒介的使用者注定会成为平台的劳动力和被剥削的对象。随着传媒技术的不断发展,私营传媒逐渐走向技术化、资本化和市场化。正如胡翼青所言,技术的逻辑是先于个人,先于组织,先于权力的,无论个人、组织还是权力都生活在先在的技术环境之中。即使揭穿技术的神话,人也仍然被迫生活在它的统治之下。[②] 技术的扩散和技术的组织性都离不开经济资本的推动。

马克思在对传统资本主义社会的分析中认为,资本占有者对劳工的剥削是建立在强制和奴役的基础之上,在恶劣的工作环境中,在超长的工作强度下,压榨着工人的血汗。而在当代社会,资本占有者不再依靠暴力、打压等强

---

① 蔡润芳."积极受众"的价值生产——论传播政治经济"受众观"与 Web2.0"受众劳动论"之争[J].国际新闻界,2018,40(3):114-131.

② 胡翼青.论传播政治经济学的洞见与局限[J].新闻界,2017(1):44-51.

制装置对工人进行剥削,而是采取了一种通过建立某种程度的共识或"同意",使资本在一种温和的暴力中掩盖着对工人的剥削和剩余价值的生产。正如安东尼奥·葛兰西所说的,现代西方社会对被统治阶层的管理不再依靠军队、法院等强制装置,而是通过意识形态的霸权装置来整合社会,维护自身的统治。[①] 所谓的同意,是指工人在进行资本主义生产的劳动过程中,自愿服从工厂秩序,不需要外力的强迫驱使而心甘情愿地与剥削者同谋,联手为资本主义生产利润。[②] 莫斯可也指出,资本主义是建立在同意而不是物理的强制性基础之上的,一旦获得同意就具有一种强有力的控制力量,从而形成一种霸权。"今日头条"的个性化分发以及在分发中实现的内容再生产和扩大再生产本身也是凭借先进的生产、分发技术赢得了用户的认可,抖音、火山小视频内容生产的娱乐性使得人们心甘情愿地上传其生产的内容;"今日头条"提供的孵化平台、创作辅助平台和巨额的资金补贴,短时间内就吸引了大量内容生产者入驻,内容的精准分发进一步促进了内容的再生产和扩大再生产,在分发和生产之间实现了良性循环。但是,从访谈的几个注册头条号的创作者中我们了解到,他们大都没有在"今日头条"赚到钱。

> 在"今日头条"发内容赚钱太难了吧,根本不可能,我做头条号三年了,几乎没赚到什么钱。我给"今日头条"提供内容是因为我以前是传统媒体的记者,对传统媒体有一种感情,喜欢用文字记录,同时我可以在线下为我所写的内容找到支付报酬的人,头条号只是我给客户展示内容的一个平台而已,"今日头条"不给我付费也没关系。[③]

> 我入驻头条号已经一年了,但没有产生什么收益。我是做电视媒体的,有时候把我采访的视频截取一段放在头条号上纯属为了好玩,这是我的新闻理想。同时,我也想了解头条号的创作流程、运作机制和内容付

---

① 郭庆光.传播学教程[M].北京:中国人民大学出版社,2011.

② 李洁.重返生产的核心——基于劳动过程理论的发展脉络阅读《生产政治》[J].社会学研究,2005(5):234-242,246.

③ 受访者 C3,采访时间 2018 年 6 月 3 日。

费,当然能产生收益更好。不过目前来看还没有任何收益进账。[①]

在悟空问答里,有这样一个问题:在"今日头条"上什么时候才有收入?几个答友是这样回答的:

潇潇书童:"一直有啊,你看我,251万的阅读量,收入都0.06元了。这只是我努力更新和答题一个半月而已,如果我坚持一年,都够买一块糖了!"

秋歌998回复道:"哈哈,挺好的。我7天前的一个小文,昨天看了一下,阅读量超过了450万,450个赞,连块糖也没有。"

周曼薇调侃道:"我觉得年轻人太浮躁了,你看你再好好坚持,照这个收益十年后一定可以高傲地喝酸奶不舔盖了!"

先进的技术优势、用户对话语权的渴望、丰厚的补贴诱惑、流量的加权,使得用户的生产、再生产和扩大再生产在不知不觉中与"今日头条"之间达成了某种共识,生产了趋于一致的"同意"。个性化分发成为内容生产和再生产的前提和重要保障,用户的生产和扩大再生产是在一种游戏与快乐的感知下、毫无察觉地成为被剥削的对象,这些虚假的自由感成为构建同意、遮蔽剥削的核心要素。用户的数字劳动在一种自主、自觉的状态中,仿佛置身在游乐场一般,使他们意识不到这是一种剥削,反而觉得这是一种发自内心的享受。传播的自由使得用户们心甘情愿地为平台生产,被剥削而不自知。以数据作为生产的基础,以愉悦作为消费的假象,以用户作为平台再生产和扩大再生产的劳动主体,这就是聚合类平台与传统媒体在本质上的区别。

布尔迪厄非常重视经济场域对新闻生产的影响,在《关于电视》一书中也重点论述了该问题。他说在社会实践中,我们有属于自己的"将牌"和"主牌",但随着游戏规则的变化,不同牌的作用也会变化。同理,不同种类的资本之间的作用也会随着场域的变化而变化。但资本这张牌在所有场域中都是强大而

① 受访者C4,采访时间2018年10月15日。

有效的。[①] 正是有了资本的支持，“今日头条”在发展过程中获得了充足的资金，用于开拓市场、提升技术、奖励原创和构建内容生态。但资本逐利的本性也给“今日头条”为流量马首是瞻、商业至上的经营理念带来了种种负面效应。作为一家互联网科技企业，资本的逐利本性促使平台在分发中只注重内容与用户的匹配性，一味满足用户的需求和追求流量，而不顾分发内容的质量和作为一个有着媒体属性的企业应该肩负的责任和使命。过度的商业化分发导致用户沉迷于信息平台，劣质但流量大的内容肆意流通，在娱乐性的资讯里人们纵情于娱乐，无人再关心公共性信息，造成社会的撕裂。各个场域都遵循着它们各自特有的逻辑：艺术场域拒绝或否定物质利益，经济场域遵循“生意就是生意”这一原则，友谊和爱情这种令人心醉神迷的关系原则上是被摒弃在外的。[②] 在商言商的“今日头条”充满的浓厚的商业氛围正是其商业意识形态的集中体现。在“今日头条”的经济场域里，技术、政治和用户都无法摆脱资本的裹挟。个性化分发侵入了用户的时空，使其消费无处不在。作为产消者的用户在消费的过程中促进了内容的增值和数据的增值，完成了消费即生产、生产即消费的巧妙转换，也有利于平台公共领域的形成，进一步提高生产和分发的匹配性。随着技术的进步，大数据和算法成为数字劳工进行生产和再生产的强有力的技术支持，但是这种生产是在数字资本侵入了用户的消费时空，模糊了工作和休闲的边界，在平台商业化意识形态的操控下，使用户在一种虚假的自由、遍在的快感的掩饰下进行的生产和消费，制造了彼此心照不宣的“同意”，掩盖了被剥削的本质。因此，分发即消费，分发即增值，分发即平台再生产和扩大再生产的不竭动力，是资本化运营驱动下个性化分发本质的最鲜明的体现。

---

① 布尔迪厄，华康德．反思社会学导引[M]．李猛，李康，译．北京：商务印书馆，2015.

② 布尔迪厄，华康德．反思社会学导引[M]．李猛，李康，译．北京：商务印书馆，2015.

第五章　权力规训:个性化分发规范下的政治场域

场域不仅仅是意义之间的关系,更是彼此之间力量的关系。有多少个场域就有多少种利益,每个场域都拥有自己特定的利益形式和幻象,要想在场域中胜出,人们必须认可实践中的目标价值并能够灵活地运用游戏规则。① 场域的原动力来自它的结构形式,场域中存在各种特殊力量,它们之间的距离、鸿沟和不对称关系确定了特定的资本。国家是清晰明确、界限分明的统一实体。国家被视为一种元场域,拥有施展权力的元资本,它能够支配其他不同形式的资本,而恰恰是这种元资本确定了国家的特权,在所有场域中起着分化与斗争的组织原则的作用。②

中国语境下的新闻场域相当程度上属于权力场域,是政治场域的重要组成部分。③ 因此,新闻场域更多地被权力所影响。场域被经济、资本控制是欧美等西方国家媒介场域较为鲜明的特征。正如杨保军所言,当代中国主导性的新闻观是马克思主义新闻观,主要表现为"宣传新闻主义",党管媒体。④ 这不仅是理论的认定,而且是新闻制度的设计和新闻实践的指导原则。在中国电视史相当长的一段时间里,电视场域在行政上、经济上对政治场域是完全依附的,致使政治场域占据着垄断性的文化权力。⑤ 纵观世界媒介管理的趋势,

---

① 布尔迪厄,华康德.反思社会学导引[M].李猛,李康,译.北京:商务印书馆,2015.

② 斯沃茨.文化与权力:布尔迪厄的社会学[M].陶东风,译.上海:上海译文出版社,2012.

③ 张志安.新闻场域的历史建构及其特征——以《南方都市报》为个案的研究[J].新闻大学,2010(12):48-55.

④ 杨保军.中国新闻:当代新闻学"问题体系"的关键对象[J].社会科学战线,2023(10):154-163.

⑤ 廖婳婧."场域"理论视角下的东方卫视节目生产研究[D].上海:上海大学,2015.

总体上管理逐步走向松散,并正从结构调控向行为调控转变。[①] 今天的权力规范不仅仅限于对传统主流媒体,也逐步扩展到网站、平台等新媒体。“今日头条”在技术场域和经济场域取得了成功,但同时存在无视价值导向、内容乱象频出等问题,在党管媒体的宣传语境下,为了规范行业发展,避免技术之恶、泄露用户隐私、平台过度商业化危害社会,以及确保主流意识形态的权威性与合法性,国家动用权力对“今日头条”的合法性提出质疑,并对其进行规范。“今日头条”的内容分发处于政治场域和商业场域的角力之中,两者之间的博弈不可避免。一方面,来自政治场域的力量对个性化分发进行规范,迫使“今日头条”重视分发中的技术伦理,以及无视版权的“偷盗”行为,以及分发中标题党、低俗内容泛滥的问题,以促进个性化分发行业的健康发展。另一方面,国家希望“今日头条”承担传播主流价值观和主流意识形态、塑造公共空间、协商社会事务的职责和使命,将工具理性和价值理性相结合。与此同时,“今日头条”依赖政治场域提供制度化的文化资本和话语力量。在权力的规训下,“今日头条”进行了场域内调试和范式修补,并在其允许的框架下平衡政治利益和商业利益。

第一节　个性化分发的乱象:权力入场的缘由

兹比格涅夫·布热津斯基曾在20世纪90年代预言,电视将使我们面临媒介的全面失控,电视正迅速取代家庭、教会和学校成为人们接触社会、接受教育的工具。[②] 现在来看,媒介失控初现端倪,只不过不是布热津斯基所说的电视失控,而是网络媒介的失控。“今日头条”在资本的竞逐下一路狂飙,凭借先进的个性化分发技术成为移动互联网时代的一颗新星。逐利是资本的本性,只有盈利企业才能生存和发展,“今日头条”也概莫能外。布尔迪厄将资本划分为经济资本、文化资本和社会资本,并指出经济资本是资本最有效的形

---

① 朱春阳.传媒产业规制:背景演变、国际经验与中国现实[J].西南民族大学学报(人文社科版),2008(3):170-175.

② 布热津斯基.大失控与混乱[M].潘嘉玢,刘瑞祥,译.北京:中国社会科学出版社,1995.

式。经济资本可以不加掩饰地进行再生产,揭示了权力和财富分配的武断性特征。[①] 布尔迪厄把资本构成的不同形式以及各资本之间的可转换性,放到了场域研究的中心位置。[②] 为了盈利,为了吸引用户需求,"今日头条"在流量为王的商业原则的指引下,在技术中立、算法客观公正的"技术进步主义""绩效正当性""缩小数字鸿沟""让世界更美好"等对社会有巨大贡献的官宣话语下,在商业上取得了巨大成功。但伴随而来的问题也非常多,引起了政府相关部门的高度重视,一场资本逐利的私权力与维护政治统治合法性的公权力之间的博弈拉开了大幕。

一、无视知识产权引发版权纠纷

"今日头条"虽然是近几年成长最快的互联网科技企业之一,但问题重重,多次被国家网信办、工业和信息化部约谈,被中央级权威媒体点名批评,成为法院的常客。面对众多指责,有人甚至把"今日头条"冠以"今日偷条""内容偷盗者"之名。因此,最令"今日头条"头疼不已、最先需要面对和解决的问题就是版权。而这种情况与我国四大门户网站刚成立时因整合主流媒体的新闻而被传统媒体斥责为"偷窃者"的境地如出一辙,被动了奶酪的既得利益者们联合"围剿""今日头条"。

首先是头条号从微博、微信公众号、QQ空间等平台全方位盗取自媒体的文章,而且擅自修改标题和内容。除了自媒体被侵权外,主流媒体也难逃厄运。《广州日报》《长沙晚报》《楚天都市报》等媒体都与"今日头条"在版权方面产生过纠纷。《新京报》甚至以社论的方式抨击"今日头条"发布的新闻内容未经授权,在版权领域是典型的侵权行为。在网络媒体方面,腾讯和搜狐两大门户网站先后正式通知"今日头条"终止双方的一切合作。随后,凤凰新闻、优米网等又与"今日头条"产生版权纠纷。一时间,"今日头条"遭遇来自各方媒体的诉讼,社会声誉受到严重影响。在这场版权之争中,门户网站也从之前被传统媒体口诛笔伐的侵权者变成了此番"以战求和"的被侵权者,在更深层次上

①② 布尔迪厄.文化资本与社会炼金术:布尔迪厄访谈录[M].包亚明,译.上海:上海人民出版社,1997.

反映了信息传播渠道从大众传媒到门户网站再到聚合类平台的控制权的变迁。[①]

客观地讲，从狄更斯时代开始，版权就是媒介争论的焦点，新媒介使得复制和分享版权越发便捷、容易，版权之争从未间断。刚刚起步的“今日头条”首先被人诟病的就是分发内容侵权的问题，其宣扬的所谓“我们不是新闻的生产者，而是新闻的搬运工”的理念，更为千夫所指。企业的盈利不应该建立在无偿窃取别人劳动成果的基础之上，在享受技术之善的同时也应该尽快解决技术之恶。在原创保护和知识产权保护的大环境下，作为一个聚合类平台如何持续、合法、高质量地获得内容成了“今日头条”不得不面对和解决的现实问题。版权之争是传统媒体设法阻碍、控制“今日头条”的有力工具和手段。

在中国移动互联网发展，以及早期国内传统媒体对版权保护意识淡薄的大背景之下，“今日头条”在毫无内容成本的个性化分发之路上迅速崛起，积累了巨大的原始资本。“今日头条”的发展确实并无先例，因此一般采取的措施就是先上车，后买票，摸着石头过河。由于法律法规的发展滞后于实践，只能遇到什么问题解决什么问题。韦伯曾对法律的威力作过精辟的评论，他指出只有当一个人遵从规则获得的利益大于无视规则的利益时，社会行动者才会遵守这项规则。[②] “今日头条”屡次侵犯版权红线，究其原因有版权保护方面法律滞后的现实困境，但更多的是其试图最大化地获取用户流量，甚至不惜通过打版权“擦边球”来扩张自身的内容版图和提高市场竞争力。“今日头条”虽然在诸多媒体版权诉讼中败诉，但正如在侵犯腾讯信息网络传播权的287宗案件中，“今日头条”仅仅向腾讯赔偿27万余元。版权赔付的成本对“今日头条”获取的巨大利润来讲简直就是九牛一毛，巨大的利润与低廉的违法成本使得“今日头条”敢于铤而走险。这也是“今日头条”屡被诟病内容低俗，侵权纠纷不断，却依然屡教不改的根本原因。

---

① 贾军．算法推荐新闻：技术困境与范式革命[J]．西南民族大学学报（人文社科版），2019，40(5)：152-156.

② 布尔迪厄，华康德．反思社会学导引[M]．李猛，李康，译．北京：商务印书馆，2015.

二、商业至上导致违规广告频现

“今日头条”被诟病的不仅仅是内容侵权的问题,还有在商业利润的驱使下不断推送虚假广告、违规广告等损害消费者利益的商业行为。

医疗广告成为“今日头条”最大的顽疾。用户在使用“今日头条”的过程中,经常能看到其中夹杂大量的医疗广告信息,大部分为口腔医院广告,另外还有眼科或中医院广告。医疗广告特别多,甚至每下拉一段页面就有一个医疗机构的广告出现。在深度访谈中,一位受访者讲述了自己上当受骗的经历:

> 我是一位心脏病患者,在“今日头条”看到一条卖养心通脉的药的广告,说得太神奇了,保证100天能治好,无效退款。治病心切,于是我买了7套共4680元的药,不但病没好,还差点住进了医院。我知道这个药并没有他们所宣称的那么有效,要求退款,可是“今日头条”相关人员的电话却再也联系不上了,我这才知道上当受骗了。[①]

虚假广告屡禁不止。央视新闻曾报道一个用户在“今日头条”上被骗的经历。用户在“今日头条”上看到“北京针对低学历上班族发布免考通道”的广告,点击广告之后她找到了一家名为北京巨人时代教育机构,并签署了相关合同,缴纳了15800元报考、课程辅导等服务费用。但随后,北京巨人时代教育机构的负责人“跑路”了。

二跳广告让用户苦不堪言。所谓的二跳广告,一般指首页广告内容完全正规合法,但只要用户点击进入第二层页面,违规广告随即出现,违规内容以分层的方式展开,经过二跳之后会跳到虚假广告页面,借此逃避国家审查。因为一、二线城市管得严,所以“今日头条”专攻三、四线城市。在南宁、四川等地的“今日头条”客户端上,治疗失眠、鼻炎、高血压、糖尿病等疾病的广告铺天盖地。尽管广告内容不尽相同,但表现形式大同小异,用户点击广告进入之后,首先出现几位医学界的“知名”人士或专家进行讲解代言,随后安排几位治愈患者现身说法。根据我国《广告法》第十六条规定,广告代言人不适用于医

---

① 受访者D5,采访时间是2018年8月11日。

疗、药品、医疗器械等广告的推荐和证明。法条中所指的广告代言人包括在广告中以自己的名义或者形象对商品、服务作推荐、证明的自然人、法人或者其他组织。很显然,二跳广告的模式已经违法。

从表面上看,医疗广告、虚假广告和二跳广告是“今日头条”疏于监管造成的,实质上却暴露出企业内部已经将整个虚假广告发布流程“制度化”“合理化”,只要广告主的广告费足够多,地方企业就可以向总部要政策、求变通,就可以堂而皇之地铤而走险,并不惜冒触犯法律的风险。2018 年,“3・15”打假的余温还未消散,抖音又因存在大量造假视频再次陷入舆论漩涡,自制的大牌赝品赫然出现在抖音里,抖音一夜之间成了“假货橱窗”,招致各方的舆论质疑。“今日头条”为了完成 2018 年 500 亿元的销售目标,销售团队迅速扩大,穷尽一切办法甚至不惜触碰法律红线。如果说对巨大流量的渴望使得低俗内容泛滥,那么对营业额的渴求势必导致泥沙俱下、瞒天过海。但是,为了谋求自身的高速发展而触犯法律红线是得不偿失的。

三、流量为王诱发内容低俗低质

在“今日头条”内容生态布局的过程中,分发的内容种类和数量越多,不可控的风险就越发凸显,特别是自媒体发布的内容。人工智能时代的一大特征便是一切皆可量化。[①] 一位业内人士坦言,谁都知道灰色内容的流量最大,商业公司唯流量马首是瞻的模式很难摆脱一个“俗”字。由于新闻场域是一个比任何其他场域都更容易受到商业逻辑侵蚀的场域,这个矛盾最终以消解内容的“先锋”性来迎合收视率要求的“商业化通俗”为结局。[②] 电视不是人们心目中促进民主的工具,在某种程度上其是压制民主的强暴性工具。它透过特殊的“眼镜”去看世界,对自己不利的事情视而不见,对自己有利的事情则夸大煽情,大做文章,对某一事件报道或不报道的标准就是:“对轰动的、耸人听闻东

① 蒋晓丽,贾瑞琪.论人工智能时代技术与人的互构与互驯——基于海德格尔技术哲学观的考察[J].西南民族大学学报(人文社科版),2018,39(4):130-135.

② 布尔迪厄.关于电视[M].许钧,译.沈阳:辽宁教育出版社,2000.

西的追求。”[①]布尔迪厄考察的对象是法国20世纪八九十年代的电视业,实际上这种原则具有普世性。商业资本的逐利性不仅侵蚀着传统的电视媒介,还侵蚀着以资本逻辑为市场导向的“今日头条”。

新闻和商业的冲突并不是今天才出现的,只不过对“今日头条”而言,平台更看重的是经济效益,整个平台都定位在商业化的运营之上。面对当下公众趣味的整体下沉,“今日头条”在逐利的市场化裹挟之下,很多内容生产者和提供者不断突破底线,一味单向度地迎合用户,造成市场的混乱和无序。这些低俗的内容污染了社会风气,与国家主流意识形态和主流价值观相背离。为此,政府相关部门多次约谈“今日头条”,依法查处涉嫌违规提供的低俗内容,责令限期整改。不管平台有意为之还是个性化分发的先天不足,都说明“今日头条”的内容监管存在问题。算法与人工结合加强审核,不仅要用技术的尺度,还需要人文的眼光。人机联手、人机协同是防止低俗内容流入市场的最有效的举措。

“今日头条”的商业化进程主要依靠流量支撑的信息流广告变现。从60亿元到150亿元,再到2018年营收达到500亿元,营收目标一路狂飙式增长的背后是其对流量和利润的极度渴望。为了达到预期目标,“今日头条”一直游走在给用户想要的内容以及可能引起国家审查的边界之间。算法技术并不是“今日头条”的原罪,其背后罔顾内容价值和版权规范,无视主流意识形态和主流价值观,一味追求高流量带来的商业利益至上的平台价值观,才是原罪。“三俗”内容之所以能够在平台上大行其道,屡禁不止,一个很重要的原因就是平台在算法中性、算法进步的官宣话语下,掩盖了其收割用户时间、无偿占有用户劳动、流量至上的平台商业主义的本质。

四、资讯同化造成信息茧房效应

除了以上种种问题之外,在“今日头条”众多的非议中,信息茧房效应仍让一些用户心有忌惮。基于兴趣和阅读历史痕迹的个性化推送实现了信息一对

---

① 布尔迪厄.关于电视[M].许钧,译.沈阳:辽宁教育出版社,2000.

一的传播模式，尼葛洛庞帝预言的“个人日报”，即“我的日报”成为现实。但同时也造成了信息面变窄的信息茧房效应，它不仅限制了用户获取信息的多样性，还会因为信息单一而容易形成信息的回音壁和过滤气泡，从而引发群体极化。

“信息茧房”是桑坦斯在《信息乌托邦：众人如何生产知识》一书中提出的，他认为网络虽然使人们获取资讯更为快捷、高效，但如果人们只阅听能愉悦自己的东西，时间久了会限制自身的视野，将自身桎梏在像蚕茧一样的“信息茧房”之中。① 由此可以看出，在聚合类平台，人们只阅听他们选择和愉悦他们的东西，很多人至死仍活在他们自己设计的回声房里。② 但整个社会的理性交往需要像尤尔根・哈贝马斯提出的“公共领域”那样，在这个领域里人们互相探讨、交换意见，不断增强社会黏性，进而促进社会的整合进步。如果用户只接收自己感兴趣的资讯，对公共性的主流意识形态、主流文化不甚了解，不仅会让自己与社会割裂，还会导致整个社会的群体极化，撕裂社会的统一性，带来社会的分裂。③观点相似的一群人在一个场域里发表几乎一致的看法和意见，容易促使他们极度自信、非理性进而制造偏激。个性化分发使得很多人都沉浸在自己感兴趣的内容之中，但也有一部分用户对个性化分发提出了质疑：

> 我以前使用过“今日头条”，但后来卸载了。原因就在于阅读“今日头条”无法辨别资讯的真伪性，新闻内容的界限也模糊了，更为重要的是一味推送我阅读过的和感兴趣的内容限制了我了解新闻的广度和深度，而且内容还比较低俗，没有营养。算法给我推送我喜欢的东西，那么算法又为我屏蔽掉哪些东西呢？推送和过滤的标准又是什么呢？④

这一评价并非个案，它也存在于很多媒介素养比较高、善于独立思考的人群中。李普曼曾经提出拟态环境理论，只不过那个时候的拟态环境是传统媒

---

① 桑斯坦．信息乌托邦：众人如何生产知识[M]．毕竞悦，译．北京：法律出版社，2008.

②③ 桑斯坦．网络共和国：网络社会中的民生问题[M]．黄维明，译．上海：上海人民出版社，2003.

④ 受访者 C4，采访时间 2018 年 10 月 15 日。

体构建的,而如今的拟态环境是用户自己选择并在算法技术的推动下持续强化而形成的。算法驱动的个性化分发正如悬在人类头顶的达摩克利斯之剑,既给用户提供了“个人日报”式的信息,节省了时间,满足了个体需求,但同时也逐渐限制了用户的视野,把他们束缚在硬硬的信息茧壳之中。如此这般,人类公共信息的传播、社会意见的整合、社会共识的形成,也会变得日益困难。①

无视版权和违规广告频现侵犯了知识产权,为我国相关法律法规所不容。内容低质低俗和信息茧房效应不仅侵害了社会风气,使用户过度沉迷其中,同时还阻碍了主流意识形态和主流价值观的传播与认同。林林总总的个性化分发乱象背后都是“今日头条”为了在商业上增加流量,赚取巨额利润。在违规成本极低的情况下,虽然“今日头条”对产品的监管不力,但在骂声中完成了资本的原始积累,在较为宽松的政治、经济环境中野蛮生长。如果一个企业不遵纪守法,不顾社会道德和责任感,无视自身的责任和担当,甚至不惜触碰法律红线,单纯为了获得商业利益以非法牟利的手段进行个性化分发,那么这样的企业必将招致政府和社会严格的管理和规训。聚合类平台若要长久稳定发展,必须具备两个必要条件:一是拥有大量授权的媒体内容,二是职业的新闻素养。显然,“今日头条”并不具备第二个必要条件,它更像一个门槛极低的娱乐平台、商业平台,是用户用来消磨时间的娱乐工具。

第二节 权力的展演:政治场域对个性化分发相关场域的规训

无论在媒体完全属于事业性质时期,还是在改革开放事业与产业双轨制时期,党和政府对新闻业的领导和规范不曾间断。在我国,新闻场域是政治场域的重要组成部分,作为意识形态合法化建构的工具,新闻场域的自主性是比

① 彭兰.更好的新闻业,还是更坏的新闻业?——人工智能时代传媒业的新挑战[J].中国出版,2017(24):3-8.

较脆弱的。① 在国外,数百年来新闻自由的理念与政府规训之间的矛盾常常会成为各国传播政策的中心议题。麦奎尔认为,政府机构对新闻自由的干预、控制和媒体对政府机构进行的反干预、反控制,构成了传播领域的基本冲突,一部大众传播史也是政府和媒体之间不断冲突、妥协与抗争的历史。② 马克思在其一生跌宕起伏的革命生涯中,始终把报纸作为最重要的斗争工具和政治阵地。报纸成为他宣传革命思想、传播科学理论、组织群众斗争、指导工人运动的有力武器。③ 如今,在我国占主导地位的新闻观是马克思主义新闻观,主要表现为宣传新闻主义。在我国当前的政治语境下,党对舆论、对媒体的管理顺理成章地具有结构上的强制性与合法性。

从组织管理和社会学角度可以更深刻地认识媒介产业的官僚结构和生产过程。在塔奇曼、费什曼、甘斯等的研究中,检视的管理主要是新闻制作的复杂过程的管理控制体系。④ 在任何一个场域里,权力都具有至高无上的力量,是一种能够排除一切抗拒、坚定不移地贯彻其意志的支配性力量和支配性行为。⑤ 罗杰·西尔弗斯通在谈到技术与人的关系时提到了相互驯化,其一方面是指技术对身体感官的驯化,如麦克卢汉所说的"媒介是人体的延伸";另一方面是指主体对技术发展的驯化,如莱文森所说的媒介进化的人性化趋势。⑥ 实际上,主体对技术的驯化不仅是指让媒介更人性化,还指技术如何能更好地为社会、为公众服务,担负起应该有的责任。如何处理好政府与技术、政府与企业、政府与个人的关系值得深思。

随着我国传媒产业发展的不断深入,传媒体制上呈现出混杂的新特点,纯国营、纯民营、国营与民营相结合的混合所有制新格局已经形成,彻底改变了

---

① 张志安.新闻场域的历史建构及其生产惯习——以《南方都市报》为个案的研究[J].新闻大学,2010(4):48-55.

② 郝晓鸣,李展.传播科技对中国大陆传媒体制的挑战[J].新闻学研究,2001(10):32-38.

③ 郑保卫.马克思主义新闻观中国化的历史进程及其理论贡献[J].新闻与传播研究,2018(2):5-21.

④ 莫斯可.传播政治经济学[M].胡春阳,等译.上海:上海译文出版社,2013.

⑤ 宴辉.政治传播的哲学基础论证[J].学术研究,2017(12):31-39,2.

⑥ 曹钺,骆正林,王飚濛."身体在场":沉浸传播时代的技术与感官之思[J].新闻界,2018(7):18-24.

过去完全由国家垄断传媒产业的格局。我国政府在对传媒产业管理的过程中扮演着双重角色：一种角色是以公共服务为追求和使命的政治性政府，另一种角色是以国有资产所有权管理者身份出现的经济性政府。[①] 面对“今日头条”在分发中出现的问题，国家权力的入场一方面是出于行业管理的初衷，“今日头条”在分发中无视版权、无视技术伦理，一味推崇分发的技术理性，释放了技术和人性之恶，其传播的低俗内容不仅一再突破行业底线，而且污染了社会风气，造成了不良的社会影响，必须加以规范。另一方面是为了传播主流价值观和主流意识形态，更看重的是传播所产生的社会影响和社会效果。为此，作为元场域的权力对“今日头条”从社会规制、经济监督和内容监管三个层面进行管理和规制。

一、社会规制：多管齐下封堵分发技术的漏洞

每次技术革命都会带来社会失调，随后要对其进行规范而重新调适。海德格尔的批判理论指出，在技术之外去寻找抵抗技术的策略。[②] 由于立法需要一个长期的过程，新的立法跟不上社会对自媒体进行管控和规制的迫切要求，导致表达自由被滥用、他人的权利被侵害、违背道德、扰乱社会秩序和损害公共利益的事件经常发生。为此，必须对其加以约束和规制。聚合类平台作为既定传统新闻业的一个新闯入者，对既有的媒介场域规则提出挑战，引发场域内不同行动主体之间的竞争与博弈。在任何空间都充满着权力和资本，权力和资本对空间的征服和规训可能会迟到但从来不会缺席。经过 20 多年的发展，对互联网的管理通常采用法律法规、行政管理、宣传管理等方式。政府运用法律法规和公共政策对微观经济主体的行为进行规范。国家在规范媒介的过程中，相继建立、完善法规和制度，行政和市场调节并用。政府是公共利益的代表，为了维护公共利益而对市场竞争进行干预和规范，成为政府对自媒

---

① 朱春阳.传媒产业规制：背景演变、国际经验与中国现实[J].西南民族大学学报(人文社科版)，2008(3)：170-175.

② 周宪.技术导向型社会的批判理性建构[J].南海学刊，2016，2(3)：1-8.

体进行管制的合法性理论基础。[①] 随着新媒体的出现，国家对媒体的规范已经从事业单位性质的传统媒体，逐步扩展到具有商业媒体属性的新媒体企业。治理个性化分发的乱象不能仅仅依靠平台和技术研发者的自律，不能幻想着算法等技术会自发地完善和改进其固有的商业化的价值形态，而必须利用法律和政治权力的强制性对算法和平台进行有效的管理。近年来，我国加快了互联网治理的法治化步伐，相关法律、行政法规、部门规章等日渐完善，共同构建起一整套相对完备的网络监管法律体系。加强网络管理，坚决打击推送劣质信息的平台，绝不是权宜之计，唯有如此才能构建起风清气正的网络环境。

（一）完善相关法律法规，维护规制的正当性

技术的合理性、正当性能被社会认可，既体现为科技本身进步的价值，也体现为社会建构的结果。媒介规制有不同的划分标准，如果从政府对微观经济干预政策性质方面来考虑，则可以分为经济规制、社会规制和行政规制三类。[②] 其中，社会规制一般是指政府将关注视角扩展到健康、安全等社会行为层面，主要通过对媒介产品标准的制定、分级和审查等手段来维持社会的安定团结、公平正义，进而实现社会成员的总体福利。政府对传媒的规制，是将媒介内容的管理和规范作为主要手段。[③] 2017 年 6 月 1 日起施行的《网络安全法》第九条明确规定：

> 网络运营者开展经营和服务活动，必须遵守法律、行政法规，尊重社会公德，遵守商业道德，诚实信用，履行网络安全保护义务，接受政府和社会的监督，承担社会责任。

《网络安全法》第十二条还规定：

> 任何个人和组织使用网络应当遵守宪法法律，遵守公共秩序，尊重社会公德，不得危害网络安全，不得利用网络从事危害国家安全、荣誉和利

---

① 宋全成．自媒体发展中的表达自由、政府规制及其限度[J]．南京社会科学，2017(11)：99-106.

② 王健．中国政府规制理论与政策[M]．北京：经济科学出版社，2008：7.

③ 王炎龙，李玲．媒介规制与媒介生产：一种把关的制衡——基于 2006—2016 年广播影视法律法规和政策的分析[J]．新闻大学，2018(5)：102-108，151.

益,煽动颠覆国家政权、推翻社会主义制度,煽动分裂国家、破坏国家统一,宣扬恐怖主义、极端主义,宣扬民族仇恨、民族歧视,传播暴力、淫秽色情信息,编造、传播虚假信息扰乱经济秩序和社会秩序,以及侵害他人名誉、隐私、知识产权和其他合法权益等活动。

经查阅,《互联网信息服务管理办法》《互联网电子公告服务管理规定》《互联网出版管理暂行规定》《互联网文化管理暂行规定》《互联网视听节目服务管理规定》《互联网新闻信息服务管理规定》等文件中都涉及了如下内容:

(一)反对宪法确定的基本原则的;(二)危害国家统一、主权和领土完整的;(三)泄露国家秘密、危害国家安全或者损害国家荣誉和利益的;(四)煽动民族仇恨、民族歧视,破坏民族团结,或者侵害民族风俗、习惯的;(五)宣扬邪教、迷信的;(六)扰乱社会秩序,破坏社会稳定的;(七)诱导未成年人违法犯罪和渲染暴力、色情、赌博、恐怖活动的;(八)侮辱或者诽谤他人,侵害公民个人隐私等他人合法权益的;(九)危害社会公德,损害民族优秀文化传统的;(十)有关法律、行政法规和国家规定禁止的其他内容。

这些法律法规的出台为互联网从业者们提供了相应的法律依据,也是一条条不可触碰的法律红线。

政府相关部门应进一步加强对互联网文化市场的监管,严厉打击制作、传播违法违规的互联网文化产品的单位和落实内容自审自查主体责任不到位的平台,情节严重的直接列入文化市场黑名单,在全行业范围内对其实施信用惩戒。"今日头条"经历了野蛮生长期,如今随着监管的收紧,其无视国家法律法规、公序良俗,违背主流价值观的行为必将为国家、社会和人民所不容。"今日头条"只有在我国法律法规框架允许的范围内寻求突破,才能平稳发展。

国家制定的相关法律法规、规章制度及相关规定对平台保持正确的政治方向,确保个性化分发的正能量、健康有序,维持国家和社会的团结、稳定、长治久安起到重要的保障作用。

(二)主流媒体维护文化权威,解构"今日头条"的正当性

马克思曾用"耳目喉舌"来描述报纸的功能和作用,他认为报纸是党和人

民的喉舌。报纸是社会的捍卫者，是政治斗争的有力武器，无处不在的耳目喉舌有利于揭露当权者的诸多恶行，也有利于维护自由的人民精神。① 无论在革命时期，还是在和平年代，喉舌论已经成为无产阶级新闻学说中的一条基本原理。利用报纸等媒介来开展工作更是我党新闻工作的优良传统。

媒介作为党和人民的耳目喉舌实现了上传下达、舆论监督和舆论批评的功能。对于算法的质疑和存在的弊端，《人民日报》、人民网、央视等多家权威主流媒体对其进行过批评报道，国家和社会需要借助大众传媒的力量对个体和其他组织进行监管。② 媒体不仅能使原子化的个体之间"心连心"，还可以引导和管理公共舆论和社会价值取向。因此，传播从某种意义上说就是信息的传递和意识形态的灌输。③ 2016 年末，《人民日报》评论部发表《算法盛行更需"总编辑"》和《新闻莫被算法"绑架"》的评论文章，强调个性化分发中总编辑的把关和价值引领作用，并质疑个性化分发充其量只算得上机器筛选的雕虫小技，生拉硬扯的内容推送让人烦不胜烦。随后，人民网又连续发表了三篇评论文章，分别是《不能让算法决定内容》《别被算法困在"信息茧房"》《警惕算法走向创新的反面》，对算法的本质和科学性提出质疑与批判。其强调，一味运用算法读心术，只追求高的点击量和转发量不仅导致内容质量低劣，还滋生谣言和假新闻；一味迎合更导致信息圈层的封闭、偏狭和作茧自缚，强化了偏见的囚徒。从社会创新和价值导向来看，"今日头条"没有大力弘扬主流价值观和主流意识形态，平台的技术至上和"唯市场论"没有流淌着道德的血液。齐鲁网和《新京报》也分别发表文章质疑"今日头条"的价值观。张一鸣不止一次地说"今日头条"不传递价值观，但实际上无视内容质量，为追求高流量而出现大量低俗内容，这就是"今日头条"在个性化分发中或显或隐的价值观。

与主流媒体对算法的挞伐相比，市场化媒体和网民对算法则相对包容。由于市场化媒体也是算法的积极采纳者，他们在对算法的态度上表现得相对多元与平和，主张既要加强政府规范，又要考虑算法带来的绩效正当性和进步

① 翁海琴."耳目喉舌"说的历史沿革[J].新闻记者，2007(3)：35-37.

② 钱佳湧."行动的场域"："媒介"意义的非现代阐释[J].新闻与传播研究，2018，25(3)：26-40，126.

③ 黄旦.手拉手还是心连心：什么是交流？[J].读书，2004(12)：73-80.

性。普通网民关注的重点一方面涉及对算法正当性的质疑,另一方面关注主流媒体批评"今日头条"算法正当性的质疑。对算法的不同态度也反映出场域内不同行动主体的不同认知。"今日头条"作为新闻业的新闯入者与原来以宣传理念为旨归的传统新闻业之间发生技术、理念、话语、市场等诸多方面的摩擦和矛盾,引发了媒介场域内剧烈的化学反应。官方话语的介入扭转了之前"今日头条"等聚合类平台所建构的对算法正面积极的认知维度。

总之,互联网的上半场属于缺少制度、缺少规范的野蛮生长期,而互联网下半场的基本要求则是安全、有序。没有安全、秩序,互联网本身也不可能得到良性、持续的发展。① 目前,"今日头条"面临的问题就在于缺乏有效把关人导致的内容低质低俗,虚假信息和虚假广告泛滥,毒害人们的思想,一味追求经济效益而忽视了社会责任。国家在新闻领域一贯坚持的喉舌论要求媒体的社会效益永远是第一位的,媒体要传播党的路线方针政策,传播主流价值观,传播正能量,以维护社会的稳定和长治久安。"今日头条"不能打着个性化分发的幌子,逃避作为媒体企业应该承担的社会责任。算法和人性并不是零和博弈的关系,算法同样应该遵守传统新闻业最基本的价值伦理。算法盛行更需要总编辑,算法只不过是工具,不能以算法为借口放弃价值观。② 因此,"今日头条"只有有效地处理好平台商业性与政治性、过度娱乐性与主流价值观、算法个性化的兴趣推送和社会公共性议题之间的矛盾与冲突,才能确保内容安全,在政治与经济的博弈中更好地发展。

(三)场域内多元行动主体的联合规范

由于我国对网站和平台运营资格的取得采取的是经营许可制度,一个平台想进入该领域,进行合法化运营,一般需要获得如下许可:

> 电信与信息服务业务经营许可证、增值电信业务经营许可证、电子公告服务许可(工业和信息化部)、互联网教育信息服务(教育部)、登载互联网新闻业务许可(国务院新闻办公室)、互联网药品信息服务(国家医药监

① 李鹏.迈向智媒体[M].北京:东方出版社,2018.

② 白红义,李拓.算法的"迷思":基于新闻发布平台"今日头条"的元新闻话语研究[J].新闻大学,2019(1):30-44,117.

督管理局)、互联网医疗卫生信息服务许可(卫生部)、广告经营许可证(国家市场监督管理总局)、互联网出版许可证(新闻出版总署)、网络文化经营许可证(文化部)和互联网视听节目服务许可(广电总局)。

由于相关从业许可资质的发放涉及众多部门,我国在互联网的管理上曾出现明显的"九龙治水"的特征,对"今日头条"的监管也是多管齐下、多元行动主体的综合治理。

从2014年开始,"今日头条"因为侵犯版权的问题被传统媒体诟病,在八年时间里,"今日头条"所属的北京字节跳动科技有限公司身负的法律诉求高达166条,绝大多数为被告。此外,"今日头条"又陷入了语言粗俗、标题党、虚假广告等问题的旋涡之中,屡屡被相关部门约谈、罚款并责令整改等。[①] 2017年,"今日头条"先后因为"头条问答"讨论的内容低俗被国家网信办约谈;央视曝光"今日头条"向火山小视频的用户推送低俗直播,国家网信办等联合约谈整改;《人民日报》、人民网多次撰文批评"今日头条"算法的不合理性;"今日头条"个性化分发因侵犯个人隐私、虚假广告泛滥、内容低俗、制假售假问题,多次被约谈。近年来,国家监管越来越严,约谈、罚款、整改、停更、下架、永久关停多措并举,对"今日头条"等相关平台起到了一定的约束和震慑作用。但平台的问题仍不断涌现,法律法规因缺乏前瞻性往往刚出台就落伍,在媒介融合的大背景下,依靠治理传统媒体的逻辑来规范新媒体必然出现水土不服的症候。因此,对"今日头条"劣质内容的遏制与管理还需多管齐下,综合治理。

有人质疑,"今日头条"是在利用低俗内容吸引流量,攫取暴利。而"今日头条"的内部人士却认为:

"今日头条"现在的体量已经非常大了,已经过了需要疯狂成长的时期。对于"今日头条"而言,现在最重要的是如何在法治的轨道上稳步前进,而不是去触碰法律的高压线。"今日头条"之所以存在这样那样的问题是因为算法还不够完善,个性化分发还处于发展的早期阶段,需要成长。我们应该正面面对相关问题,不断解决和完善以便更好地为社会、为

---

① 宋全成.自媒体发展中的表达自由、政府规制及其限度[J].南京社会科学,2017(11):99-106.

人民服务,承担起一个企业应该有的责任。[1]

二、经济监督:直击平台的经济痛点

(一)准入制度:经济监管的第一道屏障

如果说社会规制主要是对媒介内容的管理和规范,那么媒体准入制度更能体现政府对传媒产业的经济规制,其管理的内容更侧重于市场主体的准入资格、市场运营、价格、质量等方面,以纠正市场失灵、维护市场公平竞争的秩序。所谓媒体准入制度,是指国家机关根据自然人、法人或者其他经济组织的申请,依法审查决定是否准许其从事特定活动、确认其资格资质的政府行为。从世界范围来看,媒体准入制度呈现出内资松、外资紧,报业松、广电紧,边缘业务松、核心业务紧的状态。从国内外历史情况来看,媒体准入制度呈现出从加强管制到放松管制的趋势。在我国,国家新闻出版署负责报纸、期刊的审批工作,广播、电视只有经过国务院广播电视行政部门的批准才能成立。互联网的信息服务可以分为经营性和非经营性服务两类,国务院新闻办公室作为主管部门对非经营性互联网信息服务采取备案制度,对经营性互联网信息服务则实行许可制度。从事互联网视听节目传播应取得由国家广电总局颁发的互联网视听节目信息许可证。

为了净化网络环境、过滤网上的不良信息,国家广电总局下发了《关于加强微博、微信等网络社交平台传播视听节目管理的通知》和《关于加强网络视听节目直播服务管理有关问题的通知》。文件明确规定,利用微博、微信等各类社交应用开展互联网视听服务的网络平台应当取得《信息网络传播视听节目许可证》等相关资质,并严格执行在许可证规定的业务范围内开展业务,不得僭越违规经营。没有取得许可证或履行备案手续的,任何个人和企业都不得从事互联网视听节目服务。在视听许可方面的政策收紧不仅提高了行业的准入门槛,而且也说明该行业不是有资本就可以随便进入的。此外,在屡禁不止的不良内容、数据造假等诸多负面新闻的影响下,直播行业的监管条例陆续

---

① 受访者 T6,采访时间 2018 年 9 月 27 日。

出台,《北京网络直播行业自律公约》《关于加强网络视听节目直播服务管理有关问题的通知》《互联网直播服务管理规定》等进一步加强了国家对直播行业的管理和规范。

为了进一步加强对网络视听节目的管理,国家规定要想获得信息网络传播视听节目许可证,申办单位应具备法人资格,为国有独资或国有控股单位,且在三年内无违法违规记录。从某种程度上说,该规定被认为是互联网视听行业的公有化令,相当于国家把一些民营互联网科技企业排除在外。这意味着像"今日头条"这样的民营企业不具有直接申请的资格,只能采取"曲线救国"的道路——收购一家具有运营网络视听节目许可的企业。"今日头条"通过收购山西运城阳光文化传媒有限公司,不仅得到了《信息网络传播视听节目许可证》(许可证号为 0410466),还取得了《网络文化经营许可证》(牌照号:2015-1413-002)和《增值电信业务经营许可证》(牌照号:晋 B2-20100003)。此举让"今日头条"获得了利用互联网经营演出剧(节)目、动(漫)画、艺术品等文化产品的资格,可以从事互联网文化产品的展览、比赛等活动;还可以帮助企业代理各类广告、形象策划、设计、制作、推广;承办展览、展示以及开展生活信息咨询等业务的权利。

"今日头条"是 2017 年才正式拿到《信息网络传播视听许可证》的,而它在一年前就已经进入短视频和直播领域,这也就意味着此前"今日头条"一直处于"无证经营"的裸奔状态。"今日头条"上线短视频频道,陆续推出西瓜视频、抖音和火山小视频这三款短视频,使其不仅逐步从图文服务转向短视频领域,获得了最佳窗口期,而且这三款不同定位的产品使得"今日头条"在短视频领域成功布局,才有了今天的局面。此番拿到正式的经营许可执照后,"今日头条"不仅可以经营短视频业务,还可以经营直播业务。随着《互联网新闻信息服务管理规定》(以下简称《规定》)的正式实施,凡是通过互联网站、应用程序、网络直播、论坛、即时通信工具等形式向社会公众提供互联网新闻信息服务的组织均应当取得互联网新闻信息服务的经营许可证,禁止未经许可或超越许可范围开展互联网新闻信息服务活动。这里所说的互联网新闻信息服务包括互联网新闻信息的采编发布服务、转载服务、传播服务等。《规定》明确指出:

> 申请互联网新闻信息服务许可，申请主体为中央新闻单位(含其控股的单位)或中央新闻宣传部门主管的单位的，由国家互联网信息办公室受理和决定;申请主体为地方新闻单位(含其控股的单位)或地方新闻宣传部门主管的单位的，由省、自治区、直辖市互联网信息办公室受理和决定;申请主体为其他单位的，经所在地省、自治区、直辖市互联网信息办公室受理和初审后，由国家互联网信息办公室决定。

没有取得《互联网新闻信息服务许可证》就意味着不得开展对主流媒体的时政新闻和评论进行采编、转载、传播等服务。“今日头条”作为聚合类平台，同时也是新闻客户端，这就意味着除非“今日头条”拿到该许可，否则所有的新闻发布、转载等传播活动都属于违法行为。现如今，经国家各级网信部门审批通过的互联网新闻信息服务单位共计304家，“今日头条”并不在内，而强劲的竞争对手腾讯、网易和“一点资讯”都拿到了该许可。为了避免没有新闻信息服务资质惹出问题，“今日头条”早已明令没有新闻资质的账号不得发布有关政治、经济、军事等有关社会公共事务的新闻，这在一定程度上规避了“今日头条”的内容风险，但问题在于传播、转载这些内容也是需要具有新闻资质的，这必将成为阻碍“今日头条”进一步发展的短板。

我国对经营性互联网信息服务活动实行许可制度，造成了诸多企业在业务准入方面的困难，对提高内容质量、确保内容安全起到了重要作用。但审批通过后的后续监管问题没有得到充分重视，政府相关部门在把好企业准入关的同时，也应该做好后续的管理、监督，两者不可偏废。[①]

(二)经济制裁:政府监管的致命一击

政府规制是指国家行政机关间接改变企业和消费者供需决策或直接干预市场机制的一般规则或特殊行为。[②] 政府规制不仅包括法律法规、行政管理、宣传管理等社会规制[③]，而且包括经济规制，即政府对企业经济的监督、组织

---

① 刘锐，徐敬宏.网络视频直播的共同治理:基于政策网络分析的视角[J].国际新闻界，2018，40(12):32-49.

② 史普博.管制与市场[M].余晖，译.上海:上海人民出版社，1999.

③ 廖婳婧.“场域”理论视角下的东方卫视节目生产研究[D].上海:上海大学，2015.

构成以及广告等经营活动的监管。

《互联网新闻信息服务管理规定》第二章第七条、第八条规定：

> 任何组织不得设立中外合资经营、中外合作经营和外资经营的互联网新闻信息服务单位。互联网新闻信息服务单位与境内外中外合资经营、中外合作经营和外资经营的企业进行涉及互联网新闻信息服务业务的合作，应当报经国家互联网信息办公室进行安全评估。互联网新闻信息服务提供者的采编业务和经营业务应当分开，非公有资本不得介入互联网新闻信息采编业务。

从该规定中可以看出，国家对进入网络新闻信息服务领域的资本类型是有严格规定的，国有资本和国内私人资本可以进入该领域，但对外资则有着极为严格的限制。同时，还明确规定了非公有资本可以进入经营及其他边缘业务，但是不可以介入新闻信息采编的核心业务，这主要是为了确保内容安全。由于新闻场域极易受到经济场域的影响和其他力量的钳制[①]，受商业逻辑影响的最大代价就是消解了内容本该有的先锋性而复归到商业化和通俗化。[②] 经济资本可以不加掩饰地揭示权力和财富的再生产，经济资本是资本最有效的形式[③]，因此国家对入驻该领域的资本类型进行严格的管理，有利于该领域健康、稳定、快速地发展。同时，对媒介充分发挥喉舌作用，传播主流价值观具有重大的现实意义。

除了对行业准入的资本类型进行监督、许可之外，对“今日头条”等平台的违规广告进行严格的监督和处罚，可以说击中了企业的痛点，经济制裁是对企业最为沉重的打击。布尔迪厄在《关于电视》一书中提到，高收视率必然带来丰厚的广告利润和商业赞助，但这也必将导致电视从 20 世纪 50 年代注重文化品位向 20 世纪 90 年代媚俗倾向的转变。[④] “今日头条”追求商业至上、流量为王，对流量的巨大渴望必将导致低俗内容的泛滥。在商业逻辑的侵蚀下，

---

①② 布尔迪厄. 关于电视[M]. 许钧，译. 沈阳：辽宁教育出版社，2000.

③ 布尔迪厄. 文化资本与社会炼金术：布尔迪厄访谈录[M]. 包亚明，译. 上海：上海人民出版社，1997.

④ 布尔迪厄. 关于电视[M]. 许钧，译. 沈阳：辽宁教育出版社，2000.

文化产品出现了内爆,新闻和娱乐的界限消失了,成了"娱讯",高雅和低俗的界限崩塌沦陷。"今日头条"为了盈利,不断突破广告底线,甚至毫无底线可言。追求流量、卖广告才是正事,新闻理想和责任则抛掷脑后。只要能带来流量、赚到钱,贴上"低俗""媚俗"这种标签又有什么关系呢?

张一鸣曾在央视《对话》栏目里信誓旦旦地说:"'今日头条'不接医疗广告。而之后却深陷虚假医疗广告的漩涡之中。此外,"今日头条"还涉及多个虚假广告和二跳广告。"今日头条"频繁遭到媒体曝光和政府相关部门的约谈及罚款,对其社会声誉造成了严重的负面影响,政府对"今日头条"广告乱象的治理也使得其在巨大盈利指标的压力之下为流量、为业绩不断挑战、超越底线的行为得到有效的控制。脱缰的野马在遭受经济上的不断打压之后逐渐被驯化,实际上被约谈、被行政处罚的代价还比较小,被永久关闭或暂停广告业务则关乎企业的生死存亡,马虎不得。因此,任何一家企业都不敢贸然挑战这一高压线,经济上的制裁是对每一家互联网科技企业的致命一击。

三、产品监管:权力规范内容分发的正当性

权力是一切场域的元场域。网络的特点就是去中心化、平权化,政府对平台的规范管理也意味着其希望通过重新集中化而逐步创设出某些控制中心,以保持自己的控制力。网络时代人人都有麦克风,人人都是自媒体,国家的规范曾经一度很无力,但也恰恰是这种无序的状态使得国家下定决心用权力规训媒介内容的混乱和主流价值的离散。从 2006 年至今,媒介规制政策频繁出台、日臻完善,相关管理更多地从产业层面转向产品层面,广播电视的媒介规制主要是以内容监管为代表的社会性规制为重点。[①]

首先,政府对平台的产品监管体现在"今日头条"的频道设置和资讯供应上。李普曼提出拟态环境理论,认为人们身处的世界深深地被媒体影响着、建构着,而这种建构的内容载体恰恰是媒体源源不断供应的信息流。媒介不仅

① 王炎龙,李玲.媒介规制与媒介生产:一种把关的制衡——基于 2006—2016 年广播影视法律法规和政策的分析[J].新闻大学,2018(5):102-109.

是一种中性的工具，而且成为人类的生活环境和图底。[1] 细观“今日头条”以前的内容，明显的娱乐、泛新闻的内容大于严肃的政治新闻，而且由于人的劣根性，用户对于低俗内容较为感兴趣，所以这方面的内容被不断地推送——推送的逻辑遵循的是推送你感兴趣的内容。一些时政类、严肃类的新闻由于自身比较枯燥、阅读量低而消失在信息的洪流里，影响力被削弱，党和国家的声音得不到有效的传播。在权力与平台的博弈之下，“今日头条”逐渐平衡市场和政府之间的利弊得失，陆续设置了“新时代”“国风”等频道，并在每个频道设定“置顶”和“热点”标签，把重要的时政新闻做加权并重点推送——推送的逻辑遵循的是推你应该知道的内容，加大力度传播“政”能量和正能量的内容，在资讯的个性化与阅读的公共性之间找到平衡。不仅如此，由于“今日头条”的巨大流量，很多政务号纷纷入驻头条号。由于增加了时政新闻的独立频道入口，再加上算法加权推送加大了主流信息的供应，主流声音实现了从传统媒体到新媒体、从党媒到商业媒体的全覆盖。

其次，除了增加主流声音的渠道和出口之外，还应该传播主流价值观，以及积极、健康和正能量的内容。“今日头条”内容上的低俗、虚假信息和谣言，不仅一步步消解了平台的公信力、权威性，还使人们沉浸在低俗信息的洪流中而不自知，毒害人们的思想。为此，国家加大打击和引导力度，多次约谈、批评“今日头条”，对其作出罚款，并责令其下架违规产品的处罚。2018 年 4 月，由于“今日头条”分发有违社会道德的内容被国家广电总局约谈，并依据《互联网视听节目服务管理规定》责令其立即采取以下整改措施：

> 一、全面清查平台上的全部内容，对网站上的低俗、暴力、血腥、色情、有害等问题节目要立即下线。二、全面排查已有的账户，暂时停止增加新的视听节目上传的账户。对已经上传了违法违规有害节目，产生不良社会影响的，要采取永久封号、永久关停其上传功能等处理措施。三、对已经播出的违法违规有害视听节目的审核人员和主管人员要追究其相应的

---

① 钱佳湧.“行动的场域”：“媒介”意义的非现代阐释[J]. 新闻与传播研究，2018，25(3)：26-40，126.

责任。四、为确保内容安全,网站审核力量应与网站节目的上传总量和上线播出总量相适应,未经审核的内容不得擅自播出。

最后,政府对平台产品的监管体现在对版权和知识产权的保护上。“今日头条”作为一家聚合类平台在抓取聚合新闻时应该得到相应媒体的授权或支付一定的版权费用,而不能随便抓取。新闻产品是采编人员辛勤智慧的结晶,新闻产品的版权应该得到相应的尊重和回报。正如《广州日报》所言,版权是媒体的私有财产,未经许可的搬运行为是非法的。甚至有媒体认为“今日头条”用“强盗”的手段非法占用别人的劳动成果,它的成功是“窃贼的胜利”,是庸俗的成功学。① 为此,国家应进一步完善《著作权法》,封堵存在的漏洞。技术创新引发了新旧传播主体版权利益格局的重新调整,保护版权、知识产权就是保护原创、保证生产者的权益。唯有如此,传媒产业才能健康有序地发展,实现良性循环。

国家与“今日头条”之间的关系是既利用其特有的权力使“今日头条”成为宣传主流意识形态、引导舆论的工具,又采取严格的规范措施,对其违法违规、违反社会道德公约的做法严厉打击,依法处置。实践塑造着一种经济模式,它必然遵循着某种固定的理性,但这种理性不能仅仅局限于经济理性。② 布尔迪厄把人们的社会活动比作游戏,游戏者之间这种“勾连关系”正是他们竞争的基础。③ 在社会的游戏中,国家的王牌就是权力,而“今日头条”拥有的王牌则是资本和技术。国家依靠权力对技术场域和经济场域进行规范,重新实现权力的再“集中化”以此对抗互联网的“去中心化”。国家依然采用管理传统媒体的手段管理互联网,利用权力实现对技术和资本的规训,使其在移动端继续发挥马克思主义新闻观的宣传新闻主义的功能。市场本就是一种社会政治建构,市场必须在国家权力允许的范围内才能健康、长远地存在和发展。

---

① 彭桂兵.“今日头条”事件中版权论争的话语研究——兼议新闻版权保护制度改革的路径[J].现代传播(中国传媒大学学报),2017,39(7):55-60.

②③ 布尔迪厄,华康德.反思社会学导引[M].李猛,李康,译.北京:商务印书馆,2015.

第三节 秩序的调适:个性化分发与政治场域的互构

技术的进步促使内容分发场域对政治场域造成反噬,倒逼政府进行媒介融合,政府部门的两微一端已成标配,构建起各个层级的融媒体平台、中央厨房,等等。内容分发场域对政府的影响开始从新闻领域逐步向各种生活服务等业务方面拓展,政府受媒介化的影响和他律日益增强。政府一方面要发挥传统的治理功能,另一方面要运用媒体处理好与公众之间的关系。政治宣传的渠道、语态都发生了改变。权力决定个体的行为,并使它们屈服于某种目的,使其主体客体化。个体则通过外力或自己的调节达成自我的转变,以获得某种幸福、完美的状态。虽然媒介场域对政治场域的影响日渐增强,但"今日头条"高度重视在内容分发场域内的调试,除了党和政府在法律法规层面的监管之外,"今日头条"的自我监管、自我调适对其健康发展也起到了至关重要的作用。正如张一鸣所言,标题党、假新闻、低俗等问题的出现并不是"今日头条"希望看到的,这些内容的短期盈利是以损耗用户体验、损害平台的声誉为代价的。"今日头条"的管理者们意识到:

> 任何人都不能忽视内容安全,特别是对处于极速扩张期中的"今日头条",要时刻对个性化分发的安全保持高度的警惕性和防御性。"今日头条"之所以存在这样那样的问题,是因为算法还处于初级阶段,还存在这样那样的缺陷与不足,而不是像外界猜测的是平台本身为盈利而任意放纵,甚至是有意为之。问题的暴露与再优化的过程也是算法不断进步和成长的过程,确保内容分发安全、符合主流价值观也是我们平台必须恪守的职责和底线。[①]

对于"今日头条"而言,绩效正当性和价值主导性这两者是相辅相成的,也

① 受访者 T6,采访时间 2018 年 9 月 27 日。

是平台与权力之间互构互训的过程。正如莱文森所言,技术是人类思想的体现和外化,人类可以凭借自身的理性解决技术和媒介发展过程中存在的问题,从而让技术进化得更完美。媒介和技术的进化应该以人类的需要为发展尺度。[①] 对个性化分发的规范应该由政府和平台充分合作、协同进行。在权力强制性的他律和"今日头条"理性的自律之下,平台积极进行场域内的自我调试,政府的角色逐步向协商型转变,在政府、企业和专家多元主体协同治理的模式下,"平台自治"和"党管媒体"的话语有了进一步协商的空间。[②]

一、整治个性化分发的乱象

中国当代的媒介场域一直与权力紧密相连,同时媒介场域也在追求自治,与权力之间的冲突和摩擦时有发生。布尔迪厄指出,所有的场域都是半自主性的,在中国当前的政治语境和媒介转型的时代背景下,媒介场域更容易受到经济场域和政治场域的共同影响。面对政府的监管,"今日头条"作为媒介场域的新闯入者开启了"范式修补"模式:一方面积极回应政府和外界的监管,另一方面使自身不断完善并逐步融入新闻的共同体。

"今日头条"首先治理的是标题党。在头条号的创作源头上,如果创作者的标题中出现"震惊""惊呆"等耸人听闻的字词时,系统会给创作者发送一个飘黄的提醒窗口,提示该标题夸张,应该进行修改。如果创作者不理会该提示而强行发布的话,则会在推送中被打压并限制推送量。在推送的过程中,如果一条资讯浏览量过于大、过于热,将会被算法召回再次进行审核,查看其是否涉及标题党、低俗等问题。同时,广大用户也可以进行相应的举报。在每条资讯的上方有相关按钮,点进去后再点击"举报"按钮会弹出举报内容涉及的问题,如标题夸张、低俗、错别字多、旧闻重复、广告软文、内容不实、涉嫌违法犯罪、侵权以及其他问题。这一设置为用户提供了一条反馈的渠道。

---

① 常江,胡颖.保罗·莱文森:媒介进化引导着文明的进步——媒介生态学的隐喻和想象[J].新闻界,2019(2):4-9.

② 刘锐,徐敬宏.网络视频直播的共同治理:基于政策网络分析的视角[J].国际新闻界,2018,40(12):32-49.

如果头条号创作者忽略警示强行发布,会受到平台严厉的处罚。在头条号里,如果资讯是非法来源要扣除50分;一个账号被扣除10分意味着发文和微信的聚合内容(RSS)接入被禁止1天;如果被扣至0分,整个账号将无法恢复;如果被扣除50分,还将被取缔广告和自营广告的权限,账号将无法变现;如果账号原有的100分被扣光,则封禁账号;如果账号发布低俗内容会被禁言2天,同时扣除20分;如果账号发布色情内容,则直接封禁。[①] 由于加大了对标题党的整治和打击力度,2018年五六月份,头条号平台共拦截标题党内容53万篇,禁言账号2061个,对多次惩罚仍持续犯规的账号永久封号。整顿之后,反映标题党情况的人数,以100万活跃用户为计量单位,从原来的0.9人降到了现在的0.3人。[②] "今日头条"存在的标题党问题在很大程度上得到了缓解。

为了整治假新闻,"今日头条"设置了创作者发布内容的权限。"今日头条"规定时政类、社会类新闻只能由专业媒体发布,自媒体无权涉足。财经类和科技类新闻,需要生产机构具备相应的专业资质才可入场。而其他的如娱乐新闻、农业新闻,自媒体可以生产。据一位"今日头条"内容审核人员透露,审核中娱乐、农业和社会方面的资讯出现的问题较多。[③] 对新闻内容创作者实行分类管理,让一些有专业知识的人和秉持新闻专业主义的记者从事新闻生产,质量上才有保障,"今日头条"的假新闻现象得到了有效的遏制。

其次,为了全面清理谣言类内容,打造健康、有价值的内容平台,"今日头条"针对凭空捏造事实、对旧闻或热点进行半真半假式改编、以讹传讹、未经查证的不实内容进行整治。此外,"今日头条"为了保证网络新闻的真实性推出了"精准辟谣"的功能。当有大量用户在某篇内容的评论区评价该信息为"假新闻"或同时举报某一篇新闻内容为虚假信息时,机器会立刻对其进行搜索和识别,并提交至审核团队进行高优先级的复审。如果确定该信息为谣言,审核部门将立刻停止对虚假信息的推送,除了向发布者进行严厉的处罚外,还可以

---

① 受访者T4,采访时间2018年5月18日。

② 刘志毅.今日头条如何用算法打击"标题党"[J].传媒,2017(8):16-17.

③ 受访者T11,采访时间2018年9月20日。

通过大数据技术找到曾经阅读过该信息的人并对其进行精准辟谣,避免谣言产生次生传播。机器通过收集、分析各类数据和用户反馈,识别虚假信息的准确率已经达到 60%,结合人工复审则提升到了 90%。为了进一步治理低俗内容的传播,"今日头条"还上线了"灵犬"视音频反低俗算法模型,通过收集数据—标注样本—训练模型的途径鉴定低俗信息。

再次,为了解决版权诉讼的负面影响,"今日头条"与传统媒体展开了一系列版权合作。目前,"今日头条"推送的资讯完全来自与其有正式合作的媒体和开通头条号的媒体、自媒体、机构等。"今日头条"只聚合和推送与其有版权合作的媒体和自媒体的内容,其他内容不在抓取的范围之内。因此,版权问题得以很好的解决。①

最后,为了彻底清除平台内的不良违规内容,"今日头条"发布了《头条号平台持续清理低质违规内容的公告》,对平台内低俗、违反相关法律法规、导向负面、暴力血腥、标题党、与事实不符和恶意营销等七类内容进行整治。"今日头条"鼓励创作者对自身违规行为进行自查自纠,在 5 个工作日内对自身账号 90 天内发布的违规内容进行回查清理,对历史上仍存在低质违规内容的账号进行严厉处罚。此外,"今日头条"宣布关闭问题频出的"社会"频道,将"新时代"频道设置为默认频道。同时,"今日头条"集中清理了涉嫌违规提供低质内容的自媒体账号,共封禁、禁言账号 1101 个。为了严肃整改,"今日头条"宣布关闭其平台内"语录""段子""趣图""美图"和"美女"共五个频道;火山小视频也暂停"同城"频道,抖音上线防沉迷系统等。面对低俗信息和虚假信息,公众更需要具备专业主义操守的新闻记者为他们导航,社会对拥有高公信力的专业声音的需要,从来没有像现在这样强烈。②

二、人机协同审核确保内容分发的安全

传统媒体新闻的价值判断是人的主观判断,而人又总是身处层级分明的具体社会生活情景之中,记者、编辑的主观性判断常常会受到自身认识、社会

---

① 受访者 T2,采访时间 2018 年 12 月 28 日。

② 李鹏. 迈向智媒体[M]. 北京:东方出版社,2018.

语境等诸多因素的影响而显得不够全面和理性。而算法的合法性恰恰建立在它所遵循的是事先编辑好的程序之上,而不是即时的判断。算法是中立的,因为它将所有的信息数据输入到同样的程序中。但现实中,单一的算法判断以及算法的不完善性又暴露出重重问题。在面对算法的这些缺陷时,新闻记者和其他一些学者呼吁回到"人工影响模式",人工判断的优势在于能够筛选假新闻而又不会进行过度审查。[①] 无独有偶,个性化分发的"今日头条"也面临算法把关漏洞百出的现实窘境而遭到监管部门的严厉打击。

技术的确是中立的,但使用技术的人,应该具备基本的商业操守和积极正确的价值观。技术具有中立性,但作为技术的发明者、操纵者,不能枉顾价值观,技术和道德之间必须找到一个平衡点。张一鸣在道歉信中曾说:"我们早期太过于关注企业的商业化和盈利,而没有及时关注企业的发展质量和所应承担的社会责任,对一个具有媒体属性的企业如何弘扬正能量,如何引发、引导舆论等问题认识不深刻,导致产品偏离了主流价值观和主流意识形态,没有起到良好的舆论导向作用。""今日头条"过分强调技术的工具理性、人与信息的连接,却忽视了人的价值理性。技术只有在主流价值观的引导下传播正能量的内容,才能更好地服务于国家和人民。为此,"今日头条"宣布要严格按照整改通知深入自查自纠,并决定招聘 2000 名党员编辑参与内容筛选,进一步深化与权威媒体的合作,提高对权威媒体内容的分发权重,保证主流媒体的声音得到充分传播。同时,不断强化人工审核的力度,认真落实总编辑责任制,将现有的审核人数由原来的 6000 人扩大到 10000 人。建立黑名单制度,永久封禁违反社区价值观的账号。产品上线反谣言、反低俗和反沉迷系统,从产品和技术两个方面入手解决社区问题。此外,还邀请人大代表、政协委员、专家学者、媒体人等社会各界代表成立了内容监督专家团,广泛征集意见,对平台内容和各项服务进行全方位的监督,全面提升内容分发的质量。

尽管算法判断和新闻判断有很多重叠之处,但如果认为算法判断只是专

---

① 卡尔森.自动化判断?算法判断、新闻知识与新闻专业主义[J].张建中,编译.新闻记者,2018(3):83-96.

业新闻判断的延伸,或者对新闻判断的自动化替代,将是一个错误。[①] “今日头条”为此加大审核力度,将机器和人工审核相结合,所有内容都经过机器和人工的双重把关。据“今日头条”内部资深人士介绍:

> “今日头条”之所以出现问题是因为审核的人数与内容爆炸式增长的现实不相符,有些内容审核不够严格,甚至没有被审核就直接分发出去了。随着内容体量的不断增长,国家施行了严格监管的措施,我们必须增加审核人员,将机器审核的高效和人工审核的人性化、灵活性相结合,取长补短,才能充分保证平台个性化分发的内容安全。[②]

为了加强审核,“今日头条”在全国设置了北京、天津和济南三个审核点,每一个用户上传的内容都会存储在“今日头条”的内容池中,每一条资讯都要经过机器的初审,通过机器分类和鉴定有问题的内容,然后再进入人工审核的环节。如果一条信息两个审核员都给予通过,这条信息就进入流通环节。如果两个审核员的审核结果不一样,则进入质量检查部门进行三审以确保内容安全。同时,“今日头条”的审核部门还有推荐组,对通过的内容再进行六个一组式的快速、粗略的审查。如果哪条新闻热度飙升,“今日头条”会对其进行召回,重点审查热度高的资讯是否存在问题。

“今日头条”强化总编辑负责制,加大审核力度,将人工审核与机器审核相结合,个性化的兴趣分发与主流价值观相结合。随着“今日头条”审核标准越来越严苛,经历了一番较为彻底的整改之后,“今日头条”在主流价值观与自身商业利益之间重新获得平衡,再谋新的发展。

三、促进经济场域个性化分发与政治场域公共性的和谐

算法进入新闻分发领域大大提高了新闻分发的速度和效率,也极大地满足了用户的个性化需求。过去我们强调对公众具有普遍意义的新闻价值,而

---

① 卡尔森.自动化判断?算法判断、新闻知识与新闻专业主义[J].张建中,编译.新闻记者,2018(3):83-96.

② 受访者 T6,采访时间 2018 年 9 月 27 日。

现在则强调新闻的个性和趣味。新闻专业判断的核心标准从原来的“什么值得关注”转变为“用户想要什么”。原先衡量新闻价值标准的重要性、显著性、趣味性、贴近性和时新性逐步被个性化、获知性、激励性、实益性和娱乐性所取代。[①] 在个人层面，个性化分发为“过滤气泡”的形成创造了条件，“过滤气泡”会限制人们接触多元的话题或观点。[②] 对用户个性化需求的满足，用户只关注自己喜欢的、感兴趣的内容，导致时政新闻的接触量远远低于生活、娱乐等方面的资讯，而对具有重大公共性意义的资讯、主流意识形态和主流价值观，或接触不到或不闻不问。由于个体缺乏对公共性信息的关注，社会成员之间无法顺畅地沟通与交流，个体与社会他人的割裂状态阻碍了社会的进步和稳定。同时，传统主流媒体日益被边缘化，动摇了传统的传播权力格局。

算法无法有效分析内容的好坏，它只能计算异同关系，再通过这种计算问你要还是不要。用户的阅读是基于自身的兴趣还是人性的荷尔蒙，是基于对资讯的渴求还是为满足人类自身的猎奇心理？算法虽然是中立的，但算法是人编写的，这种隐藏在“黑箱”里的算法技术决定了推送的规则、时间、地点、对象，等等。文章被推送的次数不是根据文章的质量，内容本身是否具有重要性和公共性、是否对全体公民具有知悉意义，而是根据阅读量、点击量、转发量等可量化的指标进行推送。“今日头条”曾宣称自己是互联网科技企业，不传播价值观，而以单一的流量为评判标准使得平台里充斥着大量低俗内容，这种被隐藏在算法背后的价值观恰恰就在于唯流量马首是瞻的平台商业主义。主流媒体对“今日头条”的批判，在一定程度上消解了算法的正当性、权威性和垄断地位。

算法于 2002 年正式被谷歌引入新闻业，本身也是个新鲜事物，出现这样那样的问题情有可原，算法也需要成长、完善和进化。但算法不能只提供“你想看的”，还应该提供“你应该看的”，将两者结合起来既能满足用户的个性阅读，同时也能满足用户对公共性事件的认知和参与，从而有利于整个社会理性

---

① 刘建明. 当代新闻学原理[M]. 北京：清华大学出版社，2005：195.

② 卡尔森. 自动化判断？算法判断、新闻知识与新闻专业主义[J]. 张建中，编译. 新闻记者，2018(3)：83-96.

的发展与进步。美国社交聚合网站嗡嗡喂除了大量刊载网友的原创信息、员工团队和转载其他媒体信息之外[①]，还从《纽约时报》《卫报》等国内外知名媒体重金挖来多名记者、编辑，加大在调查类和深度类原创新闻方面的报道力度。目前，该网站拥有200多名网站专属记者、编辑人员，大部分时政类、经济类、文化类稿件仍由网站雇佣的专职记者或作家执笔，以保证网站内容的整体质量，平衡网络时代新闻过于强调社会意义的弥散性[②]，从而进一步提升该网站在受众心中的专业性、权威性和公信力。[③] 搜狐也改变打法，原创和自媒体并重，并采取“编辑筛选＋机器推送”的双重审核制。《华西都市报》的媒体转型产品——“封面新闻”，也遵循“原创＋个性化推送”的准则，但其人工智能的不同之处在于“封面新闻”以智慧解决智能的短板，强化价值连接，坚持内容为王，解决信息“过载”和“过窄”的不足。技术与人文相结合，人机联手纠正算法的偏差，既能满足用户“因人而异”的资讯需求，又能实现用户的价值连接，兼顾信息传播的个性化和公共性，强化价值连接，打造集“智能＋智慧＋智库”于一体的“智媒体”，既强调算法推送，也强调价值引领，为技术引擎植入价值观的灵魂。[④] 2019年底，国家网信办发布了第5号令《网络信息内容生态治理规定》，智慧媒体为技术引擎植入价值观的灵魂，主流价值观和算法将成为内容个性化推送的AB面，共同促进智媒体的发展。尼葛洛庞帝在《数字化生存》一书中指出，未来的人们在需要极端个性化的“我的日报”的同时，还需要具有公共属性的“我们的日报”。技术与生俱来地具有目的性，技术不仅促逼人类适应它，而且让技术适应人类需求而作出适应性的改变，其实质更是一种驯化。[⑤] 社会正是在人与技术的互构互训中向前发展。

---

① 陈力丹，何健，马骏．社交新闻聚合网站的新闻价值运作路径——以嗡嗡喂为例[J]．当代传播，2016(6)：19-22．

② 王辰瑶，范英杰．打破新闻：从颠覆式创新理论看BuzzFeed的颠覆性[J]．现代传播(中国传媒大学学报)，2016，38(12)：35-39．

③ 史安斌，廖鲽尔．用互联网思维改革新闻的生产与传播以美国社交新闻聚合网，站“嗡嗡喂”、“红迪”为例[J]．青年记者，2014 ，28(10)：79-81．

④ 李鹏．迈向智媒体[M]．北京：东方出版社，2018．

⑤ 蒋晓丽，贾瑞琪．论人工智能世代技术与人的互构与互驯——基于海德格尔技术哲学观的考察[J]．西南民族大学学报(人文社科版)，2018，39(4)：130-135．

“今日头条”为了平衡用户阅读的个性化和公共性之间的冲突也进行了一系列的改进尝试,通过顶层设计改善信息的结构性供应,有效传播主流意识形态和主流价值观。“今日头条”关闭了原先的“社会”频道,将“新时代”频道设置为默认频道。进入“新时代”频道就可以了解国家的最新动态,既有对国家方针政策的解读,也有采自基层最鲜活的报道。既有置顶的“今日学习”特色专栏,也有全网时政热点推送,全方位呈现政府设置的议题与用户点击的热度议题,更好地弘扬了主旋律。为了扶持和弘扬传统文化,“今日头条”推出“国风计划”,精心策划了“国际博物馆日”“谁说传统文化不抖音”等一系列弘扬传统文化的活动,中华文明数千年的传统文化利用抖音等新媒体手段走出固有的地域和受众圈层,将传统文化内涵与当代元素相结合,吸引了年轻人的目光,让悠久厚重的中华文明借力新媒体的传播实现传承与发展。为了进一步传播党和国家的时政资讯,“今日头条”开通了“党媒推荐”频道,该频道是《人民日报》与“今日头条”共同合作开发的,在《人民日报》70 周年社庆日正式上线。“今日头条”将“党媒推荐”频道放在用户自行订阅的推荐频道的首位,借此加大推动时政类新闻传播的力度。全国党媒信息公共平台每日可聚合国内各类党媒信息 5 万余条,“党媒推荐”频道依托“今日头条”强大的分发机制和全国党媒平台庞大的内容池,每日向用户更新约 500 条信息。为贯彻落实中央要求,人民日报社着眼于系统性提升全国党媒新闻传播力、舆论引导力,规划建设全国党媒新一代平台体系。通过互联网机制,实现全国党媒在内容、渠道、运营、盈利模式等各个层面共建、共享和共赢。截至 2018 年 6 月,共有 186 家媒体机构入驻全国党媒平台,覆盖全国 32 个省、自治区、直辖市。“党媒推荐”频道有个性化推送的加持必将进一步扩大权威主流媒体的影响力、话语权,提升用户体验,让更多优质内容及时触达更多用户,进一步加大公共性信息的分发力度,开拓用户的视野,进而实现整合社会的目的。

实际上,除了“新时代”“国风”和“党媒推荐”这三个具有浓厚时政、主旋律气息的频道之外,“今日头条”中的“热点”“正能量”“公益”等频道对解决“今日头条”信息越推越窄的“信息茧房”效应,进一步拓宽用户视野,把信息的个性化和公共性相结合,让技术更好地为政治宣传和舆论引导服务,都具有重大意义,实现了政治资本对技术资本的规训。"今日头条"向政治资本靠拢,借助政治资本为自己背书,为算法正当性的构建积累了更多的象征资本和文化资本。总之,个性化分发应该建立"以人为本、以影响力为追求、以结构建设为入口、以公共性为底线"的基本价值观。不断优化调整算法推送的探索能力,不断调整新闻分发的权重,实现硬资讯与软资讯、兴趣与理性之间的平衡,既保证满足用户的个性化信息需求,也能获得公共性以及其他方面的多元信息。桑坦斯指出:"一个国家、一个民族应该拥有属于这个民族的共同经验、共同记忆,如果一个国家无法分享彼此的经验,久而久之就会形成一个异质的社会,人与人之间彼此不了解、冷漠,甚至会造成社会的分裂。一个民族只有通过媒体的传播塑造、共享共同经验和价值认同,才能提高社会的黏性和凝聚力。"①

四、平衡个性化分发的逐利性与政治场域责任之间的得失

随着国家监管趋紧,"今日头条"频繁因自身暴露出的问题而成为头条新闻,但个性化推送这种新闻分发模式以及基于个性化推送的信息流广告运营模式是空前成功的,代表着媒体未来的发展方向。在营业额不断攀升,经济实力越来越强大时,作为一家独角兽企业,"今日头条"也应该承担起与自身体量相对称的责任。正如张一鸣所言,企业规模大了,内容出现一点问题,对社会来说可能就会造成难以估量的影响。过去几年,"今日头条"更关注的是企业如何快速增长,没有采取足够的措施弥补平台监管、企业社会责任、传播正能量等方面的缺失,忽视了作为一个媒体型企业如何正确引导舆论的责任。算法分发的逐利性与媒体的公共属性之间的矛盾日益凸显。也正如布尔迪厄所言,新闻场域与政治场域、经济场域一样,远比科学场域、艺术场域甚至法律场域更容易受制于市场的裁决,始终经受着市场的考验。② 同时,新闻场域在目前中国的传媒管理体制之下也不可避免地受到政府的管控和规制。技术是中立的,但当企业设计出一套算法来鼓励高点击率时,这时的技术就体现出倾向和价值观了。资本的逐利本性使得没有约束的资本只注重利益,而无视责任。

---

① 桑坦斯.网络共和国:网络社会的民主问题[M].黄维明,译.上海:上海人民出版社,2003.

② 布尔迪厄.关于电视[M].许钧,译.沈阳:辽宁教育出版社,2000.

因此,国家必须加强对资本的规训,防止整个社会臣服于资本逻辑的统治。① 技术可以应用于商业赚取巨额利润,当然也可以应用于公益,推动整个社会向着更善、更美、更好的方向发展。

为此,"今日头条"发起了面向全国的公益寻人项目,它利用算法和个性化推送,借助精准的弹窗技术,对走失人员的大致方位进行精准的定向推送,这种技术可以精确到该地点方圆几公里之内,帮助走失人员的家属找人,帮助救助站受助人员发布寻亲信息,帮助台湾同胞寻找远在大陆的亲人。头条寻人是互联网技术公益化的一次大胆尝试,一经亮相就惊艳众人,小小的弹窗使大量普通百姓享受到了科技的红利。头条寻人不仅提供寻找走丢的老人、孩子的服务,还致力于台湾家庭与大陆失散亲人的团聚,对于家庭的团圆和社会的整合都具有极其重大的意义。除了公益寻人项目之外,"今日头条"还上线了"一分钟、一份爱"的公益项目。信息公益模式的最大特点就是利用用户的信息消费行为积攒公益金,用户的每日阅读时间可以兑换成公益金再转化成救助物资,然后选择参与不同的公益项目。通过公益活动,在用户、公益组织、企业和救助对象之间建立关联,形成良性互动。目前,首批上线的救助项目有救助唇腭裂儿童的"母亲微笑行动",救助贫苦孤儿群体的"孤儿圆梦红包"项目,改善农村寄宿学生学习生活条件的"梦想 100 分"等八个公益项目。

从 2016 年开始,"今日头条"开展了多种多样的公益活动,通过技术的手段让更多人感受到科技的魅力。通过公益活动,企业在政府和用户之间架起了一座沟通的桥梁,不仅促进了三方的良性互动,而且也承担起一个企业应该担当的社会责任,回报社会。

五、拆分平台的内容结构降低政治场域的风险

在投资领域有一句名言:不要把所有的鸡蛋都放在同一个篮子里,以避免篮子倾覆时造成重大损失。把鸡蛋放在不同的篮子里,才能在危险降临时有效降低风险,保存实力。"今日头条"作为一家商业企业当然也深谙此道,当其

① 骆正林.空间理论与大数据时代网络空间的构建[J].现代传播,2019,41(1):49-56.

遭遇政府严格监管时,“今日头条”选择了拆分自身以保全产品,降低运营风险。

北京字节跳动科技有限公司旗下拥有“今日头条”、西瓜视频、抖音、火山小视频和悟空问答五个独立的应用。这几个应用虽然都在“今日头条”中构成内容、贡献流量,但每一个应用都是独立的个体,平台可以根据每一个产品的特点进行有针对性的分发和运营,这样既廓清了产品的边界,又规避了运营监管的风险。例如,头条视频拆分为西瓜视频,头条问答拆分为悟空问答。为了进一步分散监管风险和收缩算法的管理边界,“今日头条”越来越多的内容可能会独立出去,形成全新的品牌。目前,在“今日头条”里,具有独立属性但还没有独立内容的有微头条和头条商城等。按照“今日头条”的一贯做法,这两者未来颇具独立的可能性。

媒介发展的背后离不开技术的变革,当然这种变革也会带动相关行动主体的观念革命,从而产生新的社会呼唤。技术的嵌入给我们带来了全新的反思,它涉及我们怎样重新定义这个象征的世界,如何重新组织社会群体、重新确定信息边界以及铸造权力的新秩序。[①] 新的信息文本和传播方式与已有的传播媒介和制度规范之间形成了一种竞争性的互动关系。主流媒体与聚合类平台之间的矛盾,一方面在于个性化分发技术正当性与人本价值理性之间的矛盾,另一方面在于专业媒体和聚合类平台之间传播权力再分配的矛盾。“今日头条”可以重新界定媒体和新闻的内涵,并成为容纳人、技术、权力、资本、文化等不同要素的“行动场域”。[②] 在人、技术、权力、资本等要素汇集于平台这一虚拟空间之中时,这些要素之间绝不是并置和相互不发生作用的,而是不断地在媒介容纳的“中空”环境里互嵌和转换,并且这种要素间的嵌入斗争和转换无时无刻不在发生。人性化、个性化的信息传播不断冲击着现有的媒介管理制度,信息传播的内容、形式以及信息本身的安全标准并不取决于技术和个人的选择,而是一种社会性的制度选择。“今日头条”作为一个信息企业从骨

① 陈卫星.媒介域的方法论意义[J].国际新闻界,2018,40(2):8-14.

② 钱佳湧.“行动的场域”:“媒介”意义的非现代阐释[J].新闻与传播研究,2018,25(3):26-40,126.

子里透露着商业的味道,在利润的刺激下越过了道德甚至法律的底线,在商业利润最大化与政治宣传的喉舌本质之间角力徘徊。因此,“今日头条”只有在商业资本和政治权力之间进行很好的平衡才能实现双方的目的,其各项业务只有在法律法规的框架之内运营才能造福更多的用户,实现更大的经济价值和社会价值。政府与聚合类平台之间的分歧更多地体现为国家在确保意识形态安全上的顾虑和如何快速、有效发展文化产业之间的矛盾。对新媒体的规训不能落入一抓就死、不抓就乱的窠臼。权力的规训具有权威性和强制性,传统主流媒体是政治传播的主要工具系统。[①] 但无论依靠哪种工具系统,官方主流话语传播的权威性、强制性依然决定了一味强调技术进步话语的非法性,再次强化了官方的主流价值观和技术所应遵循的价值理性。

总之,对“今日头条”的监管和规训体现着政府主导、平台自治以及利益相关方综合治理的原则和趋势。多动员社会力量的参与,多倾听“今日头条”内容生产者和消费者的心声,才能确保平台内容生产和个性化分发的良性发展。个性化分发既要体现绩效的正当性,又要遵从主流价值观。只有更好地体现舆论导向、人工审核、社会责任等价值内核,才能逐步巩固个性化分发的正当性与合法性,处理好产品价值与风险管理之间的矛盾,在政治安全和商业获利之间取得平衡。

① 宴辉.政治传播的哲学基础论证[J].学术研究,2017(12):31-39,12.

结　论

人类自从来到世界的那一刻就被包裹在以技术为中介的世界之中，处在一种伊德所说的“人—技术—世界”的关系之中，技术不仅成为媒介场域的座架，而且也是整个社会的技术座架。随着移动互联网技术的发展，特别是大数据、算法等人工智能技术的发展，以个性化分发为特征的聚合类平台成为既有媒介场域的闯入者，重构了各行动主体在场域内的位置和权力分配，重新定义了传播标准，触发了新一轮的内容生产和分发变革，确立了自身在媒介场域里的地位。“今日头条”从2012年至今发展迅速，经历了个性化分发的创业期和调整期，形成了以技术驱动为基础，以鼓励内容原创和生产为核心，以个性化分发为特点，以成功的商业化运营为保障的一整套完善的个性化分发新模式。“今日头条”在技术、内容、分发和运营上形成了完整的产业闭环，对传统媒体和商业化网站等新媒体形成了巨大的冲击。技术以一种在世存有的、座架式的方式促逼着传媒产业的变革。完全市场化的聚合类平台在技术上、商业上均领先于传统媒体，但更根本的问题在于传统媒体的内容生产者对工作的垄断控制与大众要求开放、参与内容生产之间形成的巨大的张力。“今日头条”等聚合类平台的崛起，意味着资讯传播的主导权正从传统媒体向商业化的互联网科技企业转移。

一、从单一的个性化分发到组织内容生产的趋势转变

在当前的传媒生态环境下，技术的介入改变了原有的传播流程，生产和分发、生产和消费之间的界限模糊了，这在聚合类平台体现得尤为明显。在算法和大数据等技术的加持之下，聚合类平台的个性化分发不仅让资讯与用户高效对接，而且在个性化分发中积累了大量的用户数据，并以此指导着个性化的

生产。个性化分发成为个性化生产的先导，是内容生产非常重要的一环。分发中积累的数据让生产更为丰富、精细和精准，没有个性化分发、没有数据积累，个性化的定制和推送就无法实现，也达不到好的传播效果。从静态的角度看内容生产，个性化分发是个性化生产的一个下游环节，但从动态的角度看内容生产，个性化分发则是个性化生产的前提和基础，大数据等技术、个性化分发、定制和内容的生产、扩大再生产之间形成了良性的互动和循环往复的产业闭环。在个性化分发的过程中，生产者和消费者合二为一成为产消者，生产即消费，消费即生产。因此，在聚合类平台，个性化分发是个性化生产不可分割的一部分，彼此交融、相互弥合。

“今日头条”作为国内最具代表性的聚合类平台，成立之初是依靠分发大众传媒生产的新闻起家的，为广大用户提供了极具个性化的资讯，实现了一对一的资讯分发与满足。个性化分发技术的出现在满足用户需求的同时，也催生了市场更庞大的信息需求，以此推动了普通人的去受众化进程，打破了以往内容生产由精英操控和垄断的格局，新崛起的用户成为新一轮内容生产的重要主体。通过技术赋权和现金奖励，平台上的普通用户被激活，生产力得到了空前的释放，为平台个性化分发提供了大量且多元的内容。分发之初，“今日头条”被广为诟病的无偿使用其他媒体的内容不仅引来了媒介场域内部其他媒体的不满和起诉，而且违反了国家知识产权法。为了解决分发中的版权问题，“今日头条”开始运营头条号，吸引各种社会力量入驻生产。经过多年的发展，头条号已经成为国内最为活跃的内容生产平台。为了进一步获取更多的优质内容，“今日头条”从单一的分发者走向内容生产的组织者、运营者，全力打造自身的泛内容生态体系。“今日头条”精心打造的抖音、西瓜视频、火山小视频、悟空问答等产品，不仅丰富了自身的产品形态、完善了内容生态布局，使其聚集图文、视频、问答、社交等多种内容形式于一身，还为平台提供了大量优质内容。随着产品体系的日臻完善，“今日头条”进一步扩大了内容分发的疆域，从分发新闻逐步走向分发泛资讯内容。鉴于“今日头条”在分发过程中更多的是分发消息类新闻资讯的现实，缺乏深度类和专题类报道，其在未来发展中会不会像《赫芬顿邮报》一样也重视优质原创内容的生产，实现“个性化分发

＋泛内容生态运营＋原创”的多元化分发态势,或将成为“今日头条”未来发展的可能之一。“今日头条”虽然是国内最具代表性的聚合类平台,但由于技术的漏洞和人类认识的局限,目前仍有很多不尽如人意的地方。但个性化分发模式是大势所趋、人心所向,它高效地满足了用户个性化的信息消费需求,充分调动了用户参与生产的积极性,形成了经得住市场考验的盈利闭环。未来,个性化分发模式不仅不会被取代,还会不断被优化和完善,并解决自身存在的问题和缺点,在技术的推动下,进一步适应用户、市场和政治权力的需要。

二、个性化分发影响因素之间的互构互训

本书重点分析了“今日头条”个性化分发的四个影响因素,经研究发现:从技术场域来看,传媒技术成为个性化分发和整个时代的座架,促逼着传媒产业变革,是个性化分发最为重要的影响因素;从文化生产场域来看,大众的内容生产以日常生活为素材和背景,虽然浅白和贫乏,但是这类内容凭借其相关性、通俗性以及对权威的解构性而得到大众的喜爱,为平台贡献了流量和商业价值;从经济场域来看,渠道的边缘突破触发了巨大的商业价值,平台内嵌的商业意识形态使得技术、政治、经济以及每一个生产者都无法逃逸资本的引力,流量为王、商业至上成为“今日头条”个性化分发的根本动力;从政治场域来看,政治权力虽不是引发此次媒介场域变革最重要的力量,但是影响个性化分发中最重要的规范力量,是一切场域的元场域。技术的工具理性、用户的需求、平台的逐利都必须符合主流意识形态和主流价值观才能获得合法性。

个性化分发既会受到自身媒介场域的影响,也会遭受技术、文化、经济和政治四个子场域的掣肘。但这四个变量并不是彼此孤立、泾渭分明的,而是相互嵌入、彼此影响的。技术的进步引发了媒介场域的变革,用户被激活、平台经济的崛起以及后来引发的权力的介入都是建立在大数据和算法技术的基础之上的,没有技术的进步一切便无从谈起。技术不仅引发了媒介场域的变革,还赋予了用户生产权和传播权,被激活的用户在参与生产和传播的同时也对技术提出了更多样、更简单、更便捷的要求。在文化生产场域中,用户在大众传媒时代存在的技术劣势、经济资本以及文化资本的劣势在个性化内容的生

产中降到了最低，甚至反而转变成自身的优势，释放出惊人的商业价值。技术的进步和用户的崛起吸引了资本的目光，两者皆难逃资本的引力。与此同时，资本的介入使得“今日头条”投入大量资金开发、完善新技术，保持其在国际上的领先优势。由于资本的介入，用户的大众文化生产不仅仅是为了记录自我、记录美好生活，而是将其纳入平台数据和商业化的生产之中，用户越来越为获得平台奖励或广告收益而生产。为了满足用户的不同需求，媒介不再是单一的信息平台，而是能够容纳不同类型的垂直内容，汇聚各方资源，满足用户的多元需求。在多元完善的生态体系中，在多边优势互补、多元价值交叠、多方力量制衡的平台上，实现社会效益和经济效益的双赢。但无论技术的进步、用户生产价值的释放还是平台商业化的运营，都必须在法律法规允许的框架内进行，不能触碰权力和法律的底线。过度的商业化分发、一味推崇工具理性而无视价值理性，必将遭到权力的干预和规制，权力的介入促使用户和平台进一步加强内容审查和把关，技术的工具理性要与人的价值理性相得益彰，权力虽不是最重要的变革力量，但作为元场域对内容分发起到至关重要的影响。个性化分发并不像平台所宣称的那样完全由算法客观、独立、公正地分发，其最终呈现的内容面向暗含着多方力量的交织和博弈。个性化分发的四个影响因素不仅自下而上促逼着媒介场域的变革，而且还通过彼此之间的互嵌和互构向用户展现了一个全新的世界和可能。

三、各场域的动态平衡是平台可持续发展的基础

布尔迪厄的场域理论重点强调了两个层面的含义：一是关系，二是斗争。个性化分发是在各种关系中进行的，不仅仅局限于媒介场域内部的各种关系、各种力量，也涉及媒介场域之外，诸如技术、用户、资本和权力等社会上的关系。个性化分发是在各种力量的斗争和博弈中进行的，斗争的基础在于各种力量和行动主体在场域中所处的位置和所拥有的资本数量。实际上，由于时代语境的更迭，运用场域理论审视我国聚合类平台的内容分发与布尔迪厄的时代相比已经发生了很大的变化，不仅国别不同，社会制度、传媒制度不同，而且更为重要的是传媒技术发生了根本性的变革，新技术不仅成为媒介场域变

革的动力,而且成为整个社会的座架和动力旋涡。但场域理论中最重要的两层含义——关系和斗争,在当今中国的政治、经济语境下仍然有着最为充分的体现。运用场域理论分析传统媒体的内容生产转向聚合类平台的个性化分发,场域理论关照的对象和视角虽有变化,但依然具有恰切性。由于场域内各种力量和行动者的争夺及位置权力的变化,场域的平衡是暂时的、动态的理想状态。

要实现场域平衡需要平衡好技术的工具理性和人的价值理性之间的关系。技术是人实现目标的工具和手段,是社会进步的基础要素和发展动力。韦伯是工具理性的倡导者和源头,他把现代西方社会的发展与进步看成一种特殊形式的理性与合理性的稳步增长,合理性占据其理论的核心位置。所谓的工具理性,是指为了实现目的而采取手段的合适性和有效性,其核心追求的是目的至上,但目的合乎理性不一定必然带来价值的合乎理性。而价值理性尊崇的是价值观至上,强调人的行为应该不计后果地遵从某些有价值的信念,如义务、尊严、美、信仰、训示等,是无条件地对某些固有价值的纯粹信仰。工具理性单纯以技术为工具,其目的至上的追求为人所诟病,忽视了人在价值理性中应该具有的义务、尊严和规训。"今日头条"无视技术伦理、一味推崇技术的工具理性,释放出技术恶的一面,导致分发乱象频出,挑战人的价值理性、整个社会的价值认同和固有的政治资本。由于"今日头条"在技术场域和经济场域过于强大,打破了大众传媒时代传媒体制单一、政治资本一枝独秀的媒介场域各方力量的平衡,引发了国家运用政治权力对技术场域、文化场域和经济场域进行规范化管理。权力的入场一方面是行业管理的需要,为规范个性化分发的乱象,平台应重新审视技术伦理,不能无视版权,窃取其他媒体的内容,不能泄露用户的数据隐私,不能只追求商业价值而放任技术之恶和无节制地满足人性的弱点,为流量、为商业变现肆意分发、推波助澜。平台应该重视内容的审核与把关,为用户提供高质量的内容产品,让新兴的聚合类平台健康有序地发展。另一方面是鉴于内容分发的价值理性,个性化分发在满足人个性化需要的同时应该做到确保主流价值观和主流意识形态的安全。个性化分发只有在主流价值观的引领下传播正能量的内容,才能确定自身的合法性。

要实现场域平衡，需要平衡技术、文化、经济和政治之间的关系。当下，中国的传媒体制既有国营、私营的，也有混合经营的，媒介体制多元且混杂。引起此番媒介场域变革的力量来自自下而上的互联网科技企业所拥有的聚合类平台。与主流媒体拥有强大的政治资本不同，互联网科技企业拥有的最为雄厚的、无与伦比的资源是技术资本，以及由此赢得的经济资本，打破了现有媒介场域的平衡，重构了媒介场域中各类媒介的位置和力量关系，引发了新一轮的变革。由于大量资本的介入，技术资本和经济资本“互搭梯子”：一方面“今日头条”凭借先进的技术资本、强大的盈利能力以及用户释放出的巨大生产力等优势，吸引实力雄厚的投资方进驻，另一方面由于“今日头条”拥有大量资本的加持，不断投入研发，持续保持其在技术上的领先优势，两者之间实现了良性互动和良性循环。而“今日头条”在技术、盈利能力以及资本上的领先优势不仅是传统主流媒体的短板，而且使其在媒介场域塑造了独特的分发模式、盈利模式，确立了自身在媒介场域中的位置。平台的商业化指向和人性需求之恶在个性化分发中毫无底线地肆意生长，无视传统媒体的内容版权、泄露用户的数据隐私、虚假广告泛滥、内容低俗等问题严重，污染了社会风气，挑战了现有的价值观念和相关法律法规，对传媒产业和整个社会造成较为恶劣的影响。“今日头条”为了获取更多的经济资本，部分地放弃了政治资本，形成了政治资本亏损而经济资本加分的现象。但经济资本过分逐利带来诸多不良的影响为政治权力和社会所不容。政治权力介入个性化分发既是规范行业健康发展的需要，也是保护主流价值观和主流意识形态权威性、合法性的必然要求。同时，要实现场域之间各方力量的平衡，除了运用政治权力进行管理和规训之外，主流媒体也可以从内容供给侧变革上寻求突破。一方面可以充分利用现有平台加大时政新闻等公共性资讯的展示力度，适当予以加权推送，保证用户既能看到他们想看的内容，也能看到他们应该看到的内容。让具有公共性的新闻和个性化的资讯相互补充、相得益彰。同时，要以一种新的叙事和语言风格接近年轻受众，在传播内容和方式上将公共性新闻与用户需求巧妙融合、寻求突破。另一方面也可以自己打造内容平台以扩大内容的传播力和影响力，使其成为媒介场域强有力的信息端口，在渠道建设上另辟蹊径。在这方面，我国综合性视听新媒体旗舰平台和我党科学理论学习阵地、思想文化聚合平台都作出了有益的尝试。平台应在内容供给侧方面寻求突破,加大正能量、公共性内容的供应量,改变内容的叙事模式,让内容更符合年轻人的调性,打造一批强有力的信息入口对其他媒体起到引流、分流的作用,重新调和新闻资讯的公共性和个性化、政治权力和商业之间的平衡。

"今日头条"作为媒介场域的新闯入者,为了确定自己在场域中的位置想尽办法改变原有的场域规则,重建新的规则和获取更多的经济资本,但"今日头条"在发展与变革的过程中应该以合法性为前提,不能肆意妄为。在分发的过程中将技术的工具理性与人的价值理性相结合,既要避免技术场域、经济场域过于强大导致个性化分发的失控,也要避免政治场域的力量过于强大。先进的个性化分发技术、作为产消者的用户、以逐利为旨归的聚合类平台和政治权力必须在一个动态的、平衡的状态下才可能实现良性的循环和发展,达到各场域力量之间的平衡与共赢。

附　录

附录 1　受访者名单

对受访者的身份资料进行统计后显示，共有 30 人接受了深度采访，其中男士 16 人、女士 14 人。为了保护受访者的隐私，将受访者进行了编号。其中字母 T 代表“今日头条”或头条系的工作人员，字母 F 代表“封面新闻”的工作人员，字母 C 代表传统媒体的记者、编辑，字母 D 代表普通用户。这些深度访谈对象涉及内容生产、内容运营、版权合作、技术研发、用户反馈以及商业运营等诸多领域。

编号	性别	年龄	职业	采访时间
T1	女	31 岁	“今日头条”商业化培训师	2018 年 5 月 15 日
T2	女	39 岁	“今日头条”副总裁	2018 年 12 月 28 日
T3	女	32 岁	“今日头条”媒体合作总经理	2018 年 5 月 18 日
T4	女	42 岁	“今日头条”副总编	2018 年 5 月 18 日
T5	男	36 岁	“今日头条”技术部算法工程师	2018 年 6 月 20 日
T6	男	34 岁	“抖音”视频部音乐副总监	2018 年 9 月 27 日
T7	女	23 岁	“今日头条”广告运营部实习生	2018 年 3 月 10 日
T8	女	23 岁	“今日头条”审核专员	2018 年 6 月 10 日
T9	男	26 岁	“今日头条”审核专员	2018 年 6 月 20 日
T10	女	23 岁	“抖音”运营专员	2018 年 11 月 10 日
T11	男	25 岁	“今日头条”实习生	2018 年 9 月 20 日

续表

编号	性别	年龄	职业	采访时间
T12	女	25 岁	“今日头条”实习生	2018 年 9 月 20 日
F1	男	50 岁	“封面新闻”高层	2018 年 3 月 3 日
F2	男	32 岁	“封面新闻”技术部负责人	2018 年 3 月 3 日
F3	男	42 岁	“封面新闻”内容部负责人	2018 年 6 月 17 日
F4	男	37 岁	“封面新闻”人事负责人	2018 年 10 月 12 日
F5	男	35 岁	“封面新闻”公关部中层	2018 年 3 月 18 日
C1	女	33 岁	“华商晨报”社会新闻部记者	2018 年 5 月 11 日
C2	男	29 岁	“新京报”微信号记者	2018 年 3 月 6 日
C3	女	38 岁	“华商晨报”深度调查部记者	2018 年 6 月 3 日
C4	男	39 岁	辽宁广播电视台某专栏记者	2018 年 10 月 15 日
D1	男	38 岁	某传媒公司平面设计总监	2018 年 6 月 30 日
D2	男	38 岁	某高校大学老师	2018 年 10 月 21 日
D3	男	38 岁	某传媒公司运营部主任	2018 年 9 月 29 日
D4	男	39 岁	网络技术开发者	2018 年 8 月 29 日
D5	女	45 岁	某高校大学老师	2018 年 8 月 11 日
D6	女	37 岁	某医院医务工作者	2018 年 10 月 29 日
D7	女	25 岁	某高校新闻与传播研究生	2018 年 9 月 20 日
D8	女	25 岁	某高校新闻与传播研究生	2018 年 9 月 20 日
D9	男	38 岁	某高校大学老师	2018 年 5 月 30 日

附录 2 访谈的问题

本书深度访谈的问题一共有 66 个，其中 1～56 的受访者大多数是“今日头条”“封面新闻”的管理人员和相关工作人员，因为涉及管理、技术、运营、审核等较为具体的环节，所以问题比较多且比较分散。57～66 主要采访的是“今日头条”的普通用户和创作者，围绕用户的使用体验和创作经验进行深度切入与了解。

1. “今日头条”大致有 60 多个频道供用户选择，这些频道在设置或更换时的依据是什么？是不是能看到有关用户阅读兴趣的数据呢？“今日头条”欲打造内容生态，对这个内容生态有什么设想？最近听说“今日头条”又要涉足长视频领域，不知道是真是假？还要开展付费内容项目是吗？

2. 在看内容的时候，有的文章下面标注“热”或“置顶”，所谓的热点新闻是用户阅读投票的结果吗？置顶的内容有没有政治上的要求，特别是一些时政类新闻的置顶？政治或国家层面对“今日头条”的内容建设都有哪些具体要求和影响？会不会下达一些文件和口头要求？

3. 内容孵化都有什么具体举措？对用户有哪些培训？有哪些数据能支撑用户进行更好的流量创作？能不能结合具体数据、案例给我们讲讲或帮我们收集点材料？

4. 短视频被认为是“今日头条”的二次创业，关于这一说法您怎么看？如果把“今日头条”这几年的发展划分阶段，又该如何划分？

5. 在“今日头条”里，能看到西瓜视频、火山小视频，而这有什么区别吗？短视频、小视频你们内部如何界定？

6. 短视频运营的现状如何以及相关数据怎样？

7. 记得以前在资料里看过，“今日头条”日活用户的数量有 2.4 亿人，每日平均使用时长 76 分钟，仅次于微信。现在的数据又如何？

8. 本书初定的研究对象是聚合类平台客户端的内容生产研究，目前看这部分内容大都是媒体、政府、公司创作的，个人创作的多吗？因为看视频、图文报道,版权出处不太能看得出来。另外,“今日头条”的用户都喜欢什么内容,有数据排行吗?头像加“V”有什么条件?对推送有什么好处?

9. 虽然“今日平台”的渠道无敌,但当今仍主张内容为王,“今日头条”如何提升内容质量,传播更多的优质内容,有什么具体措施吗?

10. 在社交领域,“今日头条”推出悟空问答和微头条,为了运营好这两大业务都采取了哪些具体措施?它与知乎和微博相比又有哪些优势呢?为什么这么重视社交?在社交领域预期达到一个什么样的目标?微头条、悟空问答有好的盈利模式吗?内容的多元化会不会导致做得比较杂,不够精?

11. “今日头条”内部都有哪些部门?各自的分工都是什么?请您介绍下公司的结构框架和业务范围。

12. 在内容创作上,“今日头条”具体跟创作者有什么样的利益分成和商业关系?目前,内容创业前十名或前三名都是哪些账号?他们都生产哪些垂直类内容?“今日头条”里最受用户喜欢的是哪些频道和哪些自媒体作者生产的内容?

13. “今日头条”的海外发展,有独资的,也有联合经营的。现在最成功的市场在哪里?又是如何运作的?成功的经验是什么?海外市场进展最不顺利的是哪个国家,原因是什么?

14. “今日头条”的外部生存、竞争环境怎么样?最大的竞争对手是谁?以前拒绝腾讯收购,最近传闻阿里要注资是真的吗?

15. “今日头条”如何玩转资本?最初的创业资金是从哪来的?哪年开始盈利的?

16. “今日头条”客户端里的视频频道和小视频频道与西瓜视频、抖音、火山小视频有什么关系?“娱乐”频道有头条娱乐指数榜,这个是什么目的和作用?“健康”频道的今日答题和健康指南的目的和作用是什么?微头条里有四个热榜,这是网友投票的结果还是“今日头条”设置的?

17. “千人万元”“百群万元”怎么分配?优质内容提供者附加广告怎么分层?

18. 如何解决一味个性化阅读和公共性阅读的矛盾?

19. 标题党、低俗、抄袭和假新闻泛滥如何解决？

20. 内容娱乐化现状如何解决？

21. “今日头条”会一直做推送，不生产？还是也会像嗡嗡喂一样组建一个专门从事重要新闻生产专题的编辑部，做到碎片化阅读和深度阅读相结合？

22. “今日头条”自己认为内容上有什么需要解决的问题，打算如何解决？

23. “今日头条”在内容上未来会有何打算？

24. 审核的流程是怎样的？

25. 审核的标准是什么？

26. 机器和人工如何分工的，各自的优缺点是什么？张一鸣说不设编辑，完全依靠算法，后来又增加了这么多编辑。难道算法出现了问题？人工有啥优点是机器算法无法做到的？

27. 如何不断提升审核的精准度，确保内容安全？有哪些改进措施？

28. 在审核环节，“今日头条”自己认为的问题是什么，如何解决？

29. 在审核上未来有什么设想？

30. 算法分发的社会和技术背景是什么？

31. 算法分发的原理、模型和伦理该如何解决？

32. 用户的天花板导致“今日头条”转向社交分发（悟空问答、微头条），都采取了哪些措施？如今，社交分发效果如何？

33. 如何解决目前分发信息时出现的与用户不太匹配的问题？

34. 如何解决算法的茧房效应问题？

35. 如何解决算法的黑箱效应？传统编辑推送新闻有主观性的弊端，那么机器推送是不是也有人为权重设计的参与，这样会不会腐蚀算法推送的客观性基础？

36. 最近发现“今日头条”广告太多，而且有的广告下方并没有标注是广告，有人当新闻来读。还有一些出现虚假广告的纷争，影响了用户体验，这方面“今日头条”该如何解决？

37. 如何处理流量为王与价值观引领之间的关系？政府方面对“今日头条”有哪些要求？

38. 流量为王的导向会不会使用户陷入低俗化、娱乐化之中,如何处理个人喜欢的信息和个人应该知道的信息之间的关系?

39. 流量导向会不会导致很多创作者蹭热点,互相抄袭?内容数量虽然很多,但内容实质是同质化的,影响用户体验,如何解决?

40. 您说"今日头条"里的新闻都得是机构媒体才能生产,自媒体不能生产。既然新闻都是机构媒体生产的,那"今日头条"为什么假新闻那么多?

41. 最近"今日头条"频道设置有了新变化,以前的"社会"频道改为"新时代"频道,近期又推出了"国风"频道、"党媒推荐"频道,早期也有"三农"频道,这些频道的设置跟政治之间是什么关系?政府会命令你们设置这些频道吗?

42. 国家网信办说"今日头条"缺乏《互联网新闻信息许可证》,现在"今日头条"有许可证了吗?我记得"今日头条"取得了《互联网视听服务许可证》,可以经营直播和短视频领域。除了这两个许可证,国家还对"今日头条"有哪些准入制度的要求?

43. 抖音、火山小视频、西瓜视频各自的定位、分工、特色是什么?

44. 短视频和小视频是如何界定的?

45. 抖音为什么这么有黏性?

46. 抖音在运营上有哪些独特的地方?

47. 有人说抖音现在的调性出现下滑的趋势?对此您怎么看,有什么应对之法?

48. 抖音为什么没有被纳入"今日头条"呢?

49. 抖音的迅速崛起在于抓住了短视频这个风口,短视频的时代真的到来了吗?

50. 抖音是如何培养自己的网红的?

51. 采取了哪些手段对短视频内容进行监管?目前为止,效果如何?

52. 抖音在推送内容的时候具体怎么操作?会不会对部分内容进行加权处理?

53. 抖音对城市形象的传播具有巨大的影响力,现在有多少城市与抖音合作进行城市形象传播?

54. 2018年，抖音推出了第一届文物戏精大会，这个想法当时是出于什么考虑？这次尝试对未来有何借鉴和启发？

55. 有人说短视频是“今日头条”在内容上的二次创业，对这个问题您怎么看？

56. 短视频的竞争非常激烈，对快手、微视等短视频有哪些好的竞争举措？

57. 您从什么时候开始使用“今日头条”的，在“今日头条”上都看哪些内容？

58. 个性化推送能不能满足您对信息的需要？对“今日头条”使用的感觉如何？

59. 您如何看待平台给您推送“你喜欢看的”和“你应该看的”之间的关系？

60. 在使用的时候，有没有遇到标题党或者内容极其雷同重叠的内容，您如何看待这些现象，您是怎么处理的？

61. 您开通头条号了吗？开通的目的是什么？

62. 在头条号上，您生产哪一类的内容？有什么创作的经验可以分享下吗？

63. 从创作内容至今，有没有得到平台的奖励？没有的话，为什么？

64. 有人说“今日头条”越来越商业化了，不仅信息流广告增多，连直播都变成卖东西的了，对此您怎么看？

65. “今日头条”里的广告信息，您喜欢吗？有没有在头条系的相关产品中购买过商品？

66. 为“今日头条”未来能更好地发展，您有哪些建议？

附录 3 部分访谈节选

下面的访谈均以问答的形式体现,此部分内容是笔者众多访谈内容的节选。提问者是笔者本人,答者是不同的访谈对象。考虑到个人隐私,具体的人名、职务、地点等相关内容省略。

一、2018 年 5 月 18 日访谈节选

问:“今日头条”的组织结构是什么样的,都有哪些部门?

答:对于“今日头条”而言,比较重要的有三大部门。一是“今日头条”的技术部。早期技术团队、工程师占比较大,目前有 3000 人左右。“今日头条”最核心的优势是算法,有强大的技术团队,审核和商业化增长较快。总部在中航广场,在北京就有四个办公地点。二是内容运营部,主要负责内容引进、版权处理。企业的形象宣传和新产品发布可以做推广,但太商业的不能通过审核。娱乐内容可以,但不能完全做营销号,用户体验不好。广告资讯的信息可以,类似传统媒体的软文,但不能是纯硬广告。三是审核部,当初“今日头条”是完全依靠机器把关和过滤的,但后来出现了内容低俗等问题,政府加强了监管,我们也招聘了很多审核编辑。现在是把机器审核与人工审核相结合,确保内容安全。

问:“今日头条”是如何与媒体或相关内容生产者合作解决版权问题的?

答:解决版权问题现在主要有三种模式:版权付费、资源交换、广告分层。但三者不能兼得。总体来说,资源交换得比较少,通用的是另外两种模式。如果生产者选择版权模式,由“今日头条”购买版权,内容下方的广告位收益归“今日头条”。如果生产者选择的是分层模式,生产者自营的话,内容下方的广告收益应归生产者所有。“今日头条”推送的客户资源就要与生产者对广告收益进行分层。由于有了合理的付费模式,很好地解决了“今日头条”发展早期的侵权问题。

问:“今日头条”现在有 60 多个频道供用户选择,我发现这些频道的内容

也总会有所变化，每次换频道的时候，换的标准是什么？

答：不太频繁，但最近是换了一批。主要是垂直类的内容比较多，根据大的垂直类划分，会参考一些用户数据。个人可以根据自己的兴趣爱好选择定制频道，这样会增强信息推送的准确率。70%的信息都是在推送里完成的。全网热点、区域性的本地新闻、视频、体育、美容等是用户消费的主要信息。

问：短视频、小视频、西瓜视频之间是什么关系，如何区别？

答："今日头条"有视频频道，以西瓜视频为主，但也会有抖音、火山小视频的内容。小视频是"今日头条"的一个独立产品，时间更短，主要推送 30 秒以内的视频，抖音 15 秒，短视频一般在 15 分之内，但效果好是时长为 3～5 分钟的短视频。抖音有技巧、炫酷，记录美好生活。以前玩的人少，调性高，现在玩的人多，调性下来了。与快手记录生活对标，是竞争关系。2017 年，短视频是公司的核心战略，公司做了很多尝试。抖音调性下降会和火山小视频有些重复，针对不同的短视频公司的定位很清楚，比如抖音定位青春时尚，一、二线城市的年轻人。火山小视频主要定位三、四、五线城市，社会底层用户比较多。但产品用户的激增可能会改变产品的调性，这个是公司无法控制的，有时候使用者未必能感觉到。

问：政务号入驻比较多吗？与政府之间是什么样的分配机制？

答：政府都是免费的，没有版权问题，政府会把"今日头条"当作一个平台来发声，内容下面的详情页广告收益归"今日头条"所有。

问："今日头条"的内容生态和发展是什么样的？

答："今日头条"之前是做图文起家的，但是从 2017 年开始我们把更多的精力和重点放在了视频领域。所以外界有人说短视频是"今日头条"的整体转向，全面布局视频领域被认为是"今日头条"的二次创业。这不仅是我们公司重大的内容调整，同时还是时代所需、用户所需。"今日头条"最大的改变是改变了信息传播的方式，以前媒体传播都有自己的垄断渠道，但"今日头条"的出现使分发方式发生了改变。用户会接收个性化的信息。以前是人主动寻找搜索信息。现在是根据你的数据，算法预判你喜欢的内容然后给你推送。机器算法不仅给你推送你感兴趣的内容，甚至还能探索你可能感兴趣的新闻。你以前读报纸的时候,可能只看自己喜欢的军事、时政,你有时候可能会看娱乐,而且也看完了。这个动作可能是你不经意作的,但大数据记录了下来,算法以后就会尝试给你推送娱乐方面的内容。算法推送有三个较为重要的维度。一是文章特征:标题、内文等标签。机器学习能读懂越来越多的文章。二是人的特征:年龄、性别、职业、手机设备。手机也是一个标签,算法也能读出你的手机格式,并进行大小、长短的手机适配。阅读时长、评论、转发、是否读完等信息都会被记录下来。三是环境特征:地理位置、使用习惯、使用场景、早晚、有没有 Wi-Fi 等标签。以前晚上 10 点后在家看有深度的长文,现在从看图文转向看视频。可能在晚上有 Wi-Fi 的环境下会给你推送更多视频类资讯。

问:"今日头条"做算法有什么优势?与世界一流企业同时起步做个性化推送,为什么"今日头条"做到了?

答:算法十年前就有了,不是什么新鲜玩意。抓取技术很简单,门户抓取的文章是有限的,首页、频道更新几千条就足够了,门户主要抓取的是主流媒体,把传统媒体的内容搬到网上,做全国范围内的综合。最难的是把人和文章做最好的适配。"今日头条"是基于大数据的推送引擎,一种是合作媒体自己上传发布,另一种是给"今日头条"一个链接,然后机器会从相应的网址上抓取。不授权的不抓取。没有合作的不抓不发。"今日头条"是一个基于大数据的推送引擎,把内容放入大池子里,也就是服务器里。然后机器一篇篇读,打上标签,分门别类地放到相应的服务器里。"今日头条"的匹配率最高,技术水平领先,是国内做得最好的。"今日头条"有庞大先进的技术团队,确保了技术上的领先优势,所以成功了。以前是国内学国外的互联网产品,而现在是国外在学"今日头条"。

问:"今日头条"如何向外扩张?

答:技术上领先,有优势,别人做不成,这是"今日头条"进军国外市场的原因。同时,国内用户规模已经接近天花板,成长空间有限,也需要"今日头条"开拓更大的市场。"今日头条"如今在印度尼西亚、印度、美国、日本、巴西等国家开展业务,有些产品在当地都是下载排行榜第一名。而且"今日头条"做的是技术输出,做本地化产品,由本地人生产,本地人运营,完全是本地人喜欢看的内容，不会遇到水土不服的问题，我们把“今日头条”成功模式的经验复制过去就行，提供技术支持。

问：内容生态是如何规划和建设的？

答：“今日头条”的内容永远在变化，我们作为工作人员也在不断地拥抱变化。产品效果不好就拿掉，一切看市场反馈。我们推的微头条，是一种尝试，也是短内容的一种补充。它是与“今日头条”不太一样的产品，以往用户来“今日头条”更愿意阅读和评论，不太习惯发布内容。在微头条上发内容比较简单，不像头条号那么繁琐，只要分享就可以。问答变成了悟空问答，对标知乎，知乎是小众的，包括内容付费。在用户改变的过程中就会有相应的产品出现。这些产品也都具有社交属性，大家会根据不同的内容形成讨论，有很多观点和答案，用户喜欢参与，有些人又是某方面的专家，看起来很权威。人们就某一方面的问题或知识展开讨论，达成共识，增进了友谊，也增加了用户黏性。

问：内容分发受到国家政府哪些方面的要求？

答：跟所有媒体的要求一样，主要的直接管理单位就是国家网信办、中宣部，还有执法大队。“今日头条”面临过质疑，但技术、产品国际领先。国家管制促使内容调整，如“今日头条”集中清理了涉嫌违规的、含低质内容的自媒体账号1101个。2018年4月11日，“今日头条”宣布关闭其应用内”语录”“段子”“趣图”“美图”和“美女”共五个频道。火山小视频也暂停“同城”频道，抖音上线防沉迷系统等。“今日头条”进行了一系列内容上的调整，同时加大对时政新闻推送的权重。

问：算法为什么现在这么重视社交分发，将算法分发与社交分发相结合？

答：微博靠社交分发产品，“今日头条”出现之后转向智能分发。这是产品发展的一个趋势，产品的需求实际上就是用户的需求，公司得满足用户的需求。现在微博也在依靠智能分发，“今日头条”也在进行社交分发，这是时代的趋势，用户的需要。现在平台开发了私信功能，方便用户开展社交。“今日头条”产品迭代非常快，这也是它能站稳市场的根本原因。

问：虽然“今日头条”渠道无敌，但当今仍主张内容为王，“今日头条”如何提升内容质量，传播更多的优质内容，有什么具体措施吗？

答:“今日头条”一方面受到风投资本的青睐获得了充足的发展资金,另一方面为了鼓励优质内容生产者,“今日头条”推出了一系列大力扶持优质内容生产的举措。2015 年 9 月,在头条号创作者大会上,“今日头条”启动“千人万元”计划、“百群万元”计划,力争在未来一年扶持 1000 个头条号并保证创作者单月至少收入 1 万元以上,重点扶持 100 个媒体群,保证其每月保底收入 2 万元,并且这 100 个群还拥有普通账号没有的高级功能,如给粉丝定向推送弹窗、上“今日头条”客户端的导航频道等福利。除此之外,2015 年,头条号创作空间全面开放,可为创业者提供 200 个工位。2016 年 3 月 10 日,头条号创作空间正式启动“新媒体孵化”计划,从 690 份申请中挑选 30 个首期入驻新媒体项目。创作空间从北京、上海、成都、深圳等四个城市扩展到十个城市,包括武汉、长沙、重庆、杭州、广州、拉萨等,帮助更多的短视频制作团队成长,为他们提供办公场地和创业辅导。至此,“今日头条”将为中小团队提供全方位的孵化服务、物美价廉的办公场所,以及法律、财务和版权保护、创业培训、行业沙龙等一系列培训,大大降低了创业者在发展早期的额外成本。为了扶持短视频产业,2016 年 9 月,“今日头条”宣布未来一年将拿出至少 10 亿元对短视频内容创业者进行扶持。面对侵权风波,2017 年“今日头条”在购买传统媒体版权方面的投入超过 1 亿元。2017 年 8 月,“今日头条”又推出“礼遇”计划,即创作者在原有收益的基础上,已经开通原创功能的创作者只要之前没有签约“千人万元”计划和“百群万元”计划,在内容上不存在抄袭,也没有发布不雅内容和违反国家相关法律法规等违规记录,即可获得部分收益。除此之外,又新增了入选条件,如头条号粉丝数必须大于等于 5000,且上月新增粉丝数 500 个以上,上月发布原创文章篇数 5 篇以上等。满足这些条件者,头条号每月向至少 100 名创作者,提供 1 万元的奖励。2018 年 1 月,“礼遇”计划再次升级,每月奖励范围由原来的 100 个扩大至 500 个,奖金由 1 万元调整为 3000 元、1 万元、2 万元不等。每月初,头条号将从符合条件者中遴选出 500 名获奖者,每月 16 日前,头条号会以站内通知及短信方式告知获奖者。

……

二、2018年9月27日访谈节选

问：如何区别火山小视频、抖音和西瓜视频？

答："今日头条"主站及应用早已设有视频频道。子品牌西瓜视频对标油管，以专业生产内容为主，主打1～4分钟的短视频内容；火山小视频以用户生产内容为主，主打直播和15秒左右的小视频，目标是成为记录生活的微博；抖音则聚焦泛音乐领域里的短视频和社交，力争成为年轻人爱用的潮流短视频分享社区。从"今日头条"短视频矩阵来看，西瓜视频、火山小视频、抖音三大应用分别覆盖了资讯、生活和音乐这三个最主流的短视频领域，形成了一个完善的内容生态。

问：抖音为什么这么有黏性？抖音在运营上有哪些独特的地方？

答：很多人都说"抖音有毒"，似乎一用就有点停不下来，我个人感觉也是如此。其实这也体现了我们抖音强大的数据发掘和算法匹配技术。为什么用户这么爱看，原因就在于算法了解用户，推送的都是用户感兴趣的内容。同时，推送的内容都是经过过滤的优质内容，越优质的内容越会得到更多的分发机会，这是一个良性循环。此外，抖音时间很短，可以把最精彩、最精华、最高潮的内容做集中展现，所以更吸引人。抖音作为一款音乐类短视频平台，为了吸引用户，增强用户黏性和活跃度，启动强运营、重运营的策略。不仅签下了大批当红明星，还让明星参与制作短视频，常常更新，聚拢人气。同时，平台还会设计一些挑战赛，给用户很多滤镜和贴纸美化自身。大多数时候，挑战赛是网友自己发起的，比如手指舞、搓澡舞、对口型等。通过活动进一步增强了平台的人气和用户使用黏性。

问：抖音的迅速崛起在于其抓住了短视频这个风口，短视频的时代真的到来了吗？

答：短视频的时代真的来了，我们以前经常说读图时代来了，可是直到20世纪90年代才可以说来了。特别是当我们进入4G时代，我们的带宽、网速都有了大幅提升，观看视频顺畅不卡顿。随着5G时代的来临，手机等接收终端进一步提升优化，短视频会更有市场，未来可期。

问:抖音是如何培养自己的网红的?

答:为了增强用户黏性,我们除了花重金吸引明星群体入驻之外。也不遗余力地打造自己的网红。抖音的定位是都市里的时尚人群,调性较高,为了获得优质内容,抖音成立伊始我们就到全国的艺术院校选拔优秀的、能歌善舞的种子选手,请他们入驻"今日头条"进行符合调性的内容生产,利用种子用户孵化平台调性。与此同时,我们平台自身也在积极培养和打造自己的网红,平台现在成立了40多个小组,一共200人左右,进行内容的培训、孵化,发起一些活动积极与用户互动,调动用户的生产热情。

问:采取了哪些手段对短视频内容进行监管?到目前为止效果如何?

答:如今"今日头条"在全国设置了北京、天津和济南三个审核点,人数已经超过1万,每一个用户上传的内容都会存储到"今日头条"的内容池中,每一条资讯都要经过机器的初审,通过机器进行分类和鉴定有问题的内容。然后再进入人工审核的环节,一般是二审制。如果一条信息两个审核员都给予通过,这条信息就进入流通环节。如果两个审核员的审核结果不一样则进入质量检查部门进行三审,确保内容安全。同时,"今日头条"的审核部门还有推荐组,对通过的内容再进行粗略的审查。如果哪条新闻热度飙升,"今日头条"会对其进行召回,重点审查热度高的资讯是否存在问题。

问:抖音在推送内容的时候具体怎么操作?会不会对部分内容进行加权处理?

答:对于普通用户生产的视频完全是硬启动,主要看用户对内容质量的反应和评价,低质低俗的内容会被打压,优质的内容会获得更多的推送,完全是用户投票的过程。但是对于一些优质内容生产者,如果他一贯生产的内容都保质保量就会获得更多的流量保证。或者跟抖音有合作的企业和城市,抖音也会在流量上有所倾斜。

问:抖音对城市形象的传播具有巨大的影响力,现在有多少城市与抖音合作进行城市形象传播?

答:这个完全出乎我们的意料,短视频传播的美食、美景等内容带出来一批网红城市,如西安、重庆和成都。由于抖音给城市传播带来了好的效果,西安旅游发展委员会第一个主动与抖音签署战略合作,包装推广西安的文旅产业发展。西安在短视频领域持续发力,很快打造出了一个个网红景点、网红餐厅,西安俨然成为一个"抖音之城"。抖音对城市形象的传播完全是民间视角、碎片化的微观传播,是对官方主流话语的一种补充。在内容和语态上更容易被老百姓所接受,传播效果更好。随着一批网红城市的兴起,很多二、三线城市主动与抖音签署战略合作协议,但目前具体多少还没有一个公开的统计数据。

问:2018 年,抖音推出了第一届文物戏精大会,这个想法当时是出于什么考虑? 这次尝试对未来有何借鉴和启发?

答:随着抖音聚集起来的巨大人气和流量,不仅一些政府机构入驻抖音,而且国家博物馆和各级地方博物馆也纷纷入驻,借助抖音传播历史和文化。2018 年,为了迎接博物馆日,国家博物馆携手六大博物馆(湖南省博物馆、南京博物院、陕西历史博物馆、浙江省博物馆、山西博物院和广东省博物馆)共同打造抖音短视频作品,尝试用流行的平台和玩法让更多人了解中国历史文化以及国家文物。抖音里的影像瞬间点燃了历史文物厚重的精气神,并迅速引发网友的转发和关注,一大波表情包纷纷上线。这个短视频从"5·18 国际博物馆日"到现在已经累计播放突破 1.18 亿次,获得 650 万人次的点赞量,超过 17 万次的分享……目前这些相关数据还在持续增长中。"今日头条"为了做好这次活动,前期的策划和创作耗时近一个月,文案创作者反复揣摩文物之间的对白和语气,技术团队使用了人像抠图、Slam 和 3D 渲染等技术,视频编辑进行了多次修改,最终实现了出乎意料的传播效果。

问:短视频的竞争非常激烈,对快手、微视等短视频有哪些好的竞争举措?

答:开始抖音最主要的竞争对手是快手,或者说两者是比较有代表性的短视频吧,甚至有人一度说:北快手,南抖音。实际上,两者之间存在的竞争并不是太大,因为两者的定位和调性都不相同。快手主要定位在三、四线城市,特别是北方的城镇青年玩得多,乡土味浓厚。而抖音主打的市场是一、二线城市,带着青春、时尚的都市范儿,以唱歌跳舞为特色。后来,腾讯的微视进军短视频市场,而作为一个后来者,微视要挑战快手和抖音也不是那么容易的,毕竞市场格局已定。但作为腾讯系的产品,特别是把微视嵌入 QQ,会为微视导流。

问:有人说抖音现在的调性出现下滑的趋势?对此您怎么看,有什么应对之法?

答:抖音调性下滑确实是一个不争的事实。实际上,随着抖音对用户的争夺,很多一般的用户进来了,降低了原来那些带有文艺气息的内容生产者的比例,使得抖音出现了一些类似火山小视频类型的视频。抖音调性下滑是用户的选择,我们平台能做的就是继续鼓励更具文艺气息内容的生产,发掘、打造更多符合平台调性的网红入驻。剩下的一切顺其自然,我刚才也说过了,这一切都是用户的选择。

三、2018 年 12 月 28 日访谈节选

问:算法分发的社会和技术背景是什么样的?

答:我们的社会经历了信息紧缺时代,大众传媒把控新闻等信息的生产,大众失去了利用和接近传媒的权利。进入互联网时代,我们的信息逐步从紧缺走向过剩,甚至带来了信息超载的烦恼,海量信息让人无所适从。这个时候搜索引擎出现了,人们可以根据自己的兴趣爱好搜索自己感兴趣的资讯。但这个时候还是人找信息。2006 年春节,回乡火车票紧俏,张一鸣连续多日上网购票都未能如愿抢到。在持续一整天的刷票失败后,他利用所学知识写了个小程序,设置的指令是一旦购票网站出现有票待售的信息,系统就自动发短信通知他。"写完程序,我就跟同学出去玩了,刚出门就收到短信,所以第一时间买到了火车票。"这一购票经历让他意识到,机器发现信息的速度和能力比人快、比人强,如果能把相关信息匹配给需要它的人,可以创造出巨大的商业价值。如何让信息与需要信息的人快速匹配成为信息超载时代必须要面对的问题。随着互联网和移动互联网的发展,信息传输的介质、人们获取信息的介质正在不知不觉中从报纸变成了手机。手机中传输的信息属于用户个人的内容,私密而具有个性。就是在这样的背景下,张一鸣创建了"今日头条"。

问:如何解决目前分发信息时出现的与用户不太匹配的问题?

答：每一个新用户在第一次使用“今日头条”的时候，都会经历一个硬启动阶段。第一次“今日头条”给用户推送的往往是全网比较热点的内容，因为数据技术和算法还不了解用户，在用户使用的早期确实存在信息推送不太准确的可能。但随着用户持续地使用，用户的个人资料信息、浏览的痕迹、时长、兴趣爱好等就逐渐被了解，我们的推送会越来越精准。同时，“今日头条”还有很多维度，如内容信息、个人信息、环境信息，当然这都是大的颗粒度画像。为了使推送更为精准，“今日头条”会为用户进行更细微颗粒度的画像，有时候手机型号与用户的个人信息也会成为推送内容的一个指标。

问：如何解决算法的茧房效应问题？

答：有人说“今日头条”的算法推送，只推送用户喜欢的信息会造成信息茧房效应，造成群体信息极化。实际上，人们在使用传统媒体的时候也是挑自己喜欢的内容来看，自己不喜欢的内容直接屏蔽掉。那个时候没人说传统媒体会造成信息茧房效应，为什么“今日头条”就有这么大的威力呢？什么事情都不能绝对。但是既然这个问题被提出来了，我们也得重视，尽量为用户提供更多元的信息，解决个性化阅读和公共性阅读的关系。“今日头条”推出了协同过滤机制，例如用户 A、用户 B 和用户 C 是好朋友，他们有着相同的兴趣爱好、价值观、人生观。用户 A 对物品 A 和 C 感兴趣，用户 B 对物品 B 感兴趣，用户 C 对物品 A、C、D 感兴趣。虽然用户 A 没有表现出明显地对物品 D 感兴趣，算法根据协同过滤的原理也会试探着把 D 推送给 A，如果 A 点击了，说明他对 D 也是喜欢的，以后有类似的信息会进一步推送。如果 A 从来没有点击信息 D，久而久之算法将不再推送类似的信息了，这样有助于进一步扩大用户浏览的信息维度，一定程度上纠正信息渠道偏窄的问题。有时候平台除了推送你感兴趣的内容之外，它也会猜测用户可能对什么样的信息感兴趣，甚至会推送一些用户可能不喜欢的信息进行试探，但这种推送在量上会进行一定的控制。

问：如何解决算法的黑箱效应？传统编辑推送新闻有主观性的弊端，那么机器推送是不是也有人为权重设计的参与，这样会不会腐蚀算法推送的客观性基础？

答:算法还是比较客观、公正地去推送内容和信息的,还是可以信赖的。当然算法很多人还不了解,会对它有这样那样的猜测。所以今年底我们的算法总架构师公布了算法的运行原理,以期解决大家对算法的焦虑和误解。当然算法也是新鲜事物,还有很多不完善的地方,这也需要社会给公司、给算法一点时间,让算法慢慢地成长、成熟。有的信息有被加权处理的可能,但一般情况下我们公司是不会人为干预内容推送的。

问:最近发现"今日头条"广告太多,而且有的广告下方并没有标注是广告,有人当新闻来读。还有一些有关虚假广告的纷争,影响了用户体验,这方面"今日头条"该如何解决?

答:我们平台不允许赤裸裸地推广告,完全是硬广告的资讯平台也不会予以审核通过。但这并不是说我们会拒绝广告信息的传播、只是方式方法会有不同。我们会把广告信息软化,达到让用户能够接受的程度,因为广告类的信息用户也会需要,做好了也能起到宣传传播的效果。我们现在有很多企业号,主要是帮助企业进行形象传播,活动介绍等软文推广,在广告和资讯之间进行更好的平衡。最近,"今日头条"确实出现了一些问题,如虚假广告、二跳广告等,公司采取了严厉的整改措施,使公司向好的方向发展。

问:如何处理流量为王与价值观引领之间的关系?

答:2018 年确实是对"今日头条"监管最为严格的一年,这一年里我们不断地被约谈、罚款、停更、下架。运用算法把资讯与人的需求做最优配置,实现了对长尾效应的满足;但在实际分发的过程中出现了低俗甚至违法内容,这违背了"今日头条"的初衷,也是我们始料不及的,说明算法技术还不够成熟,还有很多有待提高的空间。作为一个企业也好,媒体也罢,都应该有自己的世界观和价值观,不能为了商业价值无视主流价值。所以我们也进一步加强了对内容的审核,严把内容质量安全关,使互联网风清气正,全力配合政府的监督监管。

问:流量为王的导向会不会使用户陷入低俗化、娱乐化之中?用户喜欢的不一定是这个社会真正需要的,如何处理个人喜欢的信息和个人应该知道的信息之间的关系?

答：细观“今日头条”以前的内容，明显的娱乐、泛新闻的内容大于严肃的政治新闻，一些严肃的时政新闻由于自身比较枯燥，阅读量低而消失在信息的洪流里，影响力严重不足，国家的声音得不到有效的传播。如今，“今日头条”逐渐平衡市场和政府之间的利弊得失，陆续设置了“新时代”“国风”“党媒推荐”等频道，并在每个频道设定“置顶”和“热点”标签，把重要的时政新闻做加权并重点推送。推送的逻辑遵循的是推你应该知道的内容，在资讯的个性化与阅读的公共性之间进行妥协和平衡。不仅如此，由于“今日头条”巨大的流量，很多政务号纷纷入驻头条号，目前有 7 万多政务号入驻。甚至平安北京、北京反恐特警、北京国资委等政务号也入驻了抖音。由于增加了时政新闻的独立频道入口，再加上算法加权推送加大了主流信息的供应，主流声音实现了从传统媒体到新媒体、从国营媒体到私营媒体的全覆盖。

问：“今日头条”里的新闻都得是机构媒体才能生产，自媒体不能生产。既然新闻都是机构媒体生产的，那“今日头条”为什么假新闻那么多？

答：随着监管的日趋严格，自媒体并不是什么内容都可以随便生产的。近期“今日头条”规定时政类、社会类新闻只能由专业媒体发布，自媒体无权涉足。财经类和科技类新闻资讯，则需要生产机构具备相应的专业资质才可入场。而其他的如娱乐新闻、农业新闻，自媒体可以生产。审核中，娱乐、农业和社会方面的资讯出现的问题较多。对新闻内容生产者实行分类管理，让一些有专业知识的人和秉持新闻专业主义的记者从事新闻生产，质量上才有保障，“今日头条”的假新闻现象得到了有效遏制。

问：最近“今日头条”频道设置有了新变化，以前的“社会”频道改为“新时代”频道，近期又推出了“国风”“党媒推荐”频道，早期也有“三农”频道，这些频道的设置跟政治之间是什么关系？政府会命令设置这些频道吗？

答：作为一个有着媒体属性的企业，除了要盈利之外，也应该担负起相应的社会责任。随着监管越来越严，算法的合法性、正当性受到了质疑，特别是《人民日报》、人民网发表了官方批评之后，“今日头条”身陷舆论旋涡。作为一个有着 7 亿用户的平台，我们有义务和责任为构建一个风清气正的网络环境出一份力，为国家的稳定、政令畅达出一份力。推出这些频道和内容，也是服务大众、回馈社会的积极反应。

问:国家网信办说“今日头条”缺乏《互联网新闻信息许可证》,现在“今日头条”有许可证吗? 我记得“今日头条”取得了《互联网视听服务许可》,可以经营直播和短视频领域。除了这两个许可证,国家还对“今日头条”有哪些准入制度的要求?

答:2017年,“今日头条”为了获得网络视听节目的经营许可收购了山西运城阳光文化传媒有限公司,此次收购让“今日头条”得到了梦寐以求的《信息网络传播视听节目许可证》《网络文化经营许可证》和《增值电信业务经营许可证》三个经营许可。

参考文献

[1]阿伦特.人的境况[M].王寅丽,译.上海:上海人民出版社,2009.

[2]巴比.社会研究方法(第十一版)[M].邱泽奇,译.北京:华夏出版社,2018.

[3]白红义,李拓.算法的"迷思":基于新闻发布平台"今日头条"的元新闻话语研究[J].新闻大学,2019(1):30-44,117.

[4]鲍德里亚.消费社会[M].刘成富,等译.南京:南京大学出版社,2001.

[5]本森.比较语境中的场域理论:媒介研究的新范式[J].韩刚,译.新闻与传播研究,2003(1):2-23,93.

[6]毕芙蓉.文化资本与符号暴力——论布迪厄的知识社会学[J].理论探讨,2015(1):53-56.

[7]波斯特.第二媒介时代[M].范静哗,译.南京:南京大学出版社,2000.

[8]波斯特.信息方式[M].范静哗,译.北京:商务印书馆,2000.

[9]波兹曼.技术垄断:文明向技术投降[M].蔡金栋,梁薇,译.北京:机械工业出版社,2013.

[10]波兹曼.娱乐至死[M].章艳,译.桂林:广西师范大学出版社,2011.

[11]布尔迪厄.关于电视[M].许钧,译.沈阳:辽宁教育出版社,2000.

[12]布尔迪厄.文化资本与社会炼金术:布尔迪厄访谈录[M].包亚明,译.上海:上海人民出版社,1997.

[13]布尔迪厄.艺术的法则:文学场的生成与结构(新修订本)[M].刘晖,译.北京:中央编译出版社,2011.

[14]布尔迪厄,华康德.反思社会学导引[M].李猛,李康,译.北京:商务印书馆,2015.

[15]布热津斯基.大失控与大混乱[M].潘嘉玢,刘瑞祥,译.北京:中国社会科学出版社,1995:171.

[16]蔡骐.网络虚拟社区中的趣缘文化传播[J].新闻与传播研究,2014,21(9):5-23,126.

[17]蔡润芳."积极受众"的价值生产——论传播政治经济"受众观"与Web2.0"受众劳动论"之争[J].国际新闻界,2018,40(3):114-131.

[18]蔡雯."人人都是记者"——"参与式新闻"的影响与作用[J].对外传播,2010(3):34-35.

[19]蔡雯.从"超级记者"到"超级团队"——西方媒体"融合新闻"的实践和理论[J].中国记者,2007(1):80-82.

[20]蔡雯,郭翠玲."公民新闻"的兴起与传统媒体的应对——对西方新闻传播变革的观察与分析[J].新闻战线,2009(9):50-54.

[21]操慧.脱域:互联网时代的新闻生产[J].四川大学学报(哲学社会科学版),2012(3):59-63.

[22]曹然.传媒的后现代性预言:狂欢、异化与迷失——从《娱乐至死》看当下传媒文化[J].海南广播电视大学学报,2009,10(2):5-7.

[23]曹素妨,陈鑫胤.今日头条:2亿基金让内容创作者专注创作[J].中国传媒科技,2016(Z1):28-29.

[24]曹洵,刘兢."采制分离"与"记者角色转型":当代西方网络新闻生产的新变化[J].新闻界,2011(1):98-100,97.

[25]曹钺,骆正林,王飔濛."身体在场":沉浸传播时代的技术与感官之思[J].新闻界,2018(7):18-24.

[26]常江,胡颖.保罗·莱文森:媒介进化引导着文明的进步——媒介生态学的隐喻和想象[J].新闻界,2019(2):4-9.

[27]常昕.国内外网络新闻聚合平台常用编辑策略分析——以赫芬顿邮报和澎湃新闻为对象[J].编辑之友,2018(2):87-90.

[28]陈昌凤,霍婕.权力迁移与关系重构:新闻媒体与社交平台的合作转型[J].新闻与写作,2018(4):52-56.

[29]陈昌凤,师文.个性化新闻推荐算法的技术解读与价值探讨[J].中国编辑,2018(10):9-14.

[30]陈昌凤,石泽.技术与价值的理性交往:人工智能时代信息传播——算法推荐中工具理性与价值理性的思考[J].新闻战线.2017(17):71-74.

[31]陈昌凤,王宇琦.新闻聚合语境下新闻生产、分发渠道与内容消费的变革[J].中国出版,2017(12):3-7.

[32]陈昌凤,张心蔚.信息个人化、信息偏向与技术性纠偏[J].新闻与写作,2017(8):42-45.

[33]陈国权.新媒体拯救报业? [M].广州:南方日报出版社,2012.

[34]陈后亮.泛娱乐业时代——兼读波兹曼《娱乐至死》[J].大众文艺(理论),2009(1):46-47.

[35]陈力丹.新闻理论十讲[M].上海:复旦大学出版社,2008.

[36]陈力丹,何健,马骏.社交新闻聚合网站的新闻价值运作路径——以嗡嗡喂为例[M].当代传播,2016(6):19-22.

[37]陈力丹,陆亨.鲍德里亚的后现代传媒观及其对当代中国传媒的启示——纪念鲍德里亚[J].新闻与传播研究,2007(7):75-79,97.

[38]陈立旭.《理解大众文化》与当代中国[J].浙江社会科学,2013(4):18-27.

[39]陈向明.质的研究方法与社会科学研究[M].北京:教育科学出版社,2000.

[41]陈卫星.媒介域的方法论意义[J].国际新闻界,2018,40(2):8-14.

[42]陈阳.大众传播学研究方法导论(第二版)[M].北京:中国人民大学出版社,2015.

[43]崔林.电视新闻语言:模式·符号·叙事[M].北京:中国广播电视出版社,2009.

[44]崔士鑫.媒体融合:融到深处回归内容[J].新闻与写作,2017(5):5-9.

[45]戴烽.公共参与——场域视野下的观察[M].北京:商务印书馆,2010.
[46]邓筑红.从《理解大众文化》看约翰·费斯克的文化理论[J].广东海洋大学学报,2010,30(2):80-84.
[47]丁建新.叙事的批评话语分析:社会符号学模式[M].重庆:重庆大学出版社,2007.
[48]丁莉.媒介场域:从概念到理论的建构[J].社会纵横,2009,24(8):104-106.
[49]董晋骞.场域、惯习与实践活动的“双向模糊关系”——关于布迪厄的实践活动理论[J].社会科学辑刊,2013(4):25-28.
[50]范以锦.“泛内容”变现:延伸媒体产业链的新路径[J].新闻与写作,2018(4):57-60.
[51]方师师.算法机制背后的新闻价值观——围绕“Facebook偏见门”事件的研究[J].新闻记者,2016(9):39-50.
[52]方师师.双强寡头平台新闻推荐算法机制研究[J].传播与社会学刊,2018,43(1):103-122.
[53]菲德勒.媒介形态变化:认识新媒介[M].明安香,译.北京:华夏出版社,2000.
[54]费斯克.理解大众文化[M].王晓玨,宋伟杰,译.北京:中央编译出版社,2006.
[55]芬伯格.技术批判理论[M].韩连庆,曹观法,译.北京:北京大学出版社,2005.
[56]风笑天.社会研究方法(第五版)[M].北京:中国人民大学出版社,2018.
[57]福柯.古典时代疯狂史[M].林志明,译.北京:生活·读书·新知三联书店,2005.
[58]福柯.规训与惩罚[M].刘北成,等译.北京:生活·读书·新知三联书店,2020.

[59]福柯.权力的眼睛:福柯访谈录[M].严峰,译.上海:上海人民出版社,1997.
[60]福柯.临床医学的诞生[M].刘北成,译.南京:译林出版社,2011.
[61]盖恩,比尔.新媒介:关键概念[M].刘君,周竞男,译.上海:复旦大学出版社,2015.
[62]高传智.试论九十年代以来电视新闻场域的功能图景[J].现代传播(中国传媒大学学报),2009(3):138-139.
[63]高芙蓉.社会学概论[M].北京:经济科学出版社,2015.
[64]郜书锴.场景理论的内容框架与困境对策[J].当代传播,2015(4):38-40.
[65]甘斯.什么在决定新闻:对CBS晚间新闻、NBC夜间新闻、《新闻周刊》及《时代》周刊的研究[M].石琳,李红涛,译.北京:北京大学出版社,2009.
[66]戈夫曼.日常生活中的自我呈现[M].周怡,译.北京:北京大学出版社,2008.
[67]葛自发.新媒体对"积极受众"的建构与解构[J].当代传播,2014(1):71-73.
[68]顾洁."受众参与":一种超越"用户生产"的新闻实践——从BBC的实践看一种发展中的新闻样态和类型[J].新闻与写作,2013(9):80-82.
[69]郭赫男,燕允丽.媒介融合时代新闻生产模式的嬗变[J].编辑之友,2014(4):57-59.
[70]国家新闻出版广电总局.2016年新闻出版产业分析报告[R/OL].[2017-07-26].https://www.sohu.com/a/160334669_770566.
[71]郭庆光.传播学教程[M].北京:中国人民大学出版社,2011.
[72 国秋华,孟巧丽.抖音的互动仪式链与价值创造[J].中国编辑,2018(9):70-75.
[73]郭小安,甘馨月."戳掉你的泡泡"——算法推荐时代"过滤气泡"的形

成及消解[J]. 全球传媒学刊,2018(6):76-90.

[74]哈贝马斯. 作为“意识形态”的技术与科学[M]. 李黎,郭官义,译. 上海:学林出版社,1999.

[75]海德格尔. 演讲与论文集[M]. 孙周兴,译. 北京:生活·读书·新知三联书店,2005.

[76]郝晓鸣,李展. 传播科技对中国大陆传媒体制的挑战[J]. 新闻学研究,2001(10):32-38.

[77]郝雨,李林霞. 算法推送:信息私人定制的“个性化”圈套[J]. 新闻记者,2017(2):35-39.

[78]贺建平. 检视西方媒介权力研究——兼论布尔迪厄权力论[J]. 西南政法大学学报,2002(3):64-71.

[79]赫拉利. 未来简史:从智人到智神[M]. 林俊宏,译. 北京:中信出版社,2017.

[80]何蓉. 场域视角中的虚拟社区:一个典型的“游戏空间”[J]. 西南民族大学学报(人文社科版),2011,32(11):171-175.

[81]何修猛. 现代广告学(第七版)[M]. 上海:复旦大学出版社,2008.

[82]赫胥黎. 美丽新世界[M]. 刘琳琪,译. 长春:时代文艺出版社,2020.

[83]胡翼青. 论传播政治经济学的洞见与局限[J]. 新闻界,2017(1):44-51.

[84]胡翼青,郭静. 自律与他律:理解媒介化社会的第三条路径[J]. 湖南师范大学社会科学学报,2019,48(6):128-135.

[85]胡翼青,罗喆. “版权之争”还是“端口之争”:一种思考新旧媒体之争的新视角[J]. 新闻界,2018(4):10-16.

[86]胡翼青,王聪. 超越“框架”与“场域”:媒介化社会的新闻生产研究[J]. 福建师范大学学报(哲学社会社科版),2019(4):138-144.

[87]胡泳. 众声喧哗:网络时代的个人表达与公共讨论[M]. 桂林:广西师范大学出版社,2008.

[88]黄楚新. 媒介融合背景下的新闻报道[M]. 杭州:浙江大学出版

社,2010.

[89]黄旦.“把关人”研究及其演变[J].国际新闻界,1996(8):27-31.

[90]黄旦.手拉手还是心连心:什么是交流? [J].读书,2004(12):73-80.

[91]黄旦.重造新闻学——网络化关系的视角[J].国际新闻界,2015(1):75-88.

[92]黄旦.中国新闻传播的历史建构——对三个新闻定义的解读[J].新闻与传播研究,2003(3):24-38.

[93]黄旦,李暄.从业态转向社会形态:媒介融合再理解[J].现代传播(中国传媒大学学报),2016,38(1):13-20.

[94]黄旦,王辰瑶.如何重新理解新闻学[J].新闻记者,2017(7):4-11.

[95]黄建友.新闻生产研究的理论局限与超越[J].中国出版,2017(21):47-51.

[96]黄时进.论科学传播受众的网络时代特征——基于布尔迪厄场域理论的视角[J].学术界,2008(2):79-83.

[97]黄顺铭.“教授走进直播间”与“布尔迪厄式批判”[J].当代传播,2005(3):40-44.

[98]吉登斯.现代性的后果[M].田禾,译.南京:译林出版社,2011.

[99]贾军.算法推荐新闻:技术困境与范式变革[J].西南民族大学学报(人文社科版),2019,40(5):152-156.

[100]姜红,鲁曼.重塑“媒介”:行动者网络中的新闻“算法”[J].新闻记者,2017(4):26-32.

[101]蒋晓丽.传媒文化与媒介影响研究(下)[M].成都:四川大学出版社,2009.

[102]蒋晓丽,侯雄飞.舆擎中国:新形势下舆论引导力提升方略研究[M].北京:中国社会科学出版社,2013.

[103]蒋晓丽,贾瑞琪.论人工智能时代技术与人的互构与互驯——基于海德格尔技术哲学观的考察[J].西南民族大学学报(人文社科版),2018,39(4):130-135.

[104]蒋晓丽,梁旭艳.场景:移动互联时代的新生力量——场景传播的符号学解读[J].现代传播(中国传媒大学学报),2016(3):12-17.
[105]蒋晓丽,王志华.娱乐至死·虚实互构·全景监狱——论《饥饿游戏》中传媒技术的文化影射[J].当代文坛,2014(3):91-94.
[106]蒋晓丽,杨珊.大数据时代媒介技术的伦理问责[J].西南民族大学学报(人文社科版),2016(7):145-149.
[107]蒋晓丽,赵唯阳.后互联网时代传媒时空观的嬗变与融合[J].社会科学战线,2016(11):154-160.
[108]江作苏,张瑞希."算法"在智能化场域中的冲击性及约束探讨[J].湖北社会科学,2018(10):193-198.
[109]卡尔森.自动化判断?算法判断、新闻知识与新闻专业主义[J].张建中,编译.新闻记者,2018(3):83-96.
[110]卡斯特.网络社会的崛起[M].夏铸久,王志弘,等译.北京:社会科学文献出版社,2006.
[111]卡斯特.千年终结[M].夏铸九,黄慧琦,等译.北京:社会科学文献出版社,2006.
[112]凯利.科技想要什么[M].严丽娟,译.北京:电子工业出版社,2016.
[113]凯利.技术元素[M].张行舟,余倩,等译.北京:电子工业出版社,2012.
[114]克劳利.传播的历史:技术、文化和社会(第六版)[M].董路,等译.北京:北京大学出版社,2018.
[115]克里斯腾森,约翰逊.研究方法、设计与分析(第11版)[M].赵迎春,译.北京:商务印书馆,2018.
[116]克罗图,霍伊尼斯.媒介·社会:产业、形象与受众(第三版)[M].邱凌,译.北京:北京大学出版社,2009.
[117]克伦普.数字人类学[M].郑元者,译.北京:中央编译出版社,2007.
[118]孔祥军.试论社会转型时期的新闻转型——兼做对李良荣教授中国新闻改革的回应[J].甘肃社会科学,2003(5):157-159.

[119]库尔德利.媒介、社会与世界:社会理论与数字媒介实践[M].何道宽,译.上海:复旦大学出版社 2014.
[120]莱文森.软边缘:信息的革命和历史与未来[M].熊澄宇,等译,北京:清华大学出版社,2002.
[121]莱文森.人类历程回放:媒介进化论[M].邬建中,译.重庆:西南师范大学出版社,2017.
[122]莱文森.数字麦克卢汉:信息化新千纪指南(第2版)[M].何道宽,译.北京:北京师范大学出版社,2014.
[123]莱文森.新新媒介[M].何道宽,译.上海:复旦大学出版社,2011.
[124]李彩霞,李霞飞.从"用户"到"数字劳工":社交媒体用户的传播政治经济学研究[J].现代传播(中国传媒大学学报),2019,41(2):51-55.
[125]李洁.重返生产的核心——基于劳动过程理论的发展脉络阅读《生产政治》[J].社会学研究,2005(5):234-242,246.
[126]李明伟.媒介环境学派与"技术决定论[J].国际新闻界,2016(11):40-44.
[127]李珮,王姗姗.从场域理论视角检视传统媒体"议程设置"力——以《新京报》"江歌案报道为例[J].中国出版,2018(11):34-38.
[128]李鹏.迈向智媒体[M].北京:东方出版社,2018.
[129]李希光.转型中的新闻学[M].广州:南方日报出版社,2005.
[130]李煜.数据新闻:现实逻辑与"场域"本质[J].现代传播(中国传媒大学学报),2015,37(11):47-52.
[131]李志,潘丽霞.社会科学研究方法导论[M].重庆:重庆大学出版社,2012.
[132]梁旭艳.空间视角下的场景传播研究——以社会化媒体为切入点[M].北京:中国社会科学出版社,2019.
[133]廖婳婧."场域"理论视角下的东方卫视节目生产研究[D].上海:上海大学,2015.

[80]列斐伏尔.空间与政治[M]李春,译.上海:上海人民出版社,2008.
[134]刘海龙.大众传播理论:范式与流派[M].北京:中国人民大学出版社,2008.
[135]刘海龙.当代媒介场研究导论[J].国际新闻界,2005(2):53-59,75.
[136]刘海龙.从费斯克看通俗文化研究的转向[J].国际新闻界,2002(4):52-57.
[137]刘华栋.社交媒体"信息茧房"的隐忧与对策[J].中国广播电视学刊,2017(4):54-57.
[138]刘建明.传统新闻价值观的自我颠覆[J].当代传播,2002(5):32-37.
[139]刘建明.当代新闻学原理[M].北京:清华大学出版社,2005:195.
[140]刘礼彤.微博"信息茧房"与"意见领袖"探析[J].互联网天地,2014(9):16-19.
[141]刘鹏.用户新闻学:新传播格局下新闻学开启的另一扇门[J].新闻与传播研究,2019,26(2):5-18,126.
[142]刘锐,徐敬宏.网络视频直播的共同治理:基于政策网络分析的视角[J].国际新闻界,2018,40(12):32-49.
[143]刘少杰.当代中国意识形态变迁[M].北京:中央编译出版社,2012.
[144]刘肖.超越表象:对"娱乐至死"命题的批判性思考[J].新闻界,2007(4):37-39,85.
[145]刘洋.新闻场域和客观性争锋:一个理解网络时代新闻业危机的视角[J].新闻与传播研究,2016,23(4):29-44,126-127.
[146]刘拥华.空间、权力与寻找政治——以鲍曼为中心的考察[J].人文杂志,2014(7):92-101.
[147]刘义坤.新媒体时代的新闻生产:理念变革、产品创新与流程再造[J].南京社会科学,2015(2):103-110.
[148]刘展,姚君喜."媒介场域":乡村传播媒介的分析视域——以东北J村为例[J].西南民族大学学报(人文社科版),2016,37(1):

184-187.

[149]刘兆明."融合架构"下的新闻业转型研究——基于新闻生产社会学的视角[D].上海:复旦大学,2013.

[150]刘志毅.今日头条如何用算法打击"标题党"[J].传媒,2017(8):16-17.

[151]刘中望.论约翰·菲斯克的大众文化文本观[J].求索,2008(9):199-201.

[152]鲁宾.质性访谈方法:聆听与提问的艺术[M].卢晖临,等译.重庆:重庆大学出版社,2010.

[153]陆道夫.试论约翰·菲斯克的媒介文本理论[J].南京社会科学,2008(12):79-87.

[154]陆地.信息共产主义化的特征和影响[J].新闻爱好者,2014(8):4-7.

[155]陆璐.从"今日头条"的成功突围看新闻APP的生存法则[J].江苏科技信息,2014(8):78-80.

[156]洛厄里,德弗勒.大众传播效果研究的里程碑(第三版)[M].刘海龙,等译.北京:中国人民大学出版社,2009.

[157]洛根.理解新媒介:延伸麦克卢汉[M].何道宽,译.上海:复旦大学出版社,2012.

[158]骆正林.空间理论与大数据时代网络空间的构建[J].现代传播(中国传媒大学学报),2019,41(1):49-56.

[159]吕新雨,赵月枝,吴畅畅,等.生存,还是毁灭——"人工智能时代数字化生存与人类传播的未来"圆桌对话[J].新闻记者,2018(6):28-42.

[160]马克思.资本论[M].中共中央马克思恩格斯列宁斯大林著作编译局,译.北京:人民出版社,1975.

[161]迈尔斯.社会心理学(第11版)[M].侯玉波,乐国安,张智勇,等译.北京:人民邮电出版社,2016.

[162]麦克卢汉. 谷登堡星汉璀璨:印刷文明的诞生[M]. 杨晨光,译. 北京:北京理工大出版社,2014.
[163]麦克卢汉. 理解媒介:论人的延伸[M]. 何道宽,译. 北京:商务印书馆,2000.
[164]麦克卢汉. 媒介即按摩:麦克卢汉媒介效应一览[M]. 何道宽,译. 北京:机械出版社,2016.
[165]麦克卢汉. 媒介与文明[M]. 何道宽,译. 北京:机械出版社,2016.
[166]麦克卢汉. 理解媒介:论人的延伸[M]. 何道宽,译. 北京:商务印书馆,2000.
[167]麦克卢汉,秦格龙. 麦克卢汉精粹[M]. 何道宽,译. 南京:南京大学出版社,2000.
[168]麦奎尔,温德尔. 大众传播模式论(第 2 版)[M]. 祝建华,译. 上海:上海译文出版社,2008.
[169]麦尚文. 全媒体融合模式研究:中国报业转型的理论逻辑与现实选择[M]. 北京:中国人民大学出版社,2012.
[170]米尔佐夫. 视觉文化导论[M]. 倪伟,译. 南京:江苏人民出版社,2006.
[171]苗艳. 中国新媒体事件话语研究[M]. 成都:四川大学出版社,2015.
[172]闵大洪. 数字传媒概要[M]. 上海:复旦大学出版社,2003.
[173]默多克,姚建华,徐偲骕. 批判政治经济学与传播资本主义:传统、挑战和抗争[J]. 新闻记者,2019(6):4-15.
[174]莫斯可. 数字化崇拜:迷思、权力与赛博空间[M]. 黄典林,译. 北京:北京大学出版社,2010.
[175]莫斯可. 传播政治经济学[M]. 胡春阳,等译. 上海:上海译文出版社,2013.
[176]尼葛洛庞帝. 数字化生存[M]. 胡泳,范海燕,译. 海南:海南出版社,1997.
[177]尼葛洛庞帝. 数字化生存[M]. 胡泳,等译. 北京:电子工业出版

社，2017.
[178]聂磊.新媒体环境下大数据驱动的受众分析与传播策略[J].新闻大学，2014(2)：129-132.
[179]潘忠党.新闻改革与新闻体制的改造——我国新闻改革实践的传播社会学之探讨[J].新闻与传播研究，1997(3)：21.
[180]彭桂兵."今日头条"事件中版权论证的话语研究——兼议新闻版权保护制度改革的路径[J].现代传播(中国传媒大学学报)，2017，39(7)：55-60.
[181]彭兰.数字媒体传播概论[M].北京：高等教育出版社，2011.
[182]彭兰.机器与算法的流行时代，人该怎么办[J].新闻与写作，2016(12)：25-28
[183]彭兰.增强与克制：智媒体时代的新生产力[J].湖南师范大学社会科学学报，2019，48(4)：132-142.
[184]彭兰.正在消失的传媒业边界[J].新闻与写作，2016(2)：25-28.
[185]彭兰.万物皆媒——新一轮技术驱动的泛媒化趋势[J].编辑之友，2016(3)：5-10.
[186]彭兰.移动化、智能化技术趋势下新闻生产的再定义[J].新闻记者，2016(1)：26-33.
[187]彭兰.场景：移动时代媒体的新要素[J].新闻记者，2015(3)：20-27.
[188]彭兰.更好的新闻业，还是更坏的新闻业？——人工智能时代传媒业的新挑战[J].中国出版，2017(24)：3-8.
[189]彭兰.中国网络媒体的第一个十年[M].北京：清华大学出版社，2005.
[190]彭兰.碎片化社会背景下的碎片化传播及其价值实现[J].今传媒(学术)，2011(10)：8-11.
[191]彭兰.未来传媒生态：消失的边界和重构的版图[J].现代传播(中国传媒大学学报)，2017，39(1)：8-14，29.
[192]彭兰.新媒体传播：新图景与新机理[J].新闻与写作，2018(7)：

5-11.
[193]钱佳湧."行动的场域":"媒介"意义的非现代阐释[J].新闻与传播研究,2018,25(3):26-40,126.
[194]邱林川.新型网络社会的劳工问题[J].开放时代,2009(12):128-139.
[195]仇筠茜,陈昌凤.基于人工智能与算法新闻透明度的"黑箱"打开方式选择[J].郑州大学学报(哲学社会科学版),2018,51(5):84-88,159.
[196]仇筠茜,陈昌凤.黑箱:人工智能技术与新闻生产格局嬗变[J].新闻界,2018(1):28-34.
[197]任晓敏.算法推送对新闻专业主义的解构与重塑[J].中国报业,2018(5):18-21.
[198]芮必峰.试论资本在新闻生产关系变革中的作用[J].国际新闻界,2009(7):49-53.
[199]赛德曼.质性研究中的访谈:教育与社会科学研究者指南(第3版)[M].周海涛,译.重庆:重庆大学出版社,2009.
[200]桑斯坦.网络共和国:网络社会中的民主问题[M].黄维明,译.上海:上海人民出版社,2003.
[201]桑斯坦.信息乌托邦:众人如何生产知识[M].毕竞悦,译.北京:法律出版社,2008.
[202]单波.20世纪中国新闻学与传播学·应用新闻学卷[M].上海:复旦大学出版社,2001.
[203]尚帅.传统媒体与新媒体融合的五维联动[J].青年记者,2016(29):74.
[204]尚帅.传播的兴趣偏向和浑然不觉的符号暴力——基于《今日头条》的算法控制研究[J].现代传播(中国传媒大学学报),2018,40(10):58-62.
[205]尚帅.从宣传到舆论:"互联网+"背景下舆论场的颠覆与重构[M].

北京：中国社会科学出版社，2017.
[206]尚帅.视频化社会：从直播新闻到直播生活[J].新闻知识，2016(7)：7-10.
[207]邵国松.新闻聚合的版权问题研究[J].南京社会科学，2015(5)：90-97.
[208]邵鹏.媒介融合语境下的新闻生产[M].杭州：浙江工商大学出版社，2013.
[209]邵全红.移动聚合类新媒体对传统媒体新闻生产的颠覆与再造——以“今日头条”的新闻生产模式为例[J].新闻爱好者，2017(1)：37-40.
[210]舍恩伯格.删除：大数据时代的取舍之道[M].袁杰，译.杭州：浙江人民出版社，2013.
[211]舍基.人人时代：无组织的组织力量[M].胡泳，沈满琳，译.杭州：浙江人民出版社，2015.
[212]舍基.认知盈余：自由时间的力量[M].胡泳，哈丽丝，译.北京：中国人民大学出版社，2012.
[213]沈蔚.新媒介技术之伦理张力——以网络传播等为例[J].理论月刊，2010(6)：135-138.
[214]史安斌，廖鲽尔.用互联网思维改革新闻的生产与传播——以美国社交新闻聚合网站“嗡嗡喂”、“红迪”为例[J].青年记者，2014(28)：79-81.
[215]史安斌，王沛楠.传播权利的转移与互联网公共领域的“再封建化”——脸谱网进军新闻业的思考[J].新闻记者，2017(1)：20-27.
[216]石长顺，肖叶飞.媒介融合语境下新闻生产模式的创新[J].当代传播，2011(1)：111-113.
[217]史蒂文森.认识媒介文化：社会理论与大众传播[M].王文斌，译.北京：商务印书馆，2001.
[218]史普博.管制与市场[M].余晖，等译.上海：上海人民出版社，1999.

[219]师文,陈昌凤.社交分发与算法分发融合:信息传播新规则及其价值挑战[J].当代传播,2018(6):31-33,50.

[220]石义彬.单向度、超真实、内爆——批判视野中的当代西方传播思想研究[M].武汉:武汉大学出版社,2003.

[221]石义彬.网络事件中的民粹主义现象分析——以"哈尔滨警察打死大学生"事件为例[J].国际新闻界,2009(4):92-95.

[222]舒德森.发掘新闻——美国报业的社会史[M].陈昌凤,常江,译.北京:北京大学出版社,2009.

[223]舒德森.新闻的力量[M].刘艺娉,译.北京:华夏出版社,2011.

[224]舒德森.新闻社会学[M].徐桂权,译.北京:华夏出版社,2010.

[225]斯丹迪奇.从莎草纸到互联网:社交媒体2000年[M].林华,译.北京:中信出版社,2015.

[226]斯沃茨.文化与权力:布尔迪厄的社会学[M].陶东风,译.上海:上海译文出版社,2006.

[227]斯沃茨.文化与权力:布尔迪厄的社会学[M].陶东风,译.上海:上海译文出版社,2012.

[228]宋建武,黄淼.媒体智能化应用:现状、趋势及路径构建[J].新闻与写作,2018(4):5-10.

[229]宋建武,黄淼,陈璐颖.平台化:主流媒体深度融合的基石[J].新闻与写作,2017(10):5-14.

[230]宋全成.自媒体发展中的表达自由、政府规制及其限度[J].南京社会科学,2017(11):99-106.

[231]苏涛,彭兰."智媒"时代的消融与重塑——2017年新媒体研究综述[J].国际新闻界,2018,40(1):38-58.

[232]孙玮.人类将会娱乐至死吗?——波兹曼《娱乐至死》引读[J].新闻记者,2005(10):64-67.

[233]孙玉胜.十年:从改变电视的语态开始[M].北京:人民文学出版社,2012.

[234]塔奇曼.做新闻[M].麻争旗,刘笑盈,徐扬,译.北京:华夏出版社,2008.

[235]谭小荷.从Platisher到“平台型媒体”——一个概念的溯源与省思[J].新闻记者,2019(4):28-37.

[236]唐冰寒.场域理论视角下的视频移动客户端发展路径探究[J].中国出版,2016(20):39-42.

[237]汤玫英.网络语言新探[M].郑州:河南人民出版社,2010.

[238]唐士哲.重构媒介?“中介”与“媒介化”概念爬梳[J].新闻学研究,2014(121):1-39.

[239]陶东风.大众文化教程[M].桂林:广西师范大学出版社,2008.

[240]特克尔.保持联系却仍旧孤单[J].上海教育,2013(24):72-75.

[241]田秋生.市场化生存的党报新闻生产——《广州日报》的个案研究[D].上海:复旦大学,2008.

[242]田秋生,肖桂来.数字化浪潮中的报纸新闻生产[M].广州:暨南大学出版社,2016.

[243]头条号.2017年“今日头条”创作者大数据[EB/OL].(2018-03-22)[2019-05-16].http://mp.toutiao.com.

[244]头条号.2019年“今日头条”创作者大数据发布[EB/OL].(2019-12-27)[2020-08-20].http://mp.toutiao.com.

[245]托夫勒.第三次浪潮[M].朱志焱,潘琪,译.北京:生活·读书·新知三联书店,1984.

[246]万丽.独角兽今日头条仅靠“推荐算法”胜出吗?[J].南方企业家,2017(4):79-83,78.

[247]王辰瑶.结构性制约:对网络时代日常新闻生产的考察[J].国际新闻界,2010(7):66-71.

[248]王辰瑶.未来新闻的知识形态[J].南京社会科学,2013(10):105-110.

[249]王辰瑶.新闻使用者:一个亟待重新理解的群体[J].南京社会科学,

2016(1):115-121.
[250]王辰瑶.作为公共服务的未来新闻业[J].新闻记者,2013(8):3-9.
[251]王辰瑶,范英杰.打破新闻:从颠覆式创新理论看 BuzzFeed 的颠覆性[J].现代传播(中国传媒大学学报),2016,38(12):35-39.
[252]王辰瑶,汪子钰,苑明.内爆:不确定时代新闻生产的逻辑——从马航客机失联报道谈起[J].新闻记者,2014(5):52-57.
[253]王成军."今日头条"的技术逻辑:网络爬虫+矩阵筛选[J].传媒评论,2015(10):34-37.
[254]王庚年.让中国声音影响世界[EB/OL].(2014/11/01)[2020-01-22].https://news.12371.cn/2014/11/01/ARTI1414804245110446.shtml.
[255]王贵楼.当代空间性社会理论的主题与路径阐释[J].中国人民大学学报,2015,29(4):54-62.
[256]王海燕.自治与他治:中国新闻场域的三个空间[J].国际新闻界,2012,34(5):14-20.
[257]王佳航.数据与算法驱动下的欧美新闻生产变革[J].新闻与写作,2016(12):38-42.
[258]王佳航.人工智能与"个人日报"时代的到来[J].新闻与写作,2017(11):10-13.
[259]王健.中国政府规制理论与政策[M].北京:经济科学出版社,2008:7.
[260]王琨.工具理性和价值理性——理解韦伯的社会学思想[J].甘肃社会科学,2005(1):120-122.
[261]王敏."场域-惯习"框架下的新闻生产:一个研究范式的学术史考察[J].新闻界,2018(3):32-39.
[262]王敏.数字化驱动下新闻生产惯习的改造、嵌入与重构——基于澳大利亚互联网报纸的考察[J].新闻记者,2016(12):19-25.
[263]王茜.打开算法分发的"黑箱"——基于今日头条新闻推送的量化研究[J].新闻记者,2017(9):7-14.

[264]王迁."今日头条"著作权侵权问题研究[J].中国版权,2014(4):5-10.

[265]王青川,朱欣.聚合类资讯客户端对新闻价值的重塑[J].南方电视学刊,2016(3):40-45.

[266]王维佳.专业主义的挽歌——理解数字化时代的新闻生产变革[J].新闻记者,2016(10):34-40.

[267]王晓红.新型视听传播的技术逻辑与发展路向[J].新闻与写作,2018(5):5-9.

[268]王炎龙.媒介进化中的传播理念嬗变与辨析[J].西南民族大学学报(人文社科版),2018,39(10):141-146.

[269]王炎龙,李玲.媒介规制与媒介生产:一种把关的制衡——基于2006-2016年广播影视法律法规和政策的分析[J].新闻大学,2018(5):102-109.

[270]韦伯.经济与社会(上卷)[M].林荣远,译.北京:商务出版社,2006.

[271]威廉斯.文化与社会[M].吴松江,等译.北京:北京大学出版社,1991.

[272]魏永征,王晋.从《今日头条》事件看新闻媒体维权[J].新闻记者,2014(7):40-44.

[273]翁海琴."耳目喉舌"说的历史沿革[J].新闻记者,2007(3):35-37.

[274]吴鼎铭.网络"受众"的劳工化:传播政治经济学视角下网络"受众"的产业地位研究[J].国际新闻界,2017,39(6):124-137.

[275]吴鼎铭,石义彬."大数据"的传播政治经济学解读——以"数字劳工"理论为研究视角[J].广告大观(理论版),2014(6):70-76.

[276]吴飞,沈芸.现代传媒、后现代生活与新闻娱乐化[J].浙江大学学报(人文社会科学版),2002(9):77-82.

[277]吴风.网络传播学:一种形而上的透视[M].北京:中国广播电视出版社,2004.

[278]吴霞.信息的个性化推送和"信息茧房"的形成[J].今传媒,2019,27

(1):47-49.
[279]吴志远.论网络社会时代的新媒介技术观[J].北京理工大学学报(社会科学版),2017,19(2):157-162.
[280]吴志远,杜骏飞.海德格尔技术哲学对新媒介研究的现实意义[J].当代传播,2016(6):78-80.
[281]吴忠民.社会学理论前沿[M].北京:中共中央党校出版社,2015.
[282]夏德元.媒体融合:腾笼换鸟还是浴火重生?——由“澎湃新闻”上线展开的讨论[J].新闻记者,2014(11):46-50.
[283]谢立中.现代性、后现代性社会理论:诠释与评论[M].北京:北京大学出版社,2004.
[284]新华社.习近平总书记在党的新闻舆论工作座谈会上的重要讲话引起强烈反响[EB/OL].(2016/02/21)[2020-01-22].https://www.gov.cn/xinwen/2016-02/21/content_5044091.htm.
[285]熊澄宇.信息社会4.0[M].长沙:湖南人民出版社,2002.
[286]徐北春.聚合新闻客户端传播的五大变革——以“一点资讯”和“今日头条”为例[J].传媒,2017(5):47-49.
[287]徐笛.数据新闻的兴起:场域视角的解读[M].北京:中国传媒大学出版社,2019.
[288]许向东.大数据时代新闻生产新模式:传感器新闻的理念、实践与思考[J].国际新闻界,2015(10):107-116.
[289]许莹.重构媒介现实——数据驱动下的新闻生产再思考[J].编辑之友,2015(3):76-79.
[290]许竹.微博的“信息茧房”效应及其思考[J].新闻爱好者,2018(8):55-58.
[291]雅思贝斯.生存哲学[M].王玖兴,译.上海:上海译文出版社,2013.
[292]燕道成,谈阔霖.狂欢理论视阈下网红经济与文化的作用机制[J].现代传播(中国传媒大学学报),2019,41(5):134-139.
[293]宴辉.政治传播的哲学基础论证[J].学术研究,2017(12):31-39,2.

[294]严三九.中国传统媒体与新兴媒体内容融合发展研究[J].新闻与传播研究,2017,24(3):101-118,128.

[295]姚建华,郑春风.云技术神话:现实起源、人类生存状况与不确定性的未来——评《云端:动荡世界中的大数据》一书[J].新闻界,2017(12):91-96.

[296]杨保军."共"时代的开创——试论新闻传播主体"三元"类型结构形成的新闻学意义[J].新闻记者,2013(12):32-41.

[297]杨保军.新闻价值观念与新闻价值创造[J].国际新闻界,2003(3):45-50.

[298]杨保军.中国新闻:当代新闻学"问题体系"的关键对象[J].社会科学战线,2023(10):154-163.

[299]杨国斌.转向数字文化研究[J].国际新闻界,2018,40(2):99-108.

[300]仰海峰.法兰克福学派工具理性批判的三大主题[J].南京大学学报(哲学.人文科学.社会科学版),2009,46(4):26-34,142.

[301]杨娟.大数据技术驱动下的中国新闻生产方式变革[J].当代传播,2015(5):103-105.

[302]杨丽萍.谈话节目场域中的符号暴力[J].电视研究,2010(1):64-66.

[303]杨雨丹.新闻惯习的产生与生产——惯习视角下的新闻生产[J].国际新闻界,2009(11):51-54.

[304]殷.案例研究方法的应用(第3版)[M].周海涛,夏欢欢,译.重庆:重庆大学出版社,2014.

[305]尹韵公.担负起党的新闻舆论工作的职责和使命[J].理论参考,2016(4):4-8.

[306]英尼斯.传播的偏向[M].何道宽,译.北京:中国人民大学出版社,2003.

[307]英尼斯.帝国与传播[M].何道宽,译.北京:中国传媒大学出版社,2013.

[308]余乃忠,陈志良.习性:“具有席卷一切的解释力”——布尔迪厄建构的结构主义神话[J].现代哲学,2009(1):35-39.

[309]约翰逊.社会学理论[M].南开大学社会学系,译.北京:国际文化出版公司,1988.

[310]曾繁旭,王宇琦.重新定义传媒业的创新:持续性传媒创新与颠覆性传媒创新[J].新闻与传播研究,2019,26(2):62-72,127.

[311]曾晶.电视新闻生产的'大编辑部'模式——运行中的问题及对策[J].新闻大学,2006(4):54-58.

[312]曾丽红.中国调查记者行动实践的社会学分析——一种媒介场域的视角[J].现代传播(中国传媒大学学报),2014,36(7):48-52.

[313]曾庆香.新闻叙事学[M].北京:中国广播电视出版社,2005.

[314]翟秀凤.创意劳动抑或算法规训?——探析智能化传播对网络内容生产者的影响[J].新闻记者,2019(10):4-11.

[315]张斌.场域理论与媒介研究——一个新研究范式的学术史考察[J].新闻与传播研究,2016,23(12):38-52,127.

[316]张炳杰.新媒体场域精英话语权的消解与重构[J].当代传播,2016(5):92-94.

[317]张超,钟新.从比特到人工智能:数字新闻生产的算法转向[J].编辑之友,2017(11):61-66.

[318]张德禄.多模态话语分析综合理论框架探索[J].中国外语,2009,6(1):24-30.

[319]张放.想象的互动:网络人际传播中的印象形成[M].北京:北京大学出版社,2018.

[320]张国良.20世纪传播学经典文本[M].上海:复旦大学出版社,2003.

[321]张国良.现代大众传播学[M].成都:四川人民出版社,1998.

[322]章辉.权力、表征和实践——约翰·菲斯克的后期文化理论[J].学习与探索,2013(12):138-144,2.

[323]张金鹏.超级全景监狱:信息方式下的权力技术——波斯特论信息方式下的统治模式[J].南京社会科学,2007(8):40-45.

[324]张丽燕.场域理论与网络公共意见建构[M].杭州:浙江工商大学出版社,2018.

[325]张涛甫,等."算法推荐与人工智能"的发展与挑战[J].新闻大学,2019(6):1-8,120.

[326]张文强.新闻工作的使用逻辑[M].台北:五南图书出版公司,2015.

[327]张香萍,李军.新闻算法推送的困境、出路与展望[J].编辑之友,2019(4):86-90.

[328]章兴鸣.符号生产与社会秩序再生产——布迪厄符号权力理论的政治传播意蕴[J].湖北社会科学,2008(9):50-52.

[329]张妍.消费时代的大众狂欢——读菲斯克的《解读大众文化》[J].青年记者,2009(8):18-19.

[330]张一鸣.机器替代编辑?[J].传媒评论,2014(3):36-40.

[331]张志安.编辑部场域中的新闻生产——《南方都市报》个案研究南方都市报(1995-2005)[D].上海:复旦大学,2006.

[332]张志安.新媒体与新闻生产研究:语境、范式与问题[J].新闻记者,2015(12):29-37.

[333]张志安.传媒、新闻生产与公共性——第二届中国青年传播学者研讨会综述[J].新闻记者,2009(12):43-46.

[334]张志安.新闻场域的历史建构及其生产惯习——以《南方都市报》为个案的研究[J].新闻大学,2010(4):48-55.

[335]张志安.新闻生产的变革:从组织化向社会化[J].新闻记者,2011(3):42-47.

[336]张志安,汤敏.论算法推荐对主流意识形态传播的影响[J].社会科学战线,2018(10):174-182,2.

[337]张志安,阴良.新闻生产:职业意识与社会环境的影响——以"深度报道年"为个案[J].新闻大学,2009(1):10-18.

[338]赵双阁,岳梦怡.新闻的“量化转型”:算法推荐对媒介伦理的挑战与应对[J].当代传播,2018(4):52-56.

[339]赵鑫珊.人和符号:符号世界高于现实世界[M].上海:文汇出版社,2011.

[340]赵毅衡.符号学:原理与推演[M].南京:南京大学出版社,2011.

[341]赵子忠.内容产业论:数字新媒体的核心[M].北京:中国传媒大学出版社,2005.

[342]郑保卫.马克思主义新闻观中国化的历史进程及其理论贡献[J].新闻与传播研究,2018,25(2):5-19,126.

[343]郑恩,龚瑶.当代中国新闻生产场域中的专业主义及转型走向[J].江苏广播电视大学学报,2011(6):52-57.

[344]郑一卉.互联网时代:谁是记者?——对记者职业身份的思考[J].现代传播(中国传媒大学学报),2014,36(7):126-129.

[345]中国互联网信息中心.2016 年中国互联网新闻市场研究报告[R/OL].[2017-02-23].http://mt.sohu.com/20171028/n520427702.shtml.

[346]中国网络视听节目服务协会.2019 年中国网络视听发展研究报告[EB/OL].(2019-05-28)[2020-02-20].https://www.sohu.com/a/317135923_738143.

[347]中国网信网.第 44 次《中国互联网络发展状况统计报告》[EB/OL].(2019-08-30)[2020-10-08].http://cac.gov.cn/2019-08/30/c_1124938750.htm.

[348]中国网信网.第 41 次《中国互联网络发展状况统计报告》[EB/OL].(2018-01-31)[2020-02-10].http://www.cac.gov.cn/2018zt/cnnic41/index.htm.

[349]钟书平,刘庆振,牛媛媛,等.智能媒体语境中的信息囚徒、算法悖论及其突围路径[J].教育传媒研究,2019(3):16-21.

[350]周敏.快手:新生代农民工亚文化资本的生产场域[J].中国青年研

究,2019(3):18-23,28.

[351]周荣庭,孙大平.社会媒介场域的概念与理论建构——互联网自组织传播的关系性诠释[J].今传媒,2011,19(6):17-20.

[352]周睿鸣."转型":观念的形成、元话语重构与新闻业变迁——对"澎湃新闻"的案例研究[J].国际新闻界,2019,41(3):55-72.

[353]周宪.技术导向型社会的批判理性建构[J].南海学刊,2016,2(3):1-8.

[354]周翔,吴倩.场域视角下"一带一路"推特传播网络结构分析与反思[J].中国地质大学学报(社会科学版),2019,19(2):109-125.

[355]朱春阳.传媒产业规制:背景演变、国际经验与中国现实[J].西南民族大学学报(人文社科版),2008(3):170-175.

[356]朱鸿军,周逵.伪中立性:资讯聚合平台把关机制与社会责任的考察[J].南昌大学学报(人文社会科学版),2017,48(5):102-107.

[357]朱立元.当代西方文艺理论[M].上海:华东师范大学出版社,2005.

[358]朱小妮.何以成为主流?——建构主义视角下的媒体身份研究[J].新闻战线,2018(4):117-120.

[359] Allan S. Online news [M]. New York: Open University Press, 2011.

[360]Altheide D L. Creating reality: How TV news distorts events [M]. California: Sage Publications, 1976.

[361]Barley, S R. The new world of work[M]. United Kingdom: British North American Committee, 1996.

[362] Beer D. The social power of algorithms [J]. Information, Communication & Society, 2017, 20(1):1-13.

[363]Beer D. Power through the algorithm? Participatory web cultures and the technological unconscious[J]. New Media & Society, 2009, 11(6):985-1002.

[364]Beniger J. The control revolution: Technological and economic

origins of the information[M]. Cambridge: Polity, 1986.

[365]Benson R. Field theory in comparative context: A new paradigm for media studies[J]. Theory and Society, 1999, 28(3):463-498.

[366]Benson R, Blach M, Powers M. Media systems online and off: Comparing the form of news in the United States, Denmark and France[J]. Journal Communication, 2012, 62(1):21-38.

[367]Benson R, Hallin D C. How states, markets, and globalization shape the news: The French and US[J]. European Journal of Communication, 2007, 22(1):27-48.

[368]Benson R, Neveu E. Bourdieu and the journalistic field[M]. Cambridge: Polity, 2005.

[369]Boczkowski P J. Digitizing the news: Innovation in online newspapers[M]. Massachusetts: MIT Press, 2005.

[370]Bourdieu I S. The media-new and old media practices from a field perspective[J]. Journal of Media and Communication Research, 2015, 58(3):1-84.

[371]Bourdieu P. The field of cultural production[M]. New York: New York University Press, 1993.

[372]Braune R, Goodman E P. Algorithmic transparency for the smart city[J]. Yale Journal of Law & Technology, 2018, 20(1): 103-175.

[373]Caplan R, Boyd D. Isomorphism through algorithms: Institutional dependencies in the case of Facebook[J]. Big Data & Society, 2018, 5(1):121-123.

[374]Couldry N. Media meta-capital: Extending the range of Bourdieu field theory[J]. Theory and Society, 2003, 32(5):653-677.

[375]Cunningham S J, Nichols D M, Hinze A, et al. What is news? Encounters with news in everyday life: A study of behaviours and

attitudes[J]. International Journal on Digital Libraries, 2016, 17 (3):1-15.

[376]Denis M. Audience analysis[M]. California: SAGE Publications Inc. , 1997.

[377]Dennis E E, Merrill J C. Media debates: Great issues for the digital age[M]. Massachusetts: Wadsworth Publishing, 2001.

[378]DeVito M A. From editors to algorithms[J]. Digital Journalism, 2017, 5(6):753-773.

[379]Everette E, Merrill J C. Media debates: Great issues for digital age[M]. London: Wadsworth Group, 2002.

[380]Fletcher R, Nielsen R K. Generalized skepticism: How people navigate news on social media[J]. Information, Communication & Society, 2018(5):98-113.

[381]Gillespio T. Essays on communication, materiality and society [M]. Massachusetts: MIT Press, 2014.

[382]Goffey A. Software studies: A lexicon[M]. Massachusetts: MIT Press, 2018.

[383]Heim M. The metaphysics of virtual reality[M]. Oxford: Oxford University Press, 1994.

[384]Herbert J. Deciding what is news: A study of CBS evening news, NBC Night News, Newsweek, and Time [M]. New York: Vintage, 1979.

[385]Hovden J F. A journalistic cosmology: A sketch of some social and mental structures of Norweigian journalistic field [J]. Nordicom Review, 2012, 33(2):57-76.

[386]Jenkins H. Convergence culture: Where old and new media collide[M]. New York: New York University Press, 2006.

[387]Kaye J, Quinn S. Funding journalism in the digital age: Business

models, strategies, issues and trends[M]. New York: Peter Lang, 2010.

[388]King S S. Human communication as a field of study: Selected contemporary views[M]. New York: State University of New York Press, 1989.

[389]Lash S. Power after hegemony: Cultural studies in mutation? [J]. Theory, Culture & Society, 2007, 24(3): 55-78.

[390]Lewis S C, Kaufhold K, Lasorsa L. Thinking about citizen journalism: Perspectives on participatory news production at community newspapers[J]. International Symposium on Online Journalism, 2009(18): 1-22.

[391]Lieb T. All the news: Writing and reporting for convergent media [M]. Baltimore: Towson University, 2008.

[392]McManus J. A market-based model of news production[J]. Communication Theory, 1995, 5(4):301-308.

[393]Mitchelstein E, Boczkowski P J. Between tradition and change: A review of recent research on online news production [J]. Journalism, 2009(10):562.

[394]Neveu E. Pierre Bourdieu: Sociologist of media, or sociologist for media scholars? [J]. Journalism Studies, 2007, 8(2):56-87.

[395]Nguyen A. Harnessing the potential of online news: Suggestions from a study on the relationship between online news advantages and its post-adoption consequences [J]. Journalism, 2010 (11):223.

[396]Pariser E. The filter bubble: What the Internet is hiding from you [M]. New York: Penguin Press, 2011.

[397]Pool I D S. Technologies of freedom[M]. Massachusetts: Belknap/Harvard University Press, 1984.

[398] Resnick P, Varian H R. Recommender systems [J]. Communication of the ACM, 1997, 40(3):56-59.

[399] Rheingold H. Virtual communities [M]. New York: Harper Perennial, 1993.

[400] Rnebring H. Technology and journalism-as-labour: Historical perspectives[J]. Journalism, 2010(11):57.

[401] Rojas H, Shah D V, Friesland L A. A communicative approach to social capital [J]. Journal of Communication, 2011, 61(4): 689-712.

[402] Steensen S. The shaping of an online feature journalist [J]. Journalism, 2009(10):702.

[403] Toffler A. The third wave[M]. London: Pan Books. 1980.

[404] Tuchman G. Making news: A study in the construction of reality [M]. New York: The Free Press, 1978.

[405] Turkle S. Alone together: Why we expect more from technology and less from each other[M]. New York: Basic Book, 2011.

[406] Webster J G. The duality of media: A structurational theory of public attention[J]. Communication Theory, 2011(6):43-66.

[407] Westlund O. Mobile news: A review and model of journalism in an age of mobile media[J]. Digital Journalism, 2013, 1(1):6-26.

图书在版编目（CIP）数据

博弈与平衡：聚合类平台个性化分发的场域扰动 / 尚帅著. --杭州：浙江大学出版社，2024.8

ISBN 978-7-308-24943-0

Ⅰ. ①博… Ⅱ. ①尚… Ⅲ. ①互联网络—社会管理—研究 Ⅳ. ①C913②TP393.4

中国国家版本馆 CIP 数据核字(2024)第 092755 号

博弈与平衡:聚合类平台个性化分发的场域扰动

尚　帅　著

责任编辑　曲　静
责任校对　朱梦琳
封面设计　周　灵
出版发行　浙江大学出版社
（杭州市天目山路 148 号　邮政编码 310007）
（网址:http://www.zjupress.com）
排　　版　杭州好友排版工作室
印　　刷　广东虎彩云印刷有限公司绍兴分公司
开　　本　710mm×1000mm　1/16
印　　张　17.5
字　　数　268 千
版 印 次　2024 年 8 月第 1 版　2024 年 8 月第 1 次印刷
书　　号　ISBN 978-7-308-24943-0
定　　价　78.00 元
